Mémoires Et Journal Inédit Du Marquis D'argenson: Ministre Des Affaires Étrangères Sous Louis XV

René-Louis Voyer De Argenson,
Charles Marc René Voyer De Argenson

MÉMOIRES

DU

MARQUIS D'ARGENSON

MÉMOIRES

ET JOURNAL INÉDIT

DU MARQUIS

D'ARGENSON

Ministre des affaires étrangères sous Louis XV

PUBLIÉS ET ANNOTÉS

par

M. LE MARQUIS D'ARGENSON

TOME II

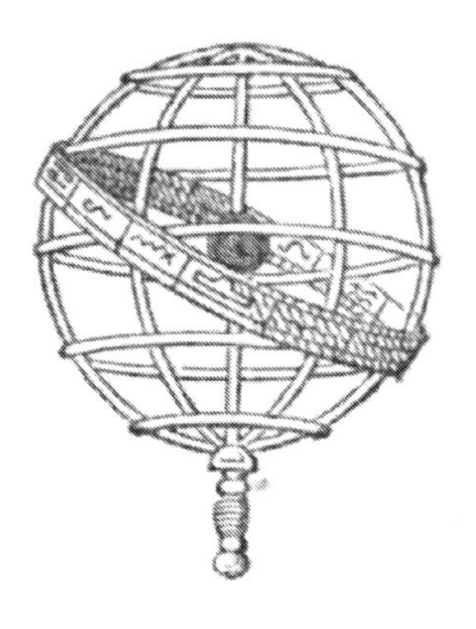

A PARIS
Chez P. JANNET, Libraire

MDCCCLVII

LENOX LIBRARY
NEW YORK

MÉMOIRES

DU

MARQUIS D'ARGENSON

Divers Traits et Anecdotes.

Octobre 1730. — Le roi de Prusse [1], passant une revue, donna des coups de canne à l'un de ses officiers. Celui-ci saisit son pistolet, coucha en joue Sa Majesté en disant : « Il ne tiendroit qu'à moi de me venger » ; puis il tourna son arme contre lui-même, et se fit sauter la cervelle, ne voulant ni tuer son roi, ni survivre à cet affront. Si ce qui est romain est beau, ceci l'est tout à fait.

— Le chevalier *de Sabran* étant allé, avec son ami M. *de la Trémouille*, assister aux États de Bretagne, y fut tué. Un Breton, grand duel-

1. Père du grand Frédéric.

liste, fit ce coup. On racontoit que, ce Breton ayant blessé mortellement quelqu'un avec qui il se battoit en duel, le mourant lui dit : « Vous êtes un si brave homme, que je vous fais mon légataire universel. J'ai 24 mille livres dans ma cassette; cette somme est à vous. » Le chevalier *de Sabran*, ayant entendu ce propos, dit en plaisantant : « Oh! pour le coup, celui-là ne me tuera pas, car je n'ai pas à disposer de pareille somme! » Le Breton se crut offensé, et demanda raison. Deux jours après M. *de Sabran* étoit tué.

Juillet 1732. — J'ai fait ailleurs un recueil en narration de ce qui m'est passé par les mains, depuis l'automne dernier, des affaires d'État, étant en relation fort suivie avec M. le cardinal et M. le garde des sceaux. Ces affaires ont semblé avoir un grand acheminement pour ma fortune, en quoi mon indifférence étant aussi absolue pour moi que ma passion vive pour servir le roi et l'État, je me suis bien gardé de parler de moi, ni de rien proposer pour moi, pensant que ce désintéressement volontaire pouvoit me mener plus loin que s'il étoit artificiel et contraint.

Cependant il m'arriva, l'autre jour, que le chancelier me fit rapporter par M. *d'Ormesson* un discours que voici : « Que, M. *de la Tour*, intendant de Bretagne, étant de trop mauvaise santé pour tenir les États, il conviendroit d'y envoyer un conseiller d'État de telle et telle disposition, et que son avis étoit qu'on m'y envoyât. » Sur cela, je cherchai d'abord à communiquer avec M. le garde des sceaux [1], pour voir ce que cela signifioit et ce qu'on vouloit de moi.

Il me parut n'y avoir point songé, disant même « que ce ne seroit qu'une occasion de dépense qui ne me seroit bonne à rien; que, d'ailleurs, il ne croyoit pas que cette idée eût lieu, et que l'intendant, se portant mieux, pourroit s'y traîner. »

Mais il ajouta que, quant à moi, « il falloit absolument qu'il fît grand usage de moi; que je devois me souvenir de tout ce qu'il m'avoit dit; que les temps pouvoient varier, mais qu'une volonté appuyée sur des principes étoit toujours la même; que *je devois entendre cela* » ; enfin, qu'avant toutes choses, « il falloit absolument me tirer de l'état où j'étois, d'une *espèce d'obscurité;* et (en s'interrompant) qu'il alloit me dire bien des sottises; que je n'étois connu ni des autres, ni de moi-même, au moins assez; qu'il est bien vrai qu'il falloit quelque commission de l'espèce dont je lui avois parlé, quelque commission d'éclat, quelque congrès de six mois, etc.; que cela arriveroit plus tôt que je ne pensois; qu'en attendant il me tourmenteroit bien », voulant me parler du travail qu'il me fait faire. Il m'a demandé des nouvelles de ses manuscrits, sur lesquels je travaille; et j'ai loué justement la beauté et la magnificence de ses tables.

J'oubliois de dire, en parlant de la commission de Bretagne, qu'il étoit convenu qu'elle

1. Chauvelin.

étoit belle, brillante et de confiance en apparence, mais, etc... Et j'ai ajouté que, s'il falloit m'y nommer, j'opinerois plutôt contre que pour, par une nouvelle raison, qui est que mon nom pourroit être désagréable et suspect en ce pays-là, à cause de la commission tenue sous le ministère de mon père, *où il y eut des têtes coupées*. M. le garde des sceaux me sut bon gré de cette remarque, qui marquoit que je poussois au scrupule, et contre moi, la crainte que le roi ne fût pas bien servi. Enfin il ajouta qu'il avoit beaucoup de choses à me dire sur les affaires et sur moi, et il m'invita à l'aller voir à *Grosbois* la semaine prochaine, à quoi je ne manquerai pas.

Septembre 1732. — Je me souviendrai toujours des préparatifs du lit de justice de Versailles tenu en ce temps-ci; comme quoi M. le garde des sceaux alla voir dès le matin la chambre préparée pour cela, qui étoit fort bien. C'étoit la grande salle des Gardes, laquelle est commune aux appartemens du roi et de la reine. On l'avoit ornée de tapisseries convenables. Au-dessus de la porte d'entrée il y avoit un Jupiter tonnant. Mais cela n'eut ni effet ni application, à la manière dont se termina cette cérémonie, qui fut toute de douceur. Quand nous nous acheminâmes vers l'hôtel de M. le chancelier, il étoit bien onze heures, et alors on voyoit, en passant sur la place d'armes, le parlement en corps arrivant de Paris. Cela ressembloit à l'armée ennemie qui approchoit, et que nous découvrions de la hauteur.

C'étoit une nuée de poussière qui entouroit

une file, à perte de vue, de carrosses et chaises bien ou mal attelés, la plupart traînés par de mauvais *locatis*; et l'on se demandoit, en les voyant languir dans les cours du palais, *si les maîtres n'étoient pas plus mutins que les chevaux*. Personne ne donna à dîner à aucun de ces messieurs, c'étoit l'étiquette; la plupart dînèrent au cabaret, et beaucoup s'en retournèrent sur-le-champ après le lit de justice, comme ils purent.

1733. — Suit un parallèle, écrit en ce temps, entre madame *Dalluys* et madame *de Fontaine-Martel*, deux dames du Palais-Royal.

Feu la comtesse *Dalluys* logeoit au Palais-Royal. Elle étoit pauvre, n'ayant jamais eu de conduite. Madame *de Fontaine-Martel* vit encore aujourd'hui. Elle est de la cour du Palais-Royal; elle a une maison sur ce jardin. Mais elle est riche et avare, quoiqu'elle ne laisse pas de dépenser en victuailles.

Chez la *Dalluys*, on déjeûnoit beaucoup de boudins, saucisses, pâtés de godiveaux, vin muscat, marrons, etc. Chez la *Fontaine-Martel* on dîne peu, on ne déjeune jamais; mais on soupe tous les soirs. Les soupers se piquent d'être mauvais, et force drogues, comme chez la *Dalluys*.

Toutes les deux sont devenues fort vieilles.

La *Fontaine-Martel* a plus d'amis; la *Dalluys* étoit plus aimée : elle étoit si bonne femme! La *Fontaine-Martel* fait quelquefois des sorties qui dégoûtent d'elle, quoiqu'on s'en moque. Elle est haïe dans son domestique, ce qui prouve un mauvais caractère.

Les matins, la *bonne compagnie* alloit à midi déjeuner chez la *Dalluys*. Je dis la bonne compagnie, car c'étoient des gens gais, des gens qui avoient des affaires, des amans, des ménages, et cela devoit divertir la bonne femme, qui y prenoit part. Au lieu que la *Fontaine-Martel* accueille des beaux esprits auxquels elle n'entend rien, quoi qu'elle ait composé un conte de *Maman l'Oye*. Elle se pique de ne pas recevoir chez elle des femmes qui aient des amans déclarés; mais je sais que l'on y fait encore pis selon Dieu, car les intrigues s'y commencent.

Toutes deux ont toujours eu quelque amant, jusqu'à la dernière décrépitude. La *Dalluys* entretenoit un pauvre *Morainville*, vieux mousquetaire; elle lui payoit le fiacre pour arriver chez elle, de peur que ses souliers ne crottassent le sopha, mais il s'en retournoit à pied. La *Fontaine Martel* en a entretenu grand nombre, avec une semblable et aussi raisonnée économie; mais depuis quelques années elle a eu la conscience d'y renoncer, à cause de son érésipèle.

Dieu les bénisse toutes deux, et leur donne paradis!

Sur M. le garde des sceaux Chauvelin.

Novembre 1730.—(*Note de l'auteur*. Depuis ceci, j'ai connu davantage M. le garde des sceaux *Chauvelin*, et j'ai trouvé qu'une partie de ce qu'on disoit de lui étoit faux, et qu'il méritoit de vrais éloges pour son génie, sa vertu et son amour du bien de l'État.)

— Pour définir le garde des sceaux *Chauvelin*, vous saurez qu'il n'y a jamais eu un plus habile homme pour ses propres affaires, pour agir en grand, pour acquérir des honneurs et de la célébrité. Mais il semble, en toutes choses, le centre de son cercle, sa fin dernière, l'objet final de toutes ses méditations.

Son frère aîné avoit un mérite si brillant, qu'on en étoit ébloui au premier abord. La réputation de l'aîné faisoit tort au cadet dans le monde. Mais ce frère s'étoit adonné au parti des jésuites, que M. *de Chauvelin* ne peut souffrir. Ce frère mourut, et le cadet devint grand travailleur et homme d'État; car jusque là les belles-lettres, les bons airs et les chevaux avoient été sa seule occupation. Il prétendoit aux bonnes fortunes et dansoit bien. C'étoit le beau *Crisenoy* [1]. Mais il s'attachoit surtout aux personnes en crédit. Il gagna les bonnes grâces de madame *de Bercy*, fille de M. *Desmarets* [2]. Il brilla dans sa charge d'avocat général.

Corneille a dit :

Mais quand le potentat se laisse gouverner,
Et que de son pouvoir les grands dépositaires
N'ont pour raison d'État que leurs propres affaires...

Voilà ce qui se passe de nos jours en France. M. *de Chauvelin* épousa une héritière, mademoiselle *des Montées* [3], grande et bien faite, fille

1. Terre de M. Chauvelin.
2. Contrôleur général.
3. Anne *Cahouet*, fille de Claude Cahouet, sieur de Beauvais, et petite-fille de Fontaine des Montées, riche traitant, mariée en 1718.

d'un négociant d'Orléans. Elle avoit été élevée en province. Son mari s'attacha à réformer ses manières, et y mit tout son temps. Il l'a rendue extérieurement si exemplaire, qu'elle est aimée et admirée de la cour. Il ne la quittoit pas d'un pas, malgré les affaires dont il étoit chargé, la veilloit dans toutes les maisons où elle soupoit ; il la suit encore. Il lui a fait ôter le rouge, de sorte qu'elle n'en a plus qu'au bout du nez. Il change ses femmes, ses valets de chambre, se fait rendre compte des hardes de madame par sa femme de chambre ; il interrompt pour cela une affaire d'État. C'est merveille.

Or, le garde des sceaux doit être, à le juger par là, ou un très-médiocre génie, ou un très-grand, qui embrasse des choses bien petites, puisque cela le jette en de telles pauvretés.

M. *de Bailleul* s'ennuyoit autant de sa charge de président à mortier que cette charge s'ennuyoit de lui ; cependant il ne pouvoit se déterminer à la vendre. Ce président étoit tombé dans une telle dissipation et obscurité, qu'il ne vivoit que parmi des blanchisseuses et des joueurs de boule. M. *Chauvelin* eut l'adresse de gagner ces puissances, et acheta la charge à bon marché. Ainsi placé, il sut se rendre agréable à la cour, sans trahir les intérêts de la compagnie. Il étoit un peu parent des *Béringhen*, ainsi que de M. le duc *d'Aumont*, par les *Louvois*. Il fut tuteur du petit duc *d'Aumont*, dont il arrangea à merveille la fortune délabrée ; car il est habile économe pour les affaires particulières comme pour les affaires publiques.

Par les *Béringhen*, il se fit ami du maréchal

d'Huxelles. Il cherchoit à parvenir sous le régent. Ce prince disoit *que tout lui parloit Chauvelin, que les pierres mêmes lui répétoient ce nom*, tant il y avoit de grands seigneurs à cette cour qui s'intéressoient à son élévation.

Il s'est montré fort rangé, et pourtant honorable dans toutes ces places, sachant régler sa dépense, sans lésinerie comme sans prodigalité. Il a pris les manières d'un bon et ancien magistrat de race, surtout ne découchant jamais d'avec sa femme; il trouve que cela sied bien, se vante de n'avoir point de maîtresse, et pourtant d'être plus vigoureux qu'un autre. Personne n'est plus adroit que lui à toutes sortes d'exercices, à faire des armes, à la chasse, à monter à cheval, à jouer à l'ombre, à chanter, à plaire aux femmes. C'est un *Candale,* un *Soyecourt,* et tant de moyens de se rendre agréable, il les sacrifie tous pour ne servir que l'État, et reconnoître les bienfaits de son protecteur, le cardinal *de Fleury*.

Le régent mourut sans l'avoir employé. Le règne de M. le duc lui parut un feu de paille; il s'attacha avec raison à M. *de Fréjus,* depuis cardinal de Fleury. Ce cardinal, vieux et plein de l'esprit des femmes, est jaloux avec scrupule de l'attachement qu'on lui marque; une bagatelle peut faire tout échouer. Le maréchal *d'Huxelles* le produisit près de Son Éminence, et son amabilité fit le reste. Le vieux maréchal obtint, pour ainsi dire, permission du cardinal d'en faire un homme d'état et un personnage ; ce fut lui qui lui apprit les secrets de l'État, et le mit au fait des affaires étrangères.

M. *de Chauvelin* avoit un avantage, dont il sut tirer en cette occasion un parti extrême : feu M. *de Harlay* lui avoit légué de nombreux et précieux manuscrits sur le droit public. M. *de Chauvelin* en fit des tables, et les mit en ordre. Il est effectivement grand travailleur par goût, et d'une assiduité surprenante. Il n'étoit pas moins occupé avant d'être en place que maintenant qu'il y est. Dès qu'il avoit dîné, il regagnoit son cabinet, et y restoit jusqu'à ce qu'on l'avertît qu'on eût servi le dessert chez sa femme. Il ne soupe pas depuis longtemps, ce qui est encore une petite chose qui sent le grand homme. Remarquez de quelle importance il est de ressembler aux grands hommes par les petites choses.

Le cardinal, ayant appris qu'il s'occupoit aussi assidument de droit public, conçut une forte résolution de mettre un tel homme en place, et de signaler son ministère en donnant au roi un bras droit aussi nerveux.

Les *Fleuriau* venoient d'être dépossédés. On fit revenir le chancelier, tout en morcelant ses fonctions (août 1727). On exigea de M. *d'Armenonville* sa démission pour lui ôter les sceaux, quoique cette charge eût été créée par édit. Ce prétexte fut un coup heureux pour l'autorité royale, car cette charge n'a été donnée à mon père que par édit enregistré dans un lit de justice, tandis que l'édit en faveur de M. *de Chauvelin* fut enregistré volontairement par le parlement.

Le parlement envoya une députation au chancelier pour savoir s'il permettoit cette création. Il dit que oui, le bonhomme! et le parlement enregistra. M. *de Chauvelin* y avoit conservé du crédit; il promit de rendre de grands services à la compagnie près du trône, et l'on sait s'il a tenu parole.

En place, il parut ne se mêler de rien, et a tout fait en réalité. Il a fait le traité de *Séville*, dont nous aurions tiré meilleur avantage en l'exécutant plus sincèrement; il a rejeté tous les actes de couardise sur la bénignité du cardinal. Comment donc n'a-t-il su persuader aucune action virile? Il se vante d'écrire toutes les dépêches de sa main : petitesse ou affectation outrée, de la part d'un génie tel que le sien!

Il a acheté Grosbois de M. *Bernard* [1]; il se vante d'avoir payé cette terre au-dessus de sa valeur, par suite d'un certain amour local qu'il avoit pour cette maison, qu'il fréquentoit de jeunesse, lorsqu'elle appartenoit à M. *de Harlay*.

On l'accuse d'encourager sourdement les avocats et les jansénistes dans leur résistance contre la cour. Il a le talent de paroître complétement étranger aux intrigues, et partout il a des amis puissans prêts à le porter au pinacle dès que le cardinal sera retiré. C'est sur la protection de la maison de Condé qu'il paroît le plus compter.

18 août 1739. — M. *de Chauvelin*, ci-devant garde des sceaux de France, est un très-honnête homme et un grand citoyen, tout en ayant des manières qui n'annoncent pas ces qualités.

1. *Samuel Bernard*, mort en janvier 1739, à l'âge de quatre-vingt-huit ans.

Ses manières sont celles d'un intrigant ; il les a contractées de jeunesse, ayant devant lui un aîné qui brilloit par de grandes distinctions extérieures. Il lui fallut passer à travers mille obstacles, plier sous le joug des préjugés et des faussetés en crédit, contracter les habitudes vicieuses du siècle.

Mais, parvenu à la plus haute fortune et n'ayant plus rien à désirer, il redevint ce qu'il étoit au fond, et ce que ceux qui l'ont approché et l'ont jugé avec discernement ont aisément reconnu en lui. Sans haine, sans fiel, sans malignité, sans avarice, satisfait d'une médiocre richesse, se passant à peu de choses, aimant sa patrie et son Roi, et joignant à cela des qualités très-rares dans notre siècle, capable d'un grand travail, non pas par habitude et penchant à la paperasse, comme sont nos robins, mais par amour de la perfection en toutes choses, et non pour un accomplissement mercenaire, ce qui distingue éminemment l'honnête homme. Il a encore ce coup d'œil de l'homme de génie, de l'habile homme propre au commandement, le discernement des sujets et de leurs diverses qualités, ce qui devroit être le grand, peut-être le seul talent d'un roi. Henri IV n'eut que celui-là, avec le talent de la guerre, et cet amour de ses sujets que l'abbé *de Saint-Pierre* a justement surnommé *bienfaisance*.

M. *de Chauvelin* m'a dit souvent en plaisantant que, pour rester bien avec son chancelier, il ne lui en avoit coûté que deux choses : céder le pas dans les cérémonies publiques, et faire donner au chancelier un exempt et deux hoquetons. Autant M. *d'Aguesseau* est-il pointilleux en tout ce qui tient à l'extérieur de sa charge, autant est-il indifférent sur le fait de l'autorité.

— Notre vieux cardinal, il faut en convenir, a tous les défauts du caractère d'une femme. Il aime les caresses et les cajoleries; il est jaloux à l'excès de l'attachement qu'on lui porte; une bagatelle suffit pour faire oublier les plus longs services. Prompt à se faire un mérite de ce qui nous arrivoit d'heureux, il imputoit à son second les torts de la mauvaise fortune. Enfin, après onze années d'un dévouement sans exemple, quel a été le salaire de M. *Chauvelin?* Privé de son rang, de sa dignité, de sa fortune, il n'a pas tenu à S. Eminence qu'il ne perdît jusqu'à l'honneur. On assure que le projet du cardinal avoit d'abord été de le renfermer dans un château fort, et que le bon esprit du roi s'y est seul opposé. Certes, il faut qu'il ait eu les mains bien pures pour être sorti victorieux de toutes les recherches qui ont été faites depuis son exil, et n'ont abouti qu'à la confusion de ses accusateurs.

1737. — A mon avis, le seul reproche qu'on puisse lui faire, c'est un excès d'ambition, moins encore pour lui que pour sa patrie. Il eût voulu la gloire de la France, fût-ce aux dépens de son repos; tandis que le cardinal s'inquiète peu si nous achetons la paix par l'humiliation et le mépris de nos voisins.

Le traité de Turin sera, dans l'histoire, un monument de l'administration du garde des sceaux [1]; et l'on ne peut savoir tout ce que nous en eussions obtenu si, flatté du facile honneur de rétablir le repos de l'Europe après l'avoir troublé, le cardinal ne se fût empressé d'y contrevenir par le traité de Vienne de 1735. Les remontrances de M. *de Chauvelin* contre cette paix précipitée furent la première cause de sa disgrâce. S'il y en eut d'autres plus secrètes, il est probable qu'elles demeureront couvertes d'un voile impénétrable.

Quoi qu'il en soit, il est douteux que nous soyons destinés à le revoir à la tête des affaires [2]. Le cardinal s'y opposera tant qu'il vivra, et, selon toute apparence, il gouvernera le royaume encore après sa mort, par les choix qu'il aura conseillés. Grâce à lui, S. M. est persuadée que le parti janséniste reçoit aujourd'hui ses dictées de Bourges, et je sais, pour ma part, que rien n'est plus contraire, qu'on n'y respire que le tolérantisme et la paix des consciences.

1. Septembre 1733. Traité d'alliance offensive et défensive avec Espagne et Sardaigne, auquel accédèrent les puissances maritimes. Ce traité assuroit les droits des fils d'Élisabeth Farnèse en Italie, et en même temps le Milanois au roi de Sardaigne.

2. La mort du cardinal fut pour M. *de Chauvelin* l'occasion d'une aggravation de peine. Il fut envoyé de Bourges à Issoire, puis à Riom, en Auvergne. De retour à Paris en 1747, il ne reparut jamais à la cour. M. de Chauvelin mourut à Paris, le 1er avril 1762, à soixante-dix-huit ans.

Son fils unique avoit été tué dans un duel avec un officier aux gardes nommé *Lelièvre*, en novembre 1750. (*Le sort de M. Chauvelin est celui de Job*, manuscrits à la même date.)

De tels motifs ne sauroient effacer de ma mémoire nos entretiens de *Grosbois*, la bonté avec laquelle, en nous promenant dans ce beau parc, M. le garde des sceaux se plaisoit à causer longuement avec moi de mes études, de mes lectures, aussi bien que des affaires publiques; l'accès qu'il me donnoit chaque jour, à toute heure, dans sa bibliothèque, aux archives des affaires étrangères, qu'il avoit mises à ma disposition, me répétant sans cesse de le regarder comme un père, et l'étant en effet pour moi. Ce que je puis avoir d'idées saines en politique, c'est en partie à lui que je les dois, et, du lieu de son exil, il vient encore de m'écrire qu'une de ses consolations dans son malheur étoit de me voir mieux connu, et d'y avoir contribué.

Sur le cardinal de Fleury.

Décembre 1731.—Un des spectacles les plus ridicules du temps où nous vivons est sans contredit le *petit coucher* du cardinal de Fleury. Je ne sais où Son Éminence a pris cette prérogative de sa place et cette convenance de son poste, dans lequel possédant, il est vrai, une pleine autorité, elle n'a pourtant extérieurement que le titre de ministre d'État, tout comme le maréchal *de Villars*. Chaque soir, dans la cour entière, gentilshommes et roturiers, oisifs et gens d'affaires, attendent à leur poste. Son Éminence rentre dans son cabinet; puis en ouvre la porte, et vous assistez à la toilette de nuit tout entière.

Vous voyez ce vieux prêtre qui ôte sa culotte, qu'il plie proprement. Vous lui voyez passer sa chemise de nuit, puis une assez médiocre robe de chambre, peigner ses cheveux blancs, que l'âge a fort éclaircis. Vous l'entendez raconter quelques nouvelles du jour, assaisonnées de plaisanteries bonnes ou mauvaises, auxquelles l'assistance ne manque jamais d'applaudir. M. *de Bernage* y tient souvent le dé.

On disoit l'autre jour que c'étoit un mauvais spectacle, qui ne valoit pas celui de l'abbé *Bécheron*.

L'abbé *de Pomponne*, qui a beaucoup de crédit sur l'esprit du cardinal, lui en a fait, dit-on, des remontrances, lui répétant quelques-unes des plaisanteries qui courent à ce sujet. Son Éminence n'en a pas cru devoir tenir compte, imaginant apparemment que le public a grande impatience de sa vue, et qu'il ne lui seroit pas possible de céder en tout autre instant à ce désir, sans faire tort aux grandes affaires dont elle est chargée.

31 mars 1734. — La reine avoit à cœur d'obtenir une compagnie de cavalerie pour un officier qu'elle protégeoit. M. *d'Angervilliers* (ministre de la guerre), auquel elle en fit la demande, répondit qu'il ne pouvoit rien sans le consentement du cardinal. La reine s'adressa donc à celui-ci. Le cardinal fait des difficultés, prend une mine renfrognée, et finit par éconduire la reine. Le soir même elle s'en plaint au roi, en particulier. « Que ne faites vous comme moi! répond Sa » Majesté; je ne demande jamais rien à ces

» gens là. » Ainsi Louis XV se regarde précisément comme un prince du sang disgracié, n'ayant aucun crédit à la cour.

1733. — Si M. le cardinal n'a fait jusqu'ici aucun établissement, pas le moindre, qui mérite d'être cité, il ne faut point l'attribuer au défaut de volonté de sa part. J'ai même la certitude qu'il a employé jusqu'à des dix heures de travail par jour avec certains *donneurs d'avis* qui avoient à lui proposer des arrangemens assez praticables sur la taille, sur les monnoies et sur la Compagnie des Indes. J'ai vu des lettres de rendez-vous, et des observations par écrit de Son Éminence. Mais quand il falloit en venir à l'exécution, une défiance habituelle lui faisoit rejeter le bon comme le mauvais, par paresse et timidité.

Il faut absolument des esprits forts et entreprenans, mais surtout justes, pour gouverner.

Le cardinal a cru qu'il suffisoit, pour bien administrer la finance, d'appliquer aux affaires publiques une maxime dont il s'étoit bien trouvé dans ses affaires particulières. Il avoit remarqué qu'il retiroit davantage de ses bénéfices en laissant faire les fermiers, en ne haussant point le prix des baux, qu'ainsi il étoit payé plus exactement et mieux. Aussi n'a-t-il presque rien changé au bail des fermes générales, et s'est constamment interdit toute augmentation, lors même qu'il eût été facile d'en obtenir. Mais cette manière d'agir a eu l'inconvénient d'attribuer tout pouvoir aux gens de finance, et d'en faire les véritables maîtres du royaume.

Un ministre étranger m'a dit, avec raison, que la France perdroit à la mort du cardinal de Fleury une réputation de modération et de douceur qui lui a servi peut être plus qu'on ne pense de son vivant : car, au milieu même de l'appareil guerrier, le cardinal a toujours montré un empressement à faire la paix qui nous a valu, selon lui, plus que deux armées. Il est certain que, quelque effort qu'il ait fait à diverses reprises pour paroître redoutable, il n'a pas pu parvenir à faire penser qu'il prît la chose au sérieux.

Écrit en 1748.—On en a dit trop de bien quand on a voulu le louer; on en a dit trop de mal quand on en a médit. C'étoit un homme doux, bien intentionné, aimant à faire dire de lui le bien véritable, mais non les objets ordinaires de gloire qu'ambitionnent les ministres.

Il lui manqua particulièrement de se connoître en hommes, de savoir distinguer les honnêtes gens des fripons. Il troqua M. *de Chauvelin* (qui avoit ses défauts, mais plus de grandeur et de droiture que tout le ministère actuel) contre M. *Amelot*, chétive créature de M. *de Maurepas*; celui-ci reconnu du cardinal lui-même pour le plus grand petit fripon de cour que nous ayons eu.

Puis il s'engagea dans une honteuse entreprise contre une succession qu'il venoit de garantir. Il se fit un système passager, mitoyen, de faire la guerre pour abréger l'entreprise, de faire et de ne faire pas, de se jeter en avant et de s'arrêter.

Le roi et Monseigneur le dauphin.

Le roi et M. le dauphin sont longtemps enfans, sans presque jamais avoir été jeunes. Ainsi sont presque tous nos princes. J'entends par jeunesse l'imprudence, l'étourderie, le bouillant du sang, qui augmente les passions et le mouvement de l'âme et du corps. Le goût des femmes leur vient tard, et le romanesque presque jamais. Pour enfans, ils le sont par leurs discours, par leurs manières, par leurs goûts. Il est vrai que cela ne se voit que dans l'intérieur. L'extérieur est masqué du masque de la royauté et du respect public, et c'est peut-être là le seul fruit de leur éducation.

1er septembre 1739. — On m'a conté un trait de l'éducation que le cardinal a donnée au roi. *Chevalier*, qui montroit les mathématiques à Sa Majesté, entroit pour sa leçon après celle de M. de Fréjus, qui s'étoit réservé de lui enseigner l'histoire. Il en étoit à la lecture de Quinte-Curce, qu'il devoit lui expliquer. *Chevalier* remarqua que le signet en étoit toujours au même endroit depuis six mois, et qu'au lieu de travailler, le bonhomme lui apportoit des cartes, pour le distraire par des tours de cartes.

Misère des provinces.
(Février 1739, jusqu'à fin de 1740.)

Le mal véritable, celui qui mine ce royaume et ne peut manquer d'entraîner sa ruine, c'est que l'on s'aveugle trop à Paris sur le dépérissement de nos provinces. Ce qui en circule est traité d'exagération, et personne que je sache ne s'est encore avisé d'en rechercher l'origine. J'ai vu, depuis que j'existe, la gradation décroissante de la richesse et de la peuplade en France, et tous les observateurs de bonne foi conviennent avec moi que la dépréciation subite des monnoies, opérée sous M. le Duc [1], en a produit les premiers symptômes.

Mais il y a loin de ce qui étoit alors à ce qu'on voit aujourd'hui. On a présentement la certitude que la misère est parvenue à un degré inoui. Au moment où j'écris, en pleine paix, avec les apparences d'une récolte sinon abondante du moins passable, les hommes meurent autour de nous, dru comme mouches, de pauvreté, et broutant l'herbe. Les provinces du Maine, Angoumois, Touraine, Haut Poitou, Périgord, Orléanois, Berry, sont les plus maltraitées; cela gagne les environs de Versailles. On commence à le reconnoître, quoique l'impression n'en soit que momentanée.

Il y a longtemps que je m'aperçois du danger qui nous menace, et c'est peut-être moi qui donnai le premier l'éveil, au retour d'un voyage

1. (1725.) L'opinion constante du marquis d'Argenson a été qu'il vaut mieux *hausser* que baisser le prix des monnoies; que la première opération, maintenue en de justes limites, enrichit les peuples en aidant à acquitter les dettes; que la baisse, au contraire, les appauvrit. Son économie politique se réduit, en général, à ce principe : La prospérité des États, comme celle des particuliers, consiste à devoir le moins possible, et conséquemment les lois doivent favoriser les débiteurs, et leur faciliter les moyens de se liquider.

que je fis dans mes terres, il y a bientôt deux ans. J'ai dit et je pense encore que cet état ne tient point à des circonstances passagères, et que, si une mauvaise année a pu rendre le mal plus sensible, les racines en sont plus avant qu'on ne croit. J'ai proposé ailleurs des moyens de rendre l'activité à nos campagnes, de les soustraire à la tyrannie financière qui les épuise [1]; mais le moment n'est point favorable aux nouveautés.

Les familiers du cardinal lui ont persuadé que ce sont des contes répandus par le parti Chauvelin pour discréditer son ministère. M. *Orry* n'a foi qu'au rapport des financiers, qui naturellement ont intérêt à lui cacher la vérité. Il regarde les intendans qui lui parlent avec plus de franchise précisément comme des curés ou des dames de charité qui exagèrent les tableaux de la misère par une compassion mal placée. Aussi a-t-il dégoûté tous ses intendans; aucune voix ne s'élève plus entre le trône et le peuple : le royaume est traité comme un pays ennemi frappé de contributions. On ne songe qu'à faire acquitter l'impôt de l'année courante, sans penser à ce que l'habitant pourra payer encore l'année d'après.

Il est vrai que tous nos raisonneurs sont en défaut : il n'y a point eu de disettes marquées; ce n'étoient tout au plus que des demi-années en certaines provinces, et des récoltes satisfaisantes en d'autres. Mais partout on reconnoît le manque d'argent, le manque de *moyens* pour acheter des vivres. Avec cette pauvreté, les

1. *Traité de la Démocratie.*

grains et les vivres renchérissent, on ne fait plus travailler. Cependant les impôts sont exigés avec rigueur, la taille est poussée fort haut. Le contrôleur général a montré au cardinal une abondance dans les recettes qui lui a valu des complimens.

Enfin se sont élevées quelques voix, celles des principaux magistrats, même des plus politiques : M. *Turgot*[1], à qui cette opposition a fait honneur; M. *de Harlay*[2], qui a fait suspendre la réparation des chemins par corvées. Madame la duchesse de *Rochechouart*[3], douairière, écrivit une lettre pathétique au cardinal. M. *de la Rochefoucauld*, revenant d'Angoumois, en fit autant. M. l'évêque du Mans vint de son diocèse toucher barre à Versailles, uniquement pour dire que tout s'y mouroit. Le *bailly de Froulay*, qui a beaucoup d'accès à la cour, est aussi venu du Maine confirmer cette déposition. Ces rapports ont causé quelques momens d'effroi, mais on n'en a plus reparlé. Un de mes collègues au conseil d'état (M. *Fagon*) avec qui j'ai souvent occasion de m'entretenir me disoit l'autre jour : « Monsieur, tout ceci est la faute du chancelier » *d'Aguesseau*. Depuis qu'il a si fort restreint la » compétence des prévôts de la maréchaussée, » il est devenu impossible de faire arrêter ces » mendians. On a beaucoup trop tardé à prendre » ce parti, et c'est ce qui les a multipliés à ce » point. »

1. Prévôt des marchands.
2. Intendant de Paris.
3. Morte à Tours en 1753, et révérée comme une sainte par les pauvres de cette ville; elle passait pour janséniste.

Il est certain que la misère actuelle des provinces fait plus de tort à ce royaume que la malheureuse guerre de Turquie n'en a pu faire à la maison d'Autriche, quelle que soit la joie secrète que nous avons éprouvée en apprenant ses revers.

19 mai 1739. — La Normandie, cet excellent pays, succombe sous le poids des impôts et sous les vexations des traitans; les fermiers sont ruinés, et l'on n'en peut trouver. Je sais des personnes qui sont réduites à faire valoir des terres excellentes par des valets.

Le duc d'Orléans porta dernièrement au conseil un morceau de pain de fougère[1]. A l'ouverture de la séance, il le posa sur la table du roi, disant : *Sire, voilà de quoi vos sujets se nourrissent.*

Cependant M. *Orry* vante l'aisance où se trouve le royaume, la régularité des payemens, l'abondance de l'argent dans Paris, et qui assure, selon lui, le crédit royal. Il se complaît dans l'amour que lui portent les financiers; il est vrai que plus il y a de pauvres, plus ces gens-là deviennent riches. Ils sont reçus, accrédités partout, et ne contribuent en rien aux charges publiques.

L'évêque de Chartres a tenu des discours singulièrement hardis au lever du roi et au dîner de la reine. Le roi l'ayant interrogé sur l'état de son diocèse, il a répondu que la famine et

1. Le comte d'Argenson étoit alors chancelier de ce prince.

la mortalité y régnoient ; que les hommes y broutoient l'herbe comme des moutons ; que bientôt on alloit voir la peste, ce qui seroit pour tout le monde (y compris la cour, vouloit-il dire). La reine lui ayant offert cent louis pour les pauvres, le bon évêque a répondu : « Madame, » gardez votre argent ; quand les finances du » roi et les miennes seront épuisées, alors V. M. » assistera mes pauvres diocésains, s'il lui reste » quelque chose. » On répond à tous ces récits que la saison est belle, que la récolte promet beaucoup. Mais je demande ce que la récolte donnera aux pauvres. Les blés sont-ils à eux ? La récolte appartient aux riches fermiers, qui, eux-mêmes, dès qu'ils recueillent, sont accablés des demandes de leurs maîtres, de leurs créanciers, des receveurs de deniers royaux, qui n'ont suspendu leurs poursuites que pour les reprendre avec plus de dureté.

8 juillet 1739. — On a beaucoup blâmé M. *de Chauvelin* de ce qu'à Bourges il donnoit l'aumône à une multitude de pauvres, et de ce qu'il avoit un chirurgien habile qui les alloit panser ; on a dit que c'étoit par ostentation : car la pensée la plus à la mode chez les partisans du cardinal, c'est que la misère présente n'est rien, que le tableau en est exagéré par les Chauvelinistes. Et si M. *de Chauvelin* n'eût point donné d'aumônes, on eût pris texte sur la dureté de son cœur.

13 septembre 1739. — Dimanche dernier, le roi, allant à Choisy par Issy, pour y visiter

le cardinal, traversa le faubourg Saint-Victor. Cela fut su : le peuple s'amassa et cria, non plus vive le roi! mais *misère, famine, du pain!* Le roi en fut mortifié, et, arrivant à Choisy, il congédia les ouvriers qui travailloient à ses jardins; ce qu'il fit par bonté d'âme, se scandalisant de faire aucune dépense extraordinaire tandis qu'il régnoit une misère semblable. Il écrivit le soir même au cardinal ce qui lui étoit arrivé, et les ordres qu'il avoit donnés. Le cardinal lui répondit sur-le-champ, loua son bon cœur, mais lui représenta qu'il devoit reprendre ses ouvriers, parce que ce seroit leur ôter tout moyen de subsistance. Le roi est depuis ce moment d'une tristesse et d'un accablement qui font pitié.

Août 1739. — Le même conseiller d'État (*Fagon*) dont j'ai parlé ci-dessus, et qui vient de faire un séjour de deux mois dans le Perche, où sont situées ses terres, m'a dit n'avoir vu qu'un tas de coquins qui ne veulent point travailler, et que l'on perd en leur faisant l'aumône. Il a persuadé tout de bon au ministère que c'est une habitude de paresse qui corrompt les mœurs des provinces. C'est ainsi que j'ai entendu accuser de pauvres enfans sur lesquels opéroit un chirurgien d'avoir la mauvaise habitude d'être criards.

D'après ses conseils, on va faire travailler aux routes, non plus par corvées, mais moyennant salaire; et nos ministres et satrapes y trouvent en attendant leur compte, faisant faire de belles avenues pour arriver à leurs châteaux. Ils disent que c'est *semer pour recueillir;* car en même temps l'on va presser le recouvrement des tailles, afin de reprendre d'une main ce que l'on donne de l'autre. Tels sont ceux qui ont part à la direction des affaires : durs, tyranniques, heureux de leur sort, jugeant celui des autres par le leur propre; *juges de Tournelle*, habitués à voir de sang-froid disloquer les membres des suppliciés.

Toute misère provient de fainéantise, et les impôts tels qu'ils sont ne sont pas suffisans. Ces bourreaux de ministres pensent aiguillonner l'industrie et corriger les mœurs par la nécessité de payer de gros subsides. Il y a longtemps que j'entends débiter cette maxime cruelle, fondée sur ce qu'on croit avoir observé de la fainéantise en quelques terres qui se sont maintenues franches (ce qui ne provenoit que de la facilité de faire la fraude), et du travail dans les pays soumis aux plus durs impôts. On ne voit pas que cet aiguillon a déjà dépassé le but et est devenu scie ou coutelas, et que le labeur est découragé dès que l'augment d'impôt dépasse de beaucoup l'augment de profit par le labeur. Assurément il faudroit suivre une marche contraire à celle que l'on semble adopter : asseoir par abonnement la cote de chaque paroisse, et déclarer, une fois pour toutes, que cette cote pourra bien être diminuée par la suite, mais augmentée jamais; qu'il est permis de travailler, peupler, s'accommoder impunément.

Peu importent mes idées, dira-t-on peut-être, ce sont celles de nos gouvernans qui importent davantage; et ce n'est malheureusement que trop vrai. On a imaginé, afin de répandre l'argent dans Paris, de donner de grandes et ridicules fêtes pour le mariage de Madame Première avec l'infant don Philippe; comme s'il n'y avoit pas cent emplois plus utiles pour le pauvre peuple à faire de l'argent amassé dans les coffres royaux, à commencer par une réduction sur les tailles, si vivement désirée.

Mais nos ministres sont enchantés de leurs belles opérations, tant ils se croient supérieurs aux événemens, et maîtres du mal par le remède!

27 août 1739. — Ces dépenses et ces profusions du cardinal à l'occasion du mariage de madame *Louise-Élisabeth*, dépenses si peu conformes à son caractère connu de parcimonie, même de lésinerie, en d'autres circonstances, reposent sur un vieux conte du ministère de M. Colbert qui a bien souvent lassé ma patience. On assure donc que le feu roi, voulant donner un carrousel, redoutoit l'économie de M. Colbert. Point du tout: celui-ci commanda le carrousel beaucoup plus beau que le roi ne l'avoit même souhaité; mais il le fit annoncer longtemps à l'avance. Cela attira quantité d'étrangers. De là de grandes consommations, et des droits dont les fermiers généraux profitèrent. Ils payèrent le carrousel, et le roi eut encore cent mille écus de bénéfice par dessus le marché.

Ces sortes d'épigrammes en politique sont fort du goût de nos François superficiels, paresseux de penser et d'approfondir. Ils en restent là, croyant avoir mis à bout toute étude de la science sociale quand ils ont parlé *circulation*, quand ils en ont seulement nommé le nom. J'ai déjà répondu que cette belle fête de M. Colbert étoit précisément la similitude d'une vieille comtesse ruinée qui a quitté ses terres pour tenir une maison de jeu, et qui donne à souper avec l'argent des cartes.

Tous ces petits esprits qui nous gouvernent se croient de très-grands hommes en copiant cet admirable trait de M. Colbert.

Non tali auxilio neque defensoribus istis
Tempus eget.

On loue encore M. le cardinal d'en user comme ces Romains dans le Capitole, qui jetoient du pain par les fenêtres, pour prouver qu'ils en avoient de reste, tandis qu'ils en manquoient en effet. Cela pouvoit être utile dans une place assiégée, dont il s'agissoit de faire lever le siége. Mais que nous importe aujourd'hui une fausse réputation? Par qui sommes-nous menacés? Nos voisins nous laissent en paix, et depuis longues années, chaque fois que nous avons eu la guerre avec eux, c'est que nous avons été leur chercher querelle.

Mais la misère du dedans nous épuise. C'est donc à nous-mêmes que nous voulons en imposer, et nous ne nous en imposons assurément pas. Au contraire, le peuple des provinces regarde comme une injure à lui faite la joie de la cour et la gaieté de la capitale.

La misère augmente chaque jour dans les provinces, et les recouvremens s'y font avec une rigueur sans exemple. On enlève les habits des pauvres, leurs derniers boisseaux de froment, les loquets des portes, etc. Les receveurs des tailles se signalent, ils multiplient les frais. Chacun sait que, s'il paye bien, il sera augmenté à la taille l'année suivante.

— On dit que les receveurs généraux eux-mêmes demandent la réduction des tailles. C'est aujourd'hui à faire pitié, même aux bourreaux.

Septembre 1739. — On commence à ne plus pouvoir compter sur les revenus ordinaires des tailles, et bientôt pour la moitié seulement il se fera plus de frais que ci-devant pour le total.

— Le nombre des pauvres dépassera bientôt celui des gens qui peuvent vivre sans mendier. Dans la ville de *Chatellerault*, on a obligé chaque bourgeois à entretenir à ses frais un pauvre. La population est de quatre mille âmes, et, sur ce nombre, il s'est trouvé dix-huit cents pauvres enrôlés à la charge des bourgeois.

Novembre 1740. — On n'ose plus sortir dans les rues de Paris dès sept heures du soir, et partout les Suisses font la patrouille à la place du guet. Le pain est maintenu à cinq sous moins un liard, grâce aux exactions que l'on exerce sur les malheureuses provinces. On craint à chaque instant des révoltes générales. Dans plusieurs villes, les habitans ont dit que, tant qu'il leur resteroit des bâtons et des fourches, ils empêcheroient bien qu'on n'enlevât leurs grains. On a été obligé de couvrir le froment d'avoine, et d'employer d'autres ruses pour tromper la surveillance.

Novembre 1740.—Le duc *de la Rochefoucauld* a dit au roi que Sa Majesté ignoroit peut-être en quel état étoient ses provinces; que cela passoit toute idée; que tout étoit fardé ici; que le ministère ne travailloit qu'à déguiser le mal, à feindre l'abondance dans Paris; mais que, dans les provinces où il y avoit tant de détresse l'an dernier, on étoit au double misérable cette année, et que celles qui étoient le mieux l'an passé étoient maintenant à l'égal des autres. A cela S. M. a répondu qu'elle le savoit fort bien, qu'elle savoit même que le royaume avoit diminué d'un sixième depuis un an.

Le cardinal en est aussi convaincu, et comme on lui parloit de la possibilité d'une guerre étrangère, S. Em. a répondu, avec son ton doucereux, que ce seroit impossible, vu qu'on manquoit d'hommes en France.

Il est positif qu'il est mort plus de François de misère depuis deux ans que n'en ont tué toutes les guerres de Louis XIV..

— Comme on plaisante ici sur les choses les plus sérieuses, il court une épigramme sur le cardinal, dont je n'ai retenu que le trait. La France est un malade que, depuis cent ans, trois médecins, de rouge vêtus, ont succcessivement traité. Le premier (*Richelieu*) l'a saigné; le second (*Mazarin*) l'a purgé, et le troisième (*Fleury*) l'a mis à la diète.

Suite du Journal.

Mai 1734. — Un des meilleurs amis de M. *de Plélo* m'a appris, depuis peu, la véritable cause du parti violent qu'il a pris. Sa tête étoit extrêmement échauffée d'un contre-temps qui lui arriva au mois de novembre dernier. Dans le temps où il donnoit le plus lieu au ministère d'être content de ses démarches, il avoit lui-même à s'en plaindre. Il eut occasion d'envoyer un courrier à Paris; il le chargea de plusieurs paquets pour ses meilleurs amis. Cet exprès, qui étoit un de ses domestiques, fort idiot, descendit chez M. le Garde des sceaux, et eut l'imprudence d'ouvrir un paquet en sa présence. Il y avoit une lettre pour l'abbé *Alary*, une pour M. *de Maurepas*, et une pour *Raymond*, du Palais-Royal, surnommé *le Grec*. M. le Garde des sceaux dit à ce sot de courrier que voilà qui étoit bien, et qu'il se chargeoit de faire rendre ces paquets, etc. Le courrier voulut répliquer, mais le Garde des sceaux s'étoit emparé des paquets et ne voulut pas les rendre.

On a vérifié depuis que toutes les lettres avoient été rendues tard. On remarquoit, au cachet, qu'elles avoient été ouvertes, et celle de *Raymond* avoit été perdue. Celle à l'abbé *Alary* ne parloit guère que de littérature, celle à M. *de Maurepas* parloit assez mal du gouvernement; celle à *Raymond* disoit le diable de ministère.

Depuis cela, le pauvre *Plélo* remarqua beaucoup de froideur dans les procédés du ministère à son égard. Il ne douta pas qu'il ne fût perdu. Il éprouva peu après des injustices. On lui avoit promis l'ambassade de Hollande ; il s'agissoit de faire M. *de Fénelon* conseiller d'Etat, si M. le duc mouroit, ou maréchal de camp. M. *de Fénelon* eut ce dernier grade, et ne sortit pas de Hollande. M. *de Plélo* crut que cette ambassade n'étoit manquée que pour obtenir mieux. M. *de Rothembourg* revenant de l'ambassade de Madrid, il espéra le remplacer ; M. *de Maurepas* crut l'avoir obtenue pour lui : on y nomma M. *de Vaugrenant*. M. *de Plélo* étoit enragé de tout cela ; il vouloit périr ou faire un action d'éclat qui obligeât le ministère à l'élever, malgré sa mauvaise volonté. Par le parti qu'il a pris, et où il a péri, il commettoit le ministère avec la reine, si on ne lui accordoit pas une grande récompense après ce succès d'éclat. Sa dernière lettre à l'ami dont je parle étoit incompréhensible ; il le prioit d'assurer la reine qu'il rendroit service au roi son père, ou qu'il mourroit. La suite n'a que trop vérifié ce qu'il vouloit dire et faire.

Août 1735. — M. *de Verthamont*, premier président du grand conseil, et mon grand oncle maternel, est un homme d'esprit, mais qui n'a jamais réussi dans le monde, le défaut d'amour du monde lui en ayant enlevé l'estime. Il doit avoir le caractère d'un *honnête turc*, car il en mène la vie. Il a passé la sienne, et la passe plus que jamais, avec des femmes fort subalternes, dont il a les bonnes grâces, qu'il a eues, qu'il veut avoir ou qu'il aura. Là il prime comme un coq ; on le mitonne, on lui complaît, il se vante. Puis il reprend dictée du monde, à son tribunal, avec ses cliens, et quelques visites oiseuses, ou à Versailles. On peut juger des habitudes que cette espèce de vie lui a fait contracter [1].

Octobre 1733. — Le duc *de Caumont*, fils du duc *de la Force*, et gendre du maréchal *de Noailles*, eut, au siége de Kehl, une légère commission; il marcha aux ennemis à la tête d'un détachement, sous les ordres de son beau-père. Ce très-jeune homme ne savoit comment s'y prendre. Son beau-père lui dit de haranguer un peu la troupe pour l'encourager. Il n'avoit sans doute pas lu Salluste, et voilà tout ce qu'il sut dire : *Enfants, montrez du courage, car nous allons tous mourir.*

Août 1736. — M. le duc *de Nivernois* disoit qu'il avoit passé par je ne sais quel chapitre de filles où elles sont toutes nobles comme le roi et laides comme la reine.

Septembre 1736. — Le roi, ne pouvant s'en tenir aux seuls attraits de la reine, a pris pour maîtresse, depuis six mois, madame *de Mailly*, fille de M. *de Nesle*. Elle est bien faite, jeune, mais laide, une grande bouche bien meublée, et, avec tout cela, drôle. Elle a peu d'esprit et nulles vues; aussi le cardinal a-t-il consenti de bonne grâce à cet arrangement, voyant qu'il

1. M. de *Verthamont* mourut à quatre-vingt-deux ans, le 2 janvier 1738, sans enfants légitimes. Il laissa toute son immense fortune à M. d'*Aligre*, fils du président à mortier, ce qui désappointa fort ses parents, qui comptoient sur sa succession.

falloit au roi une maîtresse. Il lui a fait donner 20,000 livres une fois payées; et la preuve de tout cela est que son mari, qui n'avoit jamais été qu'en fiacre, a un joli équipage et de bon goût. On se décèle toujours par quelque chose. Cette affaire a été menée fort secrètement, comme toutes les galanteries des princes devroient l'être. On a amené les choses de loin. Les entresols et les petits cabinets du roi ont cent issues. *La Muette* est excellente pour cela. Les allées qui conduisent de *la Muette* au logement de mademoiselle *de Charolois*, à Madrid, sont étroites et coupées de barrières. On y voit toujours des traces de calèche quand le roi a couché à *la Muette*, car mademoiselle *de Charolois*[1] est en pleine confidence.

Décembre 1736. — M. *Orry*, contrôleur général, a de la probité et du bon sens; mais il n'en a pas assez. Il est désintéressé pour lui-même, sans avidité d'honneur ni de fortune. Il fait peu de fautes, et ce qu'il fait est à propos. Mais on remarque en lui l'indifférence de ces deux vertus, en ce qu'il laisse piller sa famille, ne travaille pas assez, n'a point de vues, et ne remédie tout au plus qu'aux maux les plus pressans. M. le cardinal, qui est la candeur même, est engoué de son choix; il est séduit par le naturel, le bon sens et la franchise de M. *Orry*. Il

1. Sœur de M. le Duc, et appelée simplement *Mademoiselle*. Elle étoit née le 23 juin 1695.

Mademoiselle avoit été fort jolie, ne se maria point et mena une vie très-libre, ayant toujours grand accès à la cour.

dit que Dieu lui réservoit un tel homme, et déplore seulement le mauvais état de sa santé.

Quand M. *Orry* fut fait contrôleur général, sa belle-mère disoit de lui : « Mais que fera-t-il à la cour? il y sera *comme un bœuf dans une allée.* » Ce qui est vrai au propre comme au figuré.

Janvier 1737. — Il n'est question à la cour et à la ville que du déplacement prochain de M. *de Chauvelin*, garde des sceaux. Quand même ces bruits ne seroient pas fondés, c'est déjà un grand tort fait à son crédit; car son ministère est tellement délicat, que tout consiste en réputation. Il peut se soutenir encore, mais aura-t-il la première place à la mort du cardinal? On en dit de toutes les façons sur les causes du mécontentement de Son Éminence contre lui. Le cardinal l'accuse d'ingratitude. C'est sans doute un homme de génie; il travaille infatigablement; il a des vues élevées, de l'adresse; il n'est point méchant, il n'a fait de tort réel à personne. Cependant il a des ennemis, et personne n'ose se donner ouvertement pour son ami. D'où cela vient-il? Je crois qu'il a eu tort de cacher l'indifférence qu'il ressentoit pour certaines gens sous des dehors de caresses affectées. Il a gâté la vérité par la finesse, et d'une bonne cause il en a fait une mauvaise.

On assure que, si M. le garde des sceaux n'est pas encore disgracié, ce n'est pas faute de résolution sur ce point de la part du cardinal, ni faute de sujets pour le remplacer; c'est plutôt parce que le roi s'y oppose, et en voici le motif :

Dès les premiers dégoûts que M. *de Chauvelin*

a ressentis de la part du cardinal (et il faut convenir que leurs humeurs ne sont guère sympathiques ni analogues), ou peut-être sans attendre ces premiers dégoûts, M. *de Chauvelin* a songé à plaire personnellement au roi. Il a recherché l'amitié des grands seigneurs qui entourent Sa Majesté, que leur petite taille et leur petit mérite ont fait surnommer dans le public, les *Marmousets*. Ces jeunes gens si bien poudrés chassent avec le roi, soupent dans ses cabinets, et tout cela peut procurer du crédit.

Lors des affaires de la constitution, du parlement et autres misères, on attaquoit le ministère. MM. *d'Épernon* [1] et *de Gesvres* furent à la tête de cette conspiration, qu'on appeloit la *Conspiration des Marmousets;* mais elle échoua. Les deux chefs furent exilés. Ils avoient composé un mémoire que le roi transcrivit pour le posséder mieux. J'en ai copie; cela étoit pitoyable. On a remarqué que M. le Garde des sceaux étoit peu maltraité par ce mémoire, et le cardinal beaucoup; c'est que, comme je viens de le dire, il avait su se ménager l'amitié des auteurs du mémoire. Il ne s'agissoit que de dégoûter le cardinal, pour l'engager à la retraite. On a accusé également le Garde des sceaux d'avoir prolongé la querelle du parlement, d'avoir fait la guerre dans le même but, afin de se faire valoir et d'arri-

1. Le duc *d'Épernon*, petit-fils du duc d'Antin et de madame de Montespan. Sa mère, Marie-Victoire de Noailles, veuve en 1712, s'étoit remariée au comte de Toulouse.—Le duc de *Gesvres*, gouverneur de Paris, gentilhomme de la chambre, célèbre par son procès en séparation, pour cause d'impuissance, avec Émilie *Mascrany*, son épouse.

ver plutôt à l'autorité par les dégoûts du cardinal.

En effet il a été souvent question que celui-ci se retireroit à Issy, pour apprendre à mourir, et pour prolonger son existence par le régime.

M. de *Chauvelin* s'est donc acquis plusieurs petits roués parmi ces *Marmousets*. Il s'est servi de l'occasion de la dernière guerre pour avancer sa fortune. Le comte de *Broglie* a fait un chemin plus rapide encore. Ces gens-là lui sont tout dévoués.

Mais voici ce qui est survenu depuis. Le roi avoit envie de tâter d'une autre femme que la reine. On l'a fixé sur Madame de *Mailly*. Après bien des faux bruits qui en ont couru, la chose est devenue certaine. Mademoiselle de *Charolois* a favorisé les rendez-vous, par le rapprochement de sa maison de Madrid, au bois de Boulogne, avec le château de la Muette, où le roi soupe souvent. Il m'est arrivé, en me promenant de grand matin à cheval dans le bois de Boulogne, de trouver des traces de roues fraîches de la nuit dans certaines allées étroites et toujours fermées de barrières, lesquelles vont de la Muette à Madrid. Mais depuis que l'habitude en est prise, Mademoiselle n'y est pour rien, et les amans font leurs affaires seuls.

Tout s'est accompli dans les entresols de Versailles. Un nommé *Lazare* en est le concierge. Il a sous lui un second, qui amena au roi cette dame. C'étoit l'hiver dernier. Elle parut derrière un paravent. Le roi étoit honteux. Il la tira par sa robe. Elle dit qu'elle avoit grand froid aux pieds, et s'assit au coin du feu. Le roi lui prit la jambe, et le pied qu'elle a fort joli. De là il lui prit la jarretière. Comme elle avoit ses instructions de ne point résister à un homme si timide, elle dit seulement : *Oh mon Dieu, je ne savois pas que V. M. me fît venir ici pour cela; je n'y serois pas venue.* Le roi lui sauta au cou, et tout fut fini. Au bout de deux rendez-vous, Madame *de Mailly* parla de sa misère, qui est grande. Le roi lui donna libéralement quarante louis qu'il avoit sur lui. Plus tard, seconde libéralité; mais à la troisième, il lui a représenté qu'il n'avoit à sa disposition que l'argent de sa cassette, qu'il avoit dessus cela beaucoup de charges à payer, qu'elle n'y suffiroit pas. Tout cela causa beaucoup de chagrin entre les amans.

Cependant l'amour rend ingénieux. Il faut bien que Sa Majesté ait découvert quelque moyen secret d'enrichir sa maîtresse. M. *de Mailly*, que je n'avois jamais vu qu'en fiacre, sort maintenant avec le plus joli équipage et de meilleur goût. Madame de *Mailly* a une chaise à porteur, du même vernis que les cabinets du roi. Elle cache son aisance, mais on s'en aperçoit malgré elle. Elle ne paroît guère le soir; elle mène une vie différente. Elle s'échappe par des portes secrètes. Les cabinets du roi ont cent issues, pour éviter le scandale. Ensuite la Muette, des équipages obscurs, les après-soupers, etc. Il faut savoir que M. et Madame de *Mailly* ont toujours été la faim et la soif mariées ensemble. On se dépêche d'accommoder Compiègne, pour que la reine y aille, et par conséquent aussi la *petite Mailly* [1].

1. Elle étoit dame du palais de la reine. Du reste l'auteur rendra justice plus tard au désintéressement de madame de Mailly.

La question est de savoir maintenant comment se passent ou peuvent se passer les entretiens entre le roi et le cardinal au sujet du Garde des sceaux; si le roi résiste peu ou point, s'il aime M. de *Chauvelin* comme on le dit, si le cardinal lui met le marché à la main; s'il craint ses reproches, etc.; si ce même monarque, qui a laissé exiler les compagnons de ses premières années, tels que MM. de la *Trémouille* et *d'Epernon*, sera plus ferme à présent; si, ayant donné peu de crédit à sa femme, il en donnera davantage à sa maîtresse. Il est certain que, si le Garde des sceaux résistoit à cette lutte, il deviendroit le maître total. En attendant il ne faut pas s'y jouer.

Il est arrivé une plaisante chose, dans le cours de l'inimitié que le cardinal porte au Garde des sceaux. Il envoya un matin M. *Pecquet*, son premier commis, et celui qu'il croit lui être le plus attaché, il l'envoya, dis-je, au cardinal sous prétexte de lui porter une dépêche. Puis tout à coup *Pecquet* s'interrompit, et dit à Son Eminence: « Monseigneur, je ne puis m'empêcher de dire à Votre Eminence combien les bruits qui courent sur M. le Garde des sceaux font tort aux affaires. Ce grand ministre qui travaille tant, qui s'immole au bien de l'État, il lui faut tout son courage pour donner encore quelque attention à son travail.. Les affaires languissent, l'État va périr. » Puis M. *Pecquet*, s'étendant sur les résultats des déplacemens des ministres d'État, fit sentir que, lors du déplacement du maréchal d'*Huxelles*, qui étoit président du conseil pour les affaires étrangères, M. le duc d'Orléans pensa prendre en sa place le père de M. *Pecquet*, lequel étoit un fort habile homme. Le cardinal a fort bien remarqué cela, et en a fait le conte fort gaiement à ses plus confidens, en disant : « Voilà comme Dieu permet qu'on soit trahi par ceux qu'on se croit les plus amis. »

Mars 1737. — Une des principales causes de la disgrâce de M. le Garde des sceaux *Chauvelin* est qu'il étoit né avec un esprit trop élevé. Il eût été bon ministre du temps de Louis XIV. Il avoit de l'ambition pour lui-même, mais il en avoit aussi pour le pays. Il vouloit la grandeur du peuple et la gloire du royaume, et peut-être portoit-il tellement loin ce genre d'idées, qu'il eût fait céder le bonheur public à ce devoir de la grandeur de la nation.

M. le cardinal a une politique plus bourgeoise, qui ne va qu'à la bonne économie, à l'ordre, à la tranquillité. Reste le choix ingénieux des moyens pour ce bonheur, l'activité et la fermeté pour y parvenir, et malheureusement les hommes n'ont pas tout.

Mais, dans ce *déficit*, on peut avoir raison de préférer les qualités du cœur à celles de l'esprit, et les vertus aux talens; pourvu toutefois que la disette de talens n'aille pas jusqu'à l'imbécillité.

1752. — J'avoue que j'ai été surpris en causant avec M. *Chauvelin*, ancien Garde des sceaux, et lui ayant dit que la guerre de 1733 avoit pu être allumée pour réhabiliter la France, dont le cardinal *de Fleury* avoit flétri la réputation, en la maintenant pacifique à l'excès, cet ancien ministre me répondit que ce n'étoit pas le principal motif.

« Mais, le roi ayant épousé la fille du roi Sta-
» nislas, qui n'étoit reconnu par aucune puis-
» sance de l'Europe, et ainsi S. M. se trouvant
» n'avoir épousé qu'une simple demoiselle, il étoit
» nécessaire que la reine fût fille de roi *quoquo*
» *modo*, etc., et que c'étoit à cela qu'il avoit tra-
» vaillé heureusement. »

Voilà donc M. *Chauvelin* revenu à n'avoir été qu'un courtisan comme un autre, descendu de ce piédestal d'homme d'État où je l'avois placé. Mais, dans ma jeunesse, on n'étoit pas plus philosophe que cela : si on l'est devenu depuis, nous le devons à la liberté angloise.

Mai 1737. — *Mendez*, agent du roi de Portugal à Paris, s'est tellement impatronisé chez M. le cardinal, qu'il lui parle de tout et fort librement. Le cardinal croit avoir gagné *Mendez* par ses caresses, et lui devoir le peu de commerce que le roi de Portugal entretient avec la France, par l'achat de grilles, de cloches et de carrosses. Il y a pourtant bien loin de là à ce que pouvoit être ce commerce par des traités bien entendus entre les deux nations. *Mendez* se vante d'avoir contribué à la chute du Garde des sceaux, et en effet il l'a beaucoup sollicitée.

Quand M. *Amelot* fut nommé, *Mendez* alla chez le cardinal pendant que M. *Amelot* y étoit à travailler. S. Ém. lui dit : « Que dites-vous de ce
» nouveau ministre? Tout ce qui lui manque est
» ce que vous avez de trop. » En effet, M. *Amelot* est un nain, et *Mendez* un géant. *Mendez* ré-

pondit que le public n'étoit pas très-content de ce choix, mais que, pour lui, il l'auguroit meilleur que tout autre, en ce que M. *Amelot*, ne sachant rien d'avance de la politique, n'en apprendroit rien que par le cardinal. Il y a à cette réponse de l'ironie et de l'esprit, de la flatterie pour S. Ém. et de la hardiesse, et un disgracieux pour M. *Amelot*, dont il ne pourroit pourtant se formaliser sans faire mal sa cour au cardinal.

— Madame *Amelot* est allée voir nos princesses. Elles lui ont demandé quand donc elle viendroit à Versailles. Elle a répondu que cela étoit bien aisé à dire, mais qu'elle avoit tant de choses à faire; qu'il lui falloit d'abord meubler sa maison de Versailles, puis en faire autant à Fontainebleau, à Marly, à Compiègne. On s'est regardé; on a trouvé ce discours bien bourgeois. Mademoiselle *de Charolois* a dit : « Il ne faut pas s'en étonner, M. *Amelot* n'a-t-il pas épousé la tapissière du Marais [1] ? »

Août 1737. — Le cardinal, tout en paroissant entrer dans les intérêts de l'empereur, songe pourtant sérieusement à saper la ligue tyrannique de l'Autriche avec la czarine, pouvoir énorme qui menace l'Europe et l'Asie, mais surtout le Nord. Nous nous allions étroitement avec la Suède, afin de lui opposer cette *veuve reposée* : car, depuis la mort de Charles XII, la Suède se rétablit à vue d'œil; elle seule pourroit agir efficacement contre la Moscovie.

1. Elle se nommoit Anne de *Vougny*; son frère étoit maître des requêtes.

Le baron *de Guedda*, envoyé extraordinaire de Suède à Paris, est nommé secrétaire d'État des affaires étrangères à la cour de Stockholm. Cependant, depuis six mois, le cardinal *de Fleury* l'engage à rester ici, sans se soucier des grandeurs qui l'attendent dans son pays. Le baron *de Guedda* est dans l'intimité secrète de S. Ém., et les mesures que nous prenons avec la Suède tiennent fort à cœur à celui-ci.

— Le sieur *Bachelier*, premier valet de chambre du roi, est un philosophe fort content de sa fortune, qui est bonne. Il a cinquante mille livres de rentes, une maison de campagne et une maîtresse. Il aime son maître, et il en est aimé. Il veut le bien public. Des gens de ce caractère sont difficiles à déplacer; c'est ce qui fait aussi la force et l'élévation de notre cardinal, et, heureusement pour la France, le roi aime les gens de cette espèce. Il est vrai que *Bachelier* est encore ce qu'on appelle un maq.... Mais son office le comporte ainsi, comme à un guerrier d'être tueur d'hommes. Peut-être est-ce lui qui prescrit au roi de s'en tenir à une seule maîtresse, comme il a fait jusqu'à présent pour la petite *Mailly*, ou de n'en guère changer, et de n'y point prodiguer l'argent ni le pouvoir.

On sait que le garde des sceaux *Chauvelin* avoit su gagner l'affection de *Bachelier*. On a même prétendu sur cela des choses qui ne sont rien moins que prouvées, savoir que tous deux de concert trahissoient S. Ém., et cherchoient à desservir le cardinal auprès du roi; que *Bachelier*, voyant M. *de Chauvelin* perdu, s'étoit retourné et avoit tout déclaré à S. Ém. Mais combien de choses se disent sur les apparences, et combien cherche-t-on volontiers à tourner tout plus au mal qu'au bien! Voici donc ce que je crois :

Bachelier est aussi fidèle à son maître que le petit *Barjac* l'est au sien, et que Son Éminence le peut être à Sa Majesté. Il joint à cela de l'esprit, des vues, de la solidité, de la philosophie, surtout l'amour de son pays, qui, dans un homme sans naissance et sans famille, se concentre tout entier dans la personne du roi. Cet homme-là aura cru rencontrer un bon ministre dans M. *de Chauvelin*. Il aura été gagné par quelques caresses qui séduisent tous les hommes, et j'entends dire que celui-ci n'est pas insensible à quelques petites passions d'amour-propre. Il est donc de ce qu'on nomme la faction *Chauvelin*.

D'un autre côté, M. le cardinal, dont les idées sont généralement fixées sur le bien de l'État, a redouté peut-être la trop grande faveur de *Bachelier*, non par jalousie, mais à cause des œuvres de son métier. Mais ensuite S. Ém., considérant qu'il faut tôt ou tard au roi une maîtresse, et par conséquent un Mercure, et quelque valet de confiance, de même que les rois précédens ont eu les *Fouquet Lavarenne*, les *Béringhen*, les *Bontemps*, etc., S. Ém. a donc approuvé ce choix, et s'est même attachée à *Bachelier* plutôt qu'à tout autre, l'ayant reconnu, du reste, pour honnête homme, en possession de la faveur, de l'amitié, de la familiarité du roi, et d'une confidence bien placée. Depuis ce temps *Barjac* est devenu l'ami de *Bachelier*, après avoir été son rival et son envieux. C'est par *Bachelier* qu'il espère conserver quelque fortune et quelque protection après la mort de Son Éminence.

Toutes ces intrigues de valet ont leur succès ; mais il y faut de la modération, et je craindrois que celle-ci ne manquât son effet pour vouloir aller trop loin et trop vite.

Août 1737. — Voici quel est le chef-d'œuvre de la politique du cardinal. Il est parvenu à établir une sorte d'espionnage près des ambassadeurs étrangers, et en cela les gens de cour vantent beaucoup son habileté. Ce sont les ministres des puissances du second ordre qui sont ses espions. Ces sortes de sous-ministres sont causeurs. Ils fréquentent les ambassadeurs, et en tirent ce qu'ils peuvent. Par le contrôle de l'un avec l'autre, on sait les choses au complet. Son Éminence a soin de caresser ces petits ministres. Il n'y en a aucun qui ne se flatte d'être son ami particulier. Il les traite avec familiarité, leur parle avec mystère de quelques secrets des grandes cours, et même de celle-ci. Puis ils se vantent chez eux de faire ici de grands progrès, et la confiance les entraîne à l'indiscrétion. Mais le tout est pour leur tirer les vers du nez. On m'a cité MM. *Sorba* (Gênes), *Franchini* (Toscane), *Van-Hoey* (Hollande), *Saladin* (Angleterre), et *Mendez* (Portugal), comme les plus avant dans la familiarité du premier ministre.

1738.—En janvier de cette année, monseigneur le cardinal *d'Auvergne* (de la maison de Bouillon) se trouvant au coucher de M. le dauphin, ce prince lui fit l'honneur de l'engager à dire la prière du soir; en quoi il se trouva que le cardinal savoit mal le *Pater*, peu de l'*Ave*, et confondoit le *Credo* avec le *Confiteor*. On en rit longtemps. N'est-il pas honteux qu'un prélat si grassement payé ait rompu de cette sorte avec ses devoirs de chrétien ?

23 mars 1738. — Je suis entré aujourd'hui au conseil des dépêches pour une affaire qui concernoit la religion, et je crois avoir opiné convenablement. Mon rang y est fort honorable, car je me suis trouvé le second du conseil, après M. *Bignon*, qui est le doyen; et il n'y avoit de secrétaire d'État que M. *de Maurepas* devant moi. J'avois après moi trois ministres, ainsi que M. *de Saint-Florentin*, et les autres conseillers d'État qui ont y entrée. Après le travail, le roi a conversé une demi-heure avec nous autres à la cheminée, et m'a fait l'honneur de m'adresser la parole sur diverses choses. Entre autres, S. M. m'a demandé mon âge, et m'a dit que je deviendrois doyen si je gagnois mon procès contre M. *de Maurepas*, qui est un peu avant moi. Son Éminence est mieux[1], son teint l'annonce; mais il y a encore bien de la foiblesse, et l'esprit s'en ressent. *Mendez*, commissionnaire de Portugal, est en grande faveur près du cardinal; c'est l'homme le plus impertinent dont j'aie fait rencontre.

Ce qui le rend si fier, c'est d'avoir reçu une tabatière du cardinal, à laquelle il ne manque plus que le portrait de Son Éminence.

Mars 1738. — On se demande si le roi va continuer à travailler comme il l'a fait depuis la maladie du cardinal, ou si ce n'est que *ferveur de jeune prêtre*. On répond à cela qu'il faut considérer que le roi est presque sans passions ni goûts dominans. Ce sont ceux qui sont emportés par la passion de la musique, de la chasse, de la table, des femmes, du plaisir, et même de l'inutilité (ce qui est encore un goût), ce sont, dis-je, ceux-là qui se distrayent du travail de leurs affaires et y sentent répugnance. L'oisiveté, au contraire, laissant toujours aux hommes un vide qu'il faut remplir, le soin des affaires vient trouver les rois sans épines; leurs ministres viennent à eux avec une besogne toute défrichée, où il n'y a plus que *oui* ou *non* à prononcer. Voilà de quoi remplir ce vide, et ce qui ne demandera pas d'efforts de la part de Sa Majesté. Peut-être cette façon-là de gouverner vaut-elle mieux que celle qui va si fort chercher les affaires, et qui demande des soins alertes. Avec cela, le roi aime l'économie, la conservation plutôt que l'acquisition, disposition que j'aime bien dans un gouvernement. Le roi est bon, il est fin, il est souverainement discret. Il est fils d'un père et d'une mère qui avoient bien de l'esprit; son aïeul maternel n'étoit que trop entendu. Il dit les choses avec finesse, à ce que je remarque. Il a mis bien des choses dans son sac en écoutant tout, et jusqu'aux moindres détails. Il a l'esprit robuste du côté de la mémoire locale, de celle des personnes et des faits. Ses opérations d'esprit sont plus rapides que l'éclair. Il est vrai qu'il approfondit peu jusqu'ici, ne se prêtant pas à une longue discussion. On l'a accusé de paresse et d'insensibilité; pourtant il se montre naturellement travailleur par les divers goûts où il s'est prononcé, quoique sans affection. Ainsi il travaillera par goût, et non par effort, ce qui est le mieux. Il a montré une extrême sensibilité à la maladie dernière du Dauphin, et à celle du cardinal. Il s'est formé depuis longtemps le système de se divertir tant qu'il auroit M. le cardinal pour gouverner le royaume, connoissant sa probité et ayant haute opinion de sa capacité. Il se connoît en hommes et en honnêtes gens ; le choix du cardinal le prouve. Ses jeunes favoris, MM. *de Coigny* et *de Soubise,* sont de très-honnêtes garçons. Tout cela nous promet un heureux règne. Dieu nous le garde. Ce sera donc à cette âme vraiment royale qu'il faudra chercher à plaire, et non à des vils sujets devenus rois, et qui ont des passions d'orgueil, d'envie et de malfaisance.

25 mars 1738.—Il a paru depuis peu des chansons (je les ai) extrêmement injurieuses contre les principaux de la cour. Six jeunes gens de la cour se sont vantés d'en être les auteurs. On nomme le duc *d'Ayen,* le jeune *Maillebois,* le duc *de Lauzun, Tressan ;* j'ai oublié les deux autres. On vient d'exiler *Tressan* et M. *de Lauzun*. Le duc *d'Ayen* les suivra dès que son quartier de capitaine des gardes sera terminé, et ainsi des autres. On les renvoie chacun à son régiment. A qui cela fera plus de tort, c'est à M. *de Lauzun*, qui auroit eu un régiment à la première promotion. M. le cardinal *de Fleury* se donne pour ami de madame *de Gontaud*. C'est ainsi qu'il joue l'amitié avec ceux dont il craint la méchanceté.

On a d'abord dit que M. *de Maurepas* étoit l'auteur de ces disgrâces, d'autant qu'il est maltraité dans ces chansons, et sur l'article le plus fâcheux pour lui, qui est l'impuissance. M. *de Bouillon* prend parti, on ne sait pourquoi, en faveur des chansonniers. Il a fait une sortie extraordinaire sur M. *de Maurepas*, et a dit que jamais il ne mettroit les pieds chez lui. Mais le vrai, c'est que le roi a voulu de lui-même sévir contre les auteurs de ces couplets, quelques remontrances qu'on lui ait faites. Cet exemple de sévérité peut faire grand bien aux mœurs, et dans le début du gouvernement de Sa Majesté par elle-même, cela lui fera honneur. On a loué le feu roi d'avoir extirpé l'hérésie et déraciné l'honneur des duels; on pourra louer celui-ci d'avoir dégoûté de la composition des chansons et des libelles.

Avril 1738. — Il ne faut pas croire que le rôle de M. *de Chauvelin* soit fini, comme on le pense généralement. Je crois avoir démontré à mon frère, pour son bien, que cela n'étoit pas. On a cherché tout ce que l'on a pu pour le diffamer, et l'on n'a pu réussir.

Le roi aime les gens d'esprit, de mérite, et qui aiment de bonne foi ses intérêts. Il prenoit goût à M. *de Chauvelin*, et c'est ce qui a causé la jalousie du cardinal. Tel étoit le grand crime de M. *de Chauvelin*. Le roi sait que c'est réellement ce ministre qui a fait la paix et la guerre, et tout ce qu'il y a eu de bon dans les négociations depuis dix ans, et qu'il avoit grand peine à tirer du cardinal les moindres décisions un peu vigoureuses. Tandis que M. *de Chauvelin* étoit le bouc émissaire, sur lequel on rejetoit dans le public toutes les décisions fâcheuses; le bon cardinal humoit l'encens de ce qui alloit bien. Mais les gens éclairés ne s'y sont pas trompés, et ont attribué à M. *de Chauvelin* tout ce qui étoit de travail et de force. Voilà comme le roi pense lui-même. Il est fortifié dans cette opinion par madame *de Mailly*, et par M. *Bachelier*, son valet de chambre favori. J'ai plusieurs raisons de croire que *Bachelier* est en correspondance très-secrète avec Bourges.

Sa Majesté a déjà montré, depuis la maladie du cardinal, de quoi elle est capable. Il faut observer que Louis XV a un caractère très-propre à faire un grand roi, n'étant emporté par aucun goût dominant. Les hommes de ce caractère, nés avec de l'intelligence, s'occupent plus volontiers à mettre de l'ordre dans leurs affaires que les autres, même plus actifs; car, étant grands seigneurs, les affaires viennent les trouver, pour ainsi dire, toutes digérées, et remplissent le vide de leur temps, qui a besoin d'être rempli. C'est ce qu'a fait jusqu'à présent l'occupation de la chasse chez Louis XV.

Ce qui feroit le triomphe de M. *de Chauvelin* seroit le contraste entre lui et le ministère actuel. Quelle distance entre lui et ce petit M. *Amelot*, que l'on a mis aux affaires étrangères! Nul esprit, nul génie; un petit pédant qui sait de petits faits, mais ne peut les combiner; fort instruit, mais en histoire naturelle. Certes M. *de Maurepas*, en auteur de ce choix, n'a pas fait preuve de sens, en n'y plaçant pas un homme plus fort et plus soutenable. On eût mieux fait de mettre à cette place M. *de Torcy*. En effet, il n'y a que lui et M. *de Chauvelin* qui y soient propres; mais M. *de Torcy* a soixante-dix ans, et ce ne seroit plus que pour peu d'années que l'on pourroit compter sur lui; toute sa routine et son intégrité ne pourroient suppléer à la force de l'âge.

8 juillet 1738. — Le roi a encore annoncé son retour à Versailles. Ce devoit être le 8 août, puis le 2, enfin ce retour est fixé pour le 29 de ce mois. Il y a froid et bouderie entre le roi et Son Éminence. On assure secrètement qu'il va éclore quelque événement. Personne ne souhaite la mort naturelle du cardinal, les honnêtes gens ne forment pas de tels vœux; on ne souhaite pas sa mort naturelle, mais sa mort politique. Voilà Compiègne qui tombe en défaveur; la reine veut venir partout. C'est le cardinal qui a engagé la reine à y venir. Mais ce n'est pas tout: elle veut aller à la chasse en amazone; c'est ce qui déplaît au roi et à madame *de Mailly*. Le roi a toujours le dessein de bâtir à *Ablon* quelque chose de petit. Il veut des maisons de chasse partout, sur le modèle de la Muette. Ce ne sera pas cher. Cependant Sa Majesté a déjà Petit-Bourg et Choisy, qui peuvent tenir lieu de cet établissement, qui a pour objet la forêt de Sénars.

Mais, pour cette construction, on attend la fin du cardinal, qui jetteroit les hauts cris s'il en étoit question devant lui. Le roi fait continuellement dessiner en particulier le petit *Gabriel* des bâtiments.

14 août 1738. — Il a paru ce matin une diminution de 2 liards sur les pièces de 2 sous, *ergo* du quart au total, ce qui est fort. Les apparences sont grandes qu'on ne s'en tiendra pas là, et qu'on diminuera d'autant les pièces d'or et d'argent. La cause de cette détermination est, dit-on, pour égaler les sous de Lorraine aux nôtres. A cela je ne comprends rien, ainsi qu'à la plupart des raisonnemens aussi obscurs qu'élastiques que l'on fait ordinairement sur les monnoies. Je comprends que ces sous de Lorraine ont un numéraire plus élevé que les nôtres; mais tout cela n'est toujours qu'une question de nom, qu'un baptême différent que l'on donne à la monnoie d'un pays de celle d'un autre pays. Ce baptême numéraire peut se rapprocher, et, quand la même situation a duré longtemps, les marchandises ont pris leur niveau de proportion avec les monnoies. Alors, changez ce baptême, et le niveau se reprendra peu à peu de lui-même.

Il arrivera seulement que les marchés et engagemens ci-devant pris en numéraire souffriront injustice. Par la hausse du numéraire, le débiteur gagne injustement sur le créancier, comme par la baisse c'est le créancier qui gagne sur le débiteur; mais, à choses égales, il est plus dangereux pour le corps de l'État de favoriser le créancier au préjudice du débiteur; non que l'une des deux espèces soit plus chère à l'État que l'autre, mais parce que le malheur du créancier maltraité ne produit que sa perte particulière, tandis que le malheur du débiteur insolvable amène sa banqueroute, et par là le discrédit, la chicane, la cessation de travail, etc. Ainsi même ce créancier favorisé ne recueille pas les fruits de sa faveur, sinon après de longs délais et des procès interminables.

Le malheur de l'État est que nos politiques ne sont pas assez philosophes. Ils n'ont jamais combiné par eux-mêmes le pour et le contre de leurs opérations; et, n'allant à tout que par préjugé reçu et par impulsion de ce qui les entoure, ils n'ont connu l'affaire des monnoies, ainsi que la plupart des objets de nos lois, que d'après l'intérêt des plus riches, et ceux-là sont créanciers, rentiers ou gros marchands. Ces gens, avides avec stupidité, s'imaginent trouver dans la diminution des monnoies deux choses à la fois : le meilleur marché des denrées, et la plus-value de leurs rentes. Les gros commerçans s'imaginent aussi remettre ainsi le cours étranger au pair, ce qui leur seroit plus commode, et croient rappeler les temps de M. *Colbert* en visant à remettre le marc à 27 livres.

Mais ils ne voient pas l'obstacle invincible, surtout le long temps qu'il y a depuis que les espèces sont hautes, les novations universelles de tous les biens, et les engagemens pris sur le pied d'espèces hautes. Ils ne voient même pas que ce marc à 27 livres et ce change au pair ne sont point un bien absolu, que ce n'est que *quæstio de nomine*.

Voilà donc une erreur bien grossière qui a prévalu chez les gens d'autorité : d'une part, favoriser les richards, de l'autre leur nuire indirectement par l'état où cela met toutes choses, et achever de ruiner les pauvres. De cette affaire là, les recouvremens, déjà fort difficiles, vont le devenir encore bien davantage.

S'il s'agissoit d'égaliser les monnoies de Lorraine aux nôtres, il étoit bien plus simple de changer le numéraire d'une petite province nouvellement acquise, plutôt que celui d'un grand royaume comme la France.

Pour moi, quand je voyois depuis six mois l'état misérable de nos provinces du dedans, la ruine des fermiers et des coqs de paroisse, le retard des recouvremens, qui, en juillet 1738, ne sont pas à moitié de ce qu'ils étoient en juillet 1737, alors je pensois qu'un gouvernement sage alloit *hausser les monnoies*, pour que les peuples payassent moins de pondéraire à Sa Majesté, et pour que les débiteurs de la campagne s'acquittassent plus aisément. Au lieu de cela, je vois le ministère faire tout le contraire, et baisser la monnoie au lieu de la hausser. Je vois ce ministère, en désespoir de cause, ne sachant plus que faire, s'accrochant où il peut, et se trompant partout. C'est ainsi qu'en 1725, M. le Duc voyant le peuple malheureux et tout le discrédit imaginable dans les finances royales, que fit-il pour opposer à cette misère? Il établit en un lit de justice une quantité effroyable d'impôts, à la tête desquels étoit le cinquantième, afin, disoit-il, de rétablir la finance par le crédit du fond d'amortissement des dettes royales, préparé par ces impôts, comme on fait en Angleterre.

Raisonnement effroyable, et qui fait honte à la raison humaine, puisque ceux qui nous gouvernent devroient être les plus sages! C'est comme si, *ne pouvant payer deux, on exigeoit de moi quatre.*

Un M. *Duthot*, qui a écrit depuis peu sur les monnoies, avance comme une grande découverte que le baromètre ou thermomètre de notre commerce doit être le change étranger, qu'il faut toujours avoir en vue. Je réponds à cela que la découverte d'un prétendu thermomètre est une sottise; car il ne s'agit que d'un calcul numéraire, et je dis toujours que, si un écu ne vaut pas une piastre ou une cruzade, pourvu que le poids se compare et que la marchandise revienne au même, ce n'est qu'une question de nom.

En résumé, on a vu le commerce mal aller quand M. *Desmarets* baissa les monnoies, sur la fin de l'autre règne; très-bien aller pendant les dernières années de la régence, où le marc étoit à 70 francs, et mal aller de nouveau quand M. le Duc les baissa.

Septembre 1738. — M. *d'Aguesseau* a fait un règlement très-saugrenu pour la procédure au conseil. Il a la folie de faire des lois. C'est un homme érudit; mais, par la raison qu'il a si heureusement et si assidument rempli sa tête des idées d'autrui, il a peu inventé et créé de lui-même. Ces grands savans ont ordinairement la compréhension vaste et l'esprit borné. Pour faire des lois, il faudroit voir en grand. Il faudroit se détacher de ce qu'on a le mieux appris, et c'est précisément l'avantage que l'on se sent sur autrui. Il faudroit se garder de ces attaques d'amour-propre auxquelles les petits esprits sont plus sujets que les autres. Les enfans de M. *d'Aguesseau* ont encore outré les défauts de ce caractère, gens amoureux des vieilles formes, et portés à en introduire de nouvelles afin de replâtrer les abus au jour le jour.

Tous ces messieurs *d'Aguesseau*, pour avoir eu des formes trop rigides et s'être trop enfoncés dans l'étude, sont devenus étrangers au monde, n'allant jamais au spectacle, ne buvant que de l'eau, gardant leur chasteté. Ils ne connoissent point les hommes, ne savent point par où on les gagne, par où on leur plaît, par où l'on établit le pouvoir sur la soumission. Ce sont là de beaux défauts; mais ils nuisent à un homme d'Etat. Les fils, élevés suivant les principes sévères de leur père, réussissent au langage du palais. Ils ont acquis un grand ascendant sur leur père, qui, parvenu à l'âge de soixante-dix ans, leur défère en tout. En même temps, ils se laissent conduire par deux membres du conseil, hommes d'un caractère dur et ambitieux, MM. *de Machault* et *de Fortia*; le premier, impoli et emporté, haineux et maussade; l'autre ne valant pas mieux, et, qui plus est, libertin et de mauvaise compagnie.

Ces deux hommes, ainsi que M. *Fagon*, sont gens de petit esprit, et grands adorateurs des formes. Voilà d'où sont sortis tant de codes, tant de lois prétendues réformatrices des anciennes. Personne n'y entend plus rien, et le résultat en est l'augmentation et la prolongation des procès. Que faudroit-il pour réformer les lois? Travailler en grand, c'est-à-dire abroger quantité d'anciennes règles, dictées en leur temps par l'inégalité du crédit, et aujourd'hui nuisibles au bien général.— Laisser davantage *arbitrio judicis*, comme en Turquie, où parfois les traits de justice distributive sont divins, et, à cet effet, mettre de l'honneur parmi les administrateurs de la justice. J'appelle y mettre de l'honneur y placer des hommes recommandables par cette qualité, ce qui forme les autres, comme on dit que les poltrons deviennent braves quand ils se trouvent dans le régiment de Navarre; écarter l'intérêt du salaire, inspirer aux juges l'esprit d'expédition et la soif de la justice.

Mais, au lieu de maintenir l'honneur dans la magistrature, voilà que l'on jette le déshonneur dans le corps des avocats au conseil. On les supprime tous, bons et mauvais; on les remplace par des gens qui sont nécessairement sans honneur. Je n'entrerai point dans la critique de ce règlement du conseil, qui a été fort bien traitée dans un projet de représentation au chancelier. Mais, cela étant devenu affaire de corps, il est devenu déshonorant de se séparer de l'ancienne compagnie pour accepter des offices de nouvelle création. Ainsi, pour y entrer aujourd'hui, il faut avoir précisément l'honneur du bourreau, qui préfère le profit à la honte. Tout le parlement s'est joint aux avocats supprimés, et on y a déclaré qu'on n'admettroit à tout jamais chez soi aucun de ces intrus. Sur soixante-dix nouveaux offices que l'on a créés, il ne s'en est encore présenté que vingt-cinq, gens de la plus médiocre capacité, et d'une foi très-douteuse. Au lieu de purger l'ancien corps de cent soixante-dix membres, parmi lesquels il y en avoit en effet quelques-uns de corrompus, on les remplace par soixante-dix nouveaux, dont les meilleurs ne vaudront pas les plus mauvais des anciens. M. le chancelier a, au fond, trop de bon esprit pour ne pas sentir quelle sottise on lui fait faire, et il s'en meurt de chagrin.

20 septembre 1738. — On a voulu ériger le retour du cardinal à Versailles, le 14 de ce mois, en une nouvelle *journée de dupes*. Mais cela ressemble à ce fameux événement du règne de Louis XIII comme un singe ressemble à un bel homme. Qui a été la dupe de cet événement? Qui a été puni? Qui a été élevé? En quoi la face des affaires est-elle changée? Le cardinal de Richelieu avoit alors quarante-cinq ans : notre cardinal atteint à quatre-vingt-huit ans, et sort d'une maladie qui est chez lui un principe de mort. Cette différence est aussi grande que celle du génie de l'un avec les modestes délibérations de l'autre. Que notre cardinal se contente de cette sagesse négative qui préserve des plus grands dangers, suffisante absolument dans un royaume du poids de celui-ci; mais qu'il ne se jette pas dans les coups d'État ni les opérations financières. On prétend que Son Éminence a joué le malade à Issy; mais on ne joue pas ce qu'on est véritablement, et l'on ne fait pas le mort à l'âge qu'il a. Assurément, pendant Marly, il a été très-bas. Il a voulu mettre le roi dans l'embarras de décider, voyant de près une absence totale, et c'est pour cela qu'il a plié bagage, et amené à Issy son Suisse, qui a fait tant de bruit et un si bel effet, ainsi que des papiers et de la vaisselle.

Voilà donc l'avenir qui nous est réservé après la mort de Son Éminence : en tête de l'administration, ce trio de MM. *Hérault*, *Brissard* [1] et *Orry*; sous eux, M. *Amelot*, qui, avec quelque pédanterie de plus, pense beaucoup moins par lui-même que ne faisait M. *Chamillard*, et M. le chancelier, grand homme de lettres, fort doux dans la société, mais incapable d'apaiser une mutinerie à la Villette, et de conduire le greffe de Vaugirard. On prétend que le cardinal eut, lundi 15, une conversation de deux heures avec Sa Majesté, d'où il sortit avec un visage radieux; que le roi avoit un air mortifié et contrit; que le vieux précepteur a de secrets ressorts par lesquels il remue son pupille et le fait aller comme il veut, le prêchant à propos, et même lui faisant avouer toutes ses fautes passées; qu'en effet, depuis cela, le roi ne soupe plus dans ses cabinets avec des femmes. Mademoiselle est allée à Madrid, pour jusqu'à Fontainebleau, où même il est douteux qu'elle paroisse. Son Éminence a représenté au roi ce qui arriveroit s'il alloit confier ses affaires à des femmes. Et en effet il paroît que ces dames commençoient à causer sérieusement d'affaires avec Sa Majesté. Mais je veux croire que tout ceci ait ressemblé à la belle scène entre Burrhus et Néron, de Britannicus. Je n'admets point qu'il y fut de même question d'un lâche attentat, ni que notre roi ait le moindre trait de Néron, tandis qu'au contraire il semble destiné à retracer les vertus de Titus.

6 décembre 1738. — Le retour du cardinal d'Issy à Fontainebleau, qui a tant surpris, vu la

1. L'abbé *Brissard*, confident du cardinal.

foiblesse de sa santé et de son âge, fut causé parce qu'il étoit de science certaine que le roi vouloit absolument changer deux de ses ministres, savoir : le chancelier, auquel on reproche beaucoup l'affaire des arrêts du conseil, et le contrôleur général, qui est devenu odieux à tout le monde, parce qu'on lui attribue généralement la misère et la disette publique. C'est surtout dans les provinces que le cri est universel contre lui. Le prévôt des marchands et plusieurs intendans ont fait connoître l'indifférence avec laquelle M. *Orry* a reçu leurs premières plaintes sur ces fléaux. On accuse aussi son beau-frère [1], M. *de Fulvy*, d'avoir gagné des sommes immenses sur les passeports pour le transport des blés. M. *de Fulvy* a déjà fait une grande fortune aux dépens de la Compagnie des Indes. Un des directeurs le disoit l'autre jour à l'un de mes amis : On envoie les plus mauvaises marchandises, et au plus haut prix. Il n'y a pas de vaisseau qui, arrivant ici, n'ait une grosse lettre de change pour M. *de Fulvy*.

Toutes ces accusations sont connues du roi. Le cardinal a craint qu'en son absence Sa Majesté ne changeât le contrôleur général, et n'en nommât un autre sans sa participation. Sa jalousie donc, et l'instigation de ses créatures, l'ont poussé à venir y mettre ordre. Son Éminence a fait au roi plusieurs propositions pour ces deux ministères, entre autres M. *Amelot*,

1. *Orry de Fulvy*, conseiller d'État, intendant des finances, étoit frère consanguin de *Philibert Orry*, contrôleur général, mais né d'une autre mère.

pour les finances, disant qu'elle ne seroit point embarrassée pour les affaires étrangères. On dit que ce grand choix *in petto* est celui de l'archevêque d'Embrun (*Tencin*), d'autres disent l'évêque de Rennes (*Vauréal*). Mademoiselle se le persuade, ayant fait son amant de ce prélat. Ces propositions n'ont point paru convenir au roi, qui a tourné le dos à Son Éminence, et l'affaire en est restée là.

Cependant les maux de ces deux départemens, et surtout la misère, pressent de plus en plus; il s'agit chaque jour davantage de déplacer le contrôleur général. Le vrai dénouement serait la retraite ou le décès du cardinal, qui n'en peut plus. Le Roi le ménage par une circonspection vertueuse, et ne fera pas de choix sans lui. Il seroit même à craindre que tout autre ministre dans ce département important ne débutât mal dans le public, sous la direction d'un premier ministre aussi trembleur que le vieux cardinal. C'est ce qui retiênt en place les *Orry*. Le roi ne se cache pas de son mécontentement envers eux. L'autre jour, le contrôleur général, voulant lui faire sa cour, parla de raccommoder la montée du Pec, parce que le roi se plaisoit à aller souvent à la chasse à Saint-Germain. « Sans doute, a répondu Sa Majesté, tous les chemins de *la Chapelle* (terre de M. Orry) sont raccommodés, tous les prés y sont pavés, il n'y reste plus rien à faire; c'est alors que vous songez à moi. » M. *Orry* trembla de la tête aux pieds. Moins le roi parle sur ce ton de dureté, plus de telles paroles sont de nature à humilier. Le prévôt des marchands, qui est aimé du peuple et estimé à la cour, s'est tout à fait prononcé contre M. *Orry*, et l'on croit que c'est M. *Des Forts* qui l'y a engagé. M. *Des Forts* est le premier protecteur de M. *Orry*, auquel il a manqué depuis par ingratitude.

Le cardinal ne rappelle pas encore l'évêque de Rennes de Bretagne, quoique les États soient finis. Mademoiselle se console comme elle peut de l'absence de son amant mitré avec le petit *Coigny*. Mais l'évêque de Rennes est, dit-on, grand *payeur d'arrérages*. C'est un homme à devenir cardinal. Voilà ce qui flatte le goût de cette princesse déjà surannée, et qui, après tant de services, a commencé de bonne heure le métier de maq...., ne tirant sa considération que de cette profession. Pendant le voyage de la Muette, elle a grand monde à sa maison de Madrid ; on dine chez elle, et les dames soupent à la Muette. La maréchale *d'Estrées* reçoit aussi la cour et madame *de Mailly* à Bagatelle, dans le même bois de Boulogne, et s'en tient pour fort honorée. La cour commence à devenir gaie ; pendant ces absences du roi, soit de la Muette, soit de Versailles, ceux qui la composent vont à l'Opéra et à la Comédie, et ces théâtres sont fort ornés. Les soupers de la Muette sont très-délicats, et voilà le mal : la santé en souffre. Le roi a mauvais visage et maigrit. Madame *de Mailly* est aussi fort changée. Je crains ces excès pour Sa Majesté, qui semble destinée à devenir les délices de ses sujets.

Janvier 1739. — On a décidé le roi à se montrer davantage en public. Sa Majesté vient d'aller à l'Opéra deux fois de suite, et a paru charmant, brillant, paré et très-galant. Il étoit dans sa loge entre deux princesses. Quelqu'un demandoit si l'on n'avoit pas crié : Haut les bras, Majesté! comme on crie : Haut les bras, l'abbé!

Le roi marqua toute sorte d'attention aux pièces que l'on jouoit. Sa Majesté donne lundi un beau bal à Versailles ; tous les appartemens et la galerie seront illuminés. Le roi a voulu que tout fût au plus beau, et que l'on invitât les masques de Paris qui voudront y venir. Tout cela est fait visiblement pour plaire au public. Ce n'est pas dans le goût naturel du roi ; on l'y porte, et il y consent par raison. J'y crois remarquer les conseils d'un homme qui s'entendoit bien à plaire au public et à gagner ses suffrages. Il s'agit de faire connoître le roi à son peuple. Le roi se montre en roi, et surtout en homme. On remarque hautement par là qu'il veut sortir de la tutelle de son vieux précepteur, d'autant que toutes ces choses s'ordonnent sans le cardinal, et du propre mouvement du roi.

Si M. *de Chauvelin* revenoit au conseil, il pourroit, vu le grand âge du chancelier *d'Aguesseau*, être fait chancelier en même temps que secrétaire d'État. En ce cas, il se remettroit des affaires de la justice à un garde des sceaux de son choix. Ce pourroit être M. *Gilbert de Voisins*, qui vient de remettre sa place de premier avocat général à son fils, et se trouve par là sans occupation à cinquante-cinq ans. Il penche plutôt du côté du jansénisme que du molinisme, c'est-à-dire du côté de la tolérance ; du reste, le plus honnête homme du monde et le plus éclairé. M. *Gilbert de Voisins* fut de tout temps ami de M. *de Chauvelin*, ayant été collègues au parlement. Il a été du conseil des finances au commencement de la régence, moyennant quoi il sait tout, et seroit d'un grand secours au conseil. Or voici qu'on vient de conclure le mariage du fils de M. *Gilbert de Voisins*, nouvel avocat général, avec mademoiselle *de Cotte*, à laquelle on donne 35.000 livres de rentes. C'est la nièce de *Bachelier*. Lui et *de Cotte* avoient épousé les deux sœurs, filles de *Launay*, de la monnoie des médailles.

Quelle joie ne promettroit pas aux honnêtes gens le retour aux affaires de M. *de Chauvelin*, et de voir la cour purgée de ces vilains hypocrites, constitutionnaires ardens, persécuteurs du genre humain, fondant leur ambition sur la dureté de cœur et la perte des meilleurs citoyens! *Amen*, comme dit le duc de Rohan, chaque fois qu'il finit un chapitre de ses mémoires.

27 janvier 1739.—C'étoit hier, 26, qu'eut lieu à Versailles le beau bal donné par le roi [1]. Sa Majesté conte avec plaisir une naïveté digne d'être arrivée à Henri IV. Le roi étoit masqué, et se trouvoit auprès du buffet, où l'on donnoit des rafraîchissemens aux masques. Un gros masque, bon vivant, demanda aux gens de la bouche s'il n'y avoit pas du vin d'Espagne. Il prit un verre à limonade, et s'en fit verser tout plein. Le roi lui dit : « Voilà un bon coup. » Le masque répondit : « Qu'est-ce que cela te fait? Ce n'est pas à

1. Pour le mariage de Madame avec don Philippe, qui ne fut cependant déclaré que quelques mois plus tard.

tes dépens, c'est à ceux de notre bon roi, qui me le donne d'aussi bon cœur que je l'avale, etc.» Le roi fut charmé, et rit beaucoup de cette réponse.

Le bal fut très-beau. Les étrangers l'ont trouvé digne de la cour de France et de la magnificence royale, surtout le bal de nuit, par la grandeur et la beauté des appartemens et de la superbe galerie de Versailles, l'illumination, la quantité des masques, l'ordre, la politesse, l'aisance, etc. Il est vrai qu'il y eut grand désordre pour les places, qui furent prises par les premiers venus. Il fallut que le roi fît sortir lui-même en personne ceux qui s'en étoient emparés; de quoi toute la faute a été à M. *de la Trémouille*. A propos de ce duc, je me demande à quoi servent l'esprit et la figure : il fait des gaucheries partout dans sa charge, et à la ville des tracasseries.

Février 1739. — La nomination de MM. *de Broglie* et *de Coigny*[1] au commandement et gouvernement d'Alsace s'est faite malgré le cardinal, et par une volonté ferme et arrêtée de S. M. Mais voici d'autres événemens qui prouvent que le vieux précepteur n'a rien perdu de son ascendant.

L'un de ces événemens est la nomination de M. *d'Auxy* comme cordon bleu, en sa seule qualité de beau-père du duc *de Fleury*. C'est un bon gentilhomme de campagne, qui n'a jamais servi ou peu dans sa jeunesse, et n'a jamais fait

1. Le maréchal *du Bourg*, gouverneur d'Alsace, étoit mort le 15 janvier 1739, à 84 ans.

sa cour, vivant bourgeoisement, depuis le mariage de sa fille, au fond du marais. Sa femme, plus bourgeoise que Madame Jourdain, mais acariâtre. Elle a prétendu être faite duchesse, et son mari *duc à brevet*. Il y avoit brouillerie ouverte dans la famille, et, pour tout arranger, on a donné l'ordre du Saint-Esprit à *d'Auxy*.

Quel abus du ministère! Les récompenses publiques sont-elles destinées à de telles billevesées? Ceci a corrompu la plus belle promotion qui fut faite depuis longtemps, celle du 2 de ce mois. On y a nommé neuf cordons bleus, savoir cinq militaires, honorés et estimés de tout le monde, et trois ambassadeurs. Ça été comme une mouche dans du lait. On a dû croire les huit du roi, *proprio motu*, et celui-là seul du cardinal, accordé à l'importunité.

Mais voici d'autres faits. L'archevêque d'Embrun, *Tencin*, est cardinal à la nomination du prétendant, lequel en a reçu une grosse somme d'argent : car le pape donne de temps en temps à ce pauvre prince un cardinal à faire, pour en tirer de l'argent, comme on vient de donner un fermier général à M. *de la Trémouille*. Quel homme que ce prélat! simoniaque, incestueux. Son grand mérite est d'avoir converti *Law*. Du reste agioteur, flétri par le parlement, président du concile d'Embrun, persécuteur de l'évêque de Sénez, homme sans mœurs et sans probité, frère d'une intrigante, haï, méprisé du public et de tous les honnêtes gens. Voilà donc à qui sont donnés les prix de la vertu, comme ci-devant on a donné le chapeau au cardinal *d'Auvergne*, sodomiste public! M. *de Chauvelin*, étant ministre, s'y étoit toujours opposé, ce qui l'avoit rendu l'ennemi des *Tencin*, non par querelle particulière, mais par amour de l'État et respect pour les mœurs.

Quand cette nomination sera consommée, ce sera le dernier coup porté au garde des sceaux et à son parti; car il s'agit d'envoyer le cardinal de *Tencin* à Rome et de le charger des affaires de France, et le bruit public est que cela mène au ministère. C'est un triomphe pour les constitutionnaires enragés, pour les ennemis acharnés de M. *de Chauvelin*. Ils se regardent déjà comme les maîtres du royaume. En effet, il semble que ce soit par la religion que le vieux cardinal ait repris son empire sur le roi, et que, si l'on pousse, comme on le fait aujourd'hui, les choses à la rigueur et à la persécution, ce soit de l'aveu de Sa Majesté.

Affaires de l'université de Paris (1739).

Notre gouvernement actuel s'efforce de plaire à Rome par des victoires extérieures remportées sur les jansénistes. On ne voit pas qu'à force d'oppression et d'injustice on grossit leur nombre à vue d'œil. On les stimule, on les irrite à plaisir, on les contraint de se liguer pour leur défense. C'est ainsi qu'on a soulevé toute la paroisse de Saint-Roch en changeant tous les prêtres, à commencer par les vicaires. Puis vint l'affaire du Calvaire, dont on dispersa et révoqua les supérieurs majeurs.

L'affaire de l'université est plus grave. De

celle-ci, j'ai une connoissance particulière, y ayant un peu pris part, et voici de quelle manière.

On sait que l'université a intenté appel de la constitution au futur concile. Il s'agit d'annuler cet appel, et, dans ce but, l'abbé *Galliande* est parvenu à gagner le plus grand nombre des jeunes bacheliers de la faculté des arts. Par menaces, promesses ou autrement, il les a portés à s'engager à faire révoquer l'appel si on leur donne entrée dans l'assemblée pour l'élection des *Intrans*, ou électeurs du recteur.

Or ce recteur doit être l'abbé de *Ventadour*, neveu du cardinal de Rohan[1]. Si c'étoit en temps ordinaire, et par amour pour les belles-lettres, que cet abbé visât au rectorat, comme son oncle y avoit aspiré dans sa jeunesse, assurément rien de plus louable, surtout s'il en résultoit quelques grâces, quelques fondations, quelques restitutions de droits à l'université de Paris, au lieu de laisser cette fille aînée de nos rois *crottée*, suivant l'expression de Henri IV. Mais il n'en est pas ainsi; il s'agit, au contraire, de porter atteinte à ses privilèges, et de procurer à l'abbé de *Ventadour* un mérite près la cour de Rome, qui lui vaudra la coadjutorerie de Strasbourg et le chapeau de cardinal.

Notez que ces jeunes gens si entreprenans sont presque tous de la nation de Normandie.

Il y eut donc réclamation à l'assemblée d'octobre 1738, où l'on continua au rectorat M. *Piat*. M. le chancelier eut la foiblesse de rendre un arrêt qui défendoit aux membres de l'université

1. Depuis cardinal *de Soubise*.

de plaider en parlement, ordonnoit que les mémoires seroient apportés au conseil, le communiqué des requêtes, et nommoit deux commissaires pour porter leur avis à Sa Majesté. Cette évocation a fait le plus mauvais effet dans le public, et le parlement en a adressé de vives remontrances.

10 mars. — Les commissaires nommés furent M. de *Fortia* et moi. M. *Machault d'Arnouville* nous a été adjoint en troisième, comme commissaire rapporteur. Cette affaire a été examinée chez moi, l'ancien de la commission, et je dois convenir que je rencontrai dans MM. *de Fortia* et *Machault* fils plus d'équité que je n'en espérois. Le premier, duquel je l'eusse moins attendu, convint que le tout avoit été fort mal engagé par la cour.

Dans notre rapport au chancelier, nous démontrâmes que l'arrêt de règlement de 1670, qui exclut des suffrages au-dessous de trente ans, est une mesure fort sage, qui a été constamment observée. Ce n'étoit assurément pas ce que l'on attendoit de nous.

Le lendemain, chez le cardinal, nous eûmes de nouvelles bordées à essuyer. M. *Hérault* nous apprit des choses sublimes, telles que celles-ci : « Que les droits particuliers doivent céder aux » vues supérieures; en sorte qu'un juge ne doit » point se faire scrupule de condamner à mort » un innocent dès qu'il peut prévoir qu'il en » doit résulter un grand bien général. » Ce bien général est en ce moment que, d'ici à deux mois, l'appel au futur concile soit anéanti.

M. *Hérault* appelle cela *notre défection*, et dit hautement : « Voilà ce que nous vaut M. le chan-
» celier avec ses formes : vouloir nommer des
» commissaires en matière d'administration ! »
(Car c'est ainsi qu'en toutes choses les torts retombent sur le pauvre M. *d'Aguesseau !*) « Comme
» juges, ajoute M. *Hérault*, les commissaires ne
» pouvoient juger que suivant les lois existantes
» et les règles du conseil; et pour ce qui est
» de M. d'Argenson, je sais qu'il a déclaré ne
» rien entendre aux lettres de cachet et autres
» mesures exceptionnelles. » M. de Maurepas, toujours plaisant dans ses reparties, nous a dit : « *Je vois bien, Messieurs, que vous passez à gauche.* »

La décision a été remise, quoique le temps pressât, puisque l'élection doit avoir lieu le 20 de ce mois; il est probable que ce délai a pour objet de faire intervenir les lettres de cachet.

22 mars 1739. — L'abbé *de Ventadour,* neveu du cardinal *de Rohan*, a enfin été élu recteur de l'Académie. Cela ne s'est pas fait sans trouble. Mais les jeunes séminaristes [1] qui avoient obtenu accès dans cette assemblée ont fait tant de bruit qu'ils l'ont emporté; et bientôt nous allons avoir l'appel au futur concile rayé des registres de l'université. Reste à savoir ce qu'en diront les meilleures têtes, les chefs de l'université, le parlement, le public, et quel sera le mécontentement produit par ces mesures violentes.

1. Ainsi l'avis contraire des commissaires du conseil n'eut aucun effet.

11 mai. — Il y a eu aujourd'hui une assemblée générale de la faculté des arts de l'université de Paris, convoquée pour sept heures du matin par mandement du recteur, l'abbé *de Ventadour*. On avoit assigné toute la jeunesse des bacheliers et licenciés. On a fait recevoir *maîtres ès arts*, aux dépens du roi, quantité de jeunes gens qui ont à présent entrée dans l'assemblée. Bref, on a employé tous les moyens d'une mauvaise cause pour celle de l'Église, et cela par la terreur, l'impatience et l'ambition perfide de ceux qui conduisent cette affaire à la cour. Après toutes ces fraudes, la révocation de l'appel et l'acceptation pure et simple de la constitution ayant été mises sur le tapis, la pluralité des voix a été à l'acceptation, et voilà le ministère satisfait. Le cardinal *de Rohan* va obtenir la coadjutorerie de Strasbourg, et peut-être le chapeau de cardinal, pour son neveu l'abbé *de Ventadour*.

Mais le fâcheux pour la règle de l'ordre et pour la raison est qu'il y a quatre-vingts opposans, et ce sont les meilleures têtes, les plus anciens, comme les *Rollin*, *Coffin*, etc. On leur a refusé acte de leur opposition et protestation. Sans mutinerie, sans fanatisme, ces graves et savans personnages vont se pourvoir au parlement, et il est à craindre qu'on ne les y reçoive avec grande protection. La voie des évocations au conseil est usée, ainsi que celle des remontrances. Il est à craindre que le parlement ne s'avise de quelque nouveau moyen de résistance auquel on ne s'attend pas à la cour, comme d'un appel au futur concile au nom de la nation, etc.

Mai 1739. — Il vient de paroître un arrêt du conseil qui casse et annule l'acte d'opposition des quatre-vingt-deux opposans de l'université, et les déclare incapables de posséder aucune place ni fonction de leur grade. Ainsi M. *Rollin*, ce savant et vénérable citoyen, est exclu de tout. Les trois quarts des meilleurs professeurs de l'université sont chassés de leurs chaires, qui vont être remplies par de jeunes hypocrites, perfides, déshonorés dans leur corps et ignorans; chose qui va grandement profiter aux jésuites, dont le collége va se remplir avec profit. On a envoyé des lettres de cachet à MM. *Coffin*, *Gibert* et l'abbé *d'Aubonne*. Celui-ci voulut empêcher ces jeunes ignorans d'insulter M. *Rollin*, comme il alloit à l'assemblée.

Cependant cette opposition a été tournée en requête au parlement, et le parlement va s'assembler pour en délibérer. L'évocation va suivre, les remontrances et les suites qu'on en peut prévoir; à moins que l'on ne craigne de déplaire au roi, duquel on attend avec impatience un gouvernement juste et ferme, aussitôt après la mort du cardinal.

1739. — Le roi lit les mémoires de Sully, ou *Œconomies royales*. Je sais qui a eu le plus de part à le porter à cette lecture longue et assidue, en lui disant « que c'étoit la meilleure lecture que pût faire un homme d'Etat, et le règne de Henri IV le meilleur des modèles, bien préférable à la brillante fatuité de celui de Louis XIV. »

Le cardinal de Fleury le trouva très-occupé de

cette lecture ; et comme Son Éminence est fort modeste, elle feuilleta le livre, et montra d'abord au roi ce passage où Henri le Grand dit à la belle Gabrielle : « Je trouverois dans ce royaume deux cents femmes aussi belles que vous, je n'y trouverois pas deux ministres comme Sully. »

Si le cardinal a voulu que le roi lui en fît l'application, telle n'est pas assurément l'opinion générale, ou, si elle l'a été, on en est bien revenu.

— Sa Majesté fait réellement un travail de chien pour ses chiens. Dès le commencement de l'année il prévoit tout ce que feront ses chiens jusqu'à la fin. Il en a cinq à six équipages, et fixe lui-même leurs jours de chasse, de repos et de marche. Je ne parle pas seulement du mélange et des ménagemens des jeunes et des vieux chiens, de leurs mœurs et qualités, que le roi possède mieux que jamais personne de ses équipages ne les a connues ; mais l'arrangement de toutes ces marches, suivant les voyages projetés ou à projeter, se fait d'après des cartes et un calendrier combiné ; et l'on prétend que Sa Majesté mèneroit ses finances et le département de la guerre avec beaucoup moins de travail que ceci n'en exige.

Cela annonce toujours que le roi a le goût du travail, le penchant à l'ordre, à la méthode, aux détails quand il le faut, ce qui le conduira à faire de grandes choses quand il changera de canevas.

Les plus grands hommes n'ont pas négligé les détails, comme l'a remarqué le cardinal de Retz de Richelieu.

— Le roi montre un goût assez vif pour décider, et quand le cardinal n'y sera plus Sa Majesté aimera à décider. Peut-être ne décideroit-elle pas toujours avec justesse, non par manque d'esprit, mais par manque de méditation, de réflexion, d'expérience et de fond de connoissances. Le roi a l'esprit vif et bon; mais il court risque de se tromper en allant si vite et ne revenant jamais sur ses pas. S'il s'aperçoit lui-même qu'il s'est trompé, il abandonnera la besogne, et laissera faire à ses ministres pour retomber dans sa nonchalance.

Le roi est colère par foiblesse, comme une femme ou un enfant; mais, n'étant ni méchant ni inhumain, le roi n'est pas rancunier, et ses petits dépits produisent seulement un dégoût éternel pour ceux qu'il hait.

— Toutes les personnes qui s'intéressent à Sa Majesté voient avec peine l'habitude qu'elle a prise, et qui au fond n'est qu'un véritable tic, de parler avec un air de plaisir de la mort ou de l'extrémité de ses serviteurs. J'ai été témoin que la reine lui a demandé des nouvelles d'un pauvre chirurgien de sa suite qui s'est cassé la tête à la chasse ; Sa Majesté répondit en riant : *Il est mort ou peu s'en faut.*

Au fond il est affligé, et ce n'est qu'un misérable tic.

Le roi porte son enfantillage en tout. Mademoiselle, aujourd'hui, en profite pour se rendre utile aux affaires d'amour. Libre de voir madame *de Mailly* à toute heure qu'il veut, il augmente la difficulté pour assaisonner ces rendez-vous. Il faut qu'il passe par un certain escalier dérobé, par une certaine allée, à une heure indue, à un temps rompu. C'est là la grande fonction que s'est faite Mademoiselle. Mais cela durera-t-il? C'est un plaisir forcé, dont le roi reviendra un beau matin.

25 février 1739. — Le bruit a été grand que M. *de Fulvy*, frère du contrôleur général, et sa femme, faisant ces jours-ci un grand souper chez *Howel* le joueur, M. *de Fulvy* perdit 20,000 louis, ce qui fait 480,000 livres, et sa femme 10,000 louis, ce qui fait 240,000 livres; en tout plus de 700,000 livres. La femme avoit perdu la première cette grosse somme. Son mari, voulant ensuite s'acquitter, alla aussi loin. Peu de jours après, ces sommes ont été payées comptant, ce qui scandalise beaucoup le public, vu que M. *de Fulvy*, s'étant marié par amour, n'avoit pas 1,200 livres de rentes bien nettes quand son frère devint contrôleur général. Aujourd'hui il dépense énormément, et l'on dit qu'à la fin de son rôle il se trouvera plus pauvre qu'avant. Ces bruits peuvent être exagérés; mais le public les saisit avec avidité, et cette famille est tombée dans un discrédit extrême, ce qui est fâcheux pour nos finances.

28 février. — La perte au jeu de M. *de Fulvy* fait grand bruit, et le fait est réel. Il nie tout, il prétend n'avoir rien perdu; il l'a nié à son frère, qui cependant l'a interrogé d'une manière fort embarrassante, en présence de M. *Hérault*, qui lui donnoit avis de ces bruits de Paris. Il

soutint d'abord ne pas seulement connoître M. *Howell*. Cependant on avoit vu la veille son carrosse une grosse heure à la porte de ce joueur. Il se coupa, et dit ensuite qu'il l'étoit venu voir pour le prier de faire cesser ces bruits injurieux. Mais pourquoi, lui dit son frère, pourquoi être une heure à dire cela, vous qui avez tant d'affaires? Il est certain d'ailleurs qu'il y avoit vingt personnes quand *Fulvy* fit cette perte; c'étoit à souper chez madame *de Fougères*, maîtresse du contrôleur général. Il commença par des pleins de 500 louis au *biribi;* les banquiers demandoient à délibérer s'ils tiendroient de si grosses sommes. Les assistans débitèrent donc cela le lendemain par tout Paris. Mais ensuite *Howell*, en ayant reçu la leçon, voulut se rétracter chez madame *de Montbazon*. Cela a fort scandalisé tout le monde sur le fait du contrôleur général, dont le frère a tant de trésors à perdre. Le duc *de Gramont* a dit devant beaucoup de monde à la cour : « Si j'avois un homme d'affaires qui perdît mille livres au jeu, je le chasserois sur-le-champ. » Le roi a dit plus joliment devant quatre à cinq courtisans : « J'aime mieux que M. *de Fulvy* ait perdu une si grosse somme que moi; car j'en serois bien fâché. »

On parle beaucoup depuis huit jours d'un grand événement, d'un coup d'État qui doit avoir lieu à la cour. Cela ne peut guère porter que sur le contrôleur général. La misère des peuples est affreuse, et la richesse des financiers un vrai scandale.

Le prince *de Chalais* est aujourd'hui un des courtisans les mieux avec le roi; il s'entretient longtemps d'affaires et parle raison avec lui. Ce courtisan se pique d'attachement pour M. *de Chauvelin*, et parle de lui au roi quand il peut; mais le roi n'aime pas à entendre parler sur cet article, et garde un silence impénétrable.

Mars 1739. — Paris est inondé de jeux publics où l'on donne à jouer à des jeux de hasard moyennant un mauvais souper. Les banquiers donnent trois louis par jour à la maîtresse de maison. On forme des sociétés où quantité d'autres gros joueurs de Paris sont intéressés. J'ai vu de ces traités. Le fonds est de cent louis, les parts sont ordinairement de six louis. On compte plus de trois cents de ces maisons dans Paris, où l'on joue au *biribi* et au *pharaon;* tous les jeunes gens s'y ruinent.

Les jeux de l'hôtel de Soissons et de l'hôtel de Gesvres sont causes de ces désordres. On ne sauroit reprendre aucun jeu particulier qu'on ne vous cite aussitôt ces deux académies.

L'abbé *Galliande*, docteur et confesseur des pendus, a dit à Son Éminence qu'il devoit en conscience lui rendre compte que les trois quarts des pendus et des roués lui avouoient que la première cause de leur désordre provenoit de pertes faites au jeu dans ces deux hôtels. On propose de donner à MM. *de Carignan* et *de Gesvres* un équivalent, rétablir l'impôt sur les cartes, et sur cette ferme leur faire un bon à chacun de 40,000 écus. *Thuret*, directeur de l'Opéra, est aussi l'entrepreneur de ces deux jeux. Il donne à chacun de ces messieurs 10,000 livres par mois, ce qui fait 240,000 livres par an. Outre cela, *Thuret* est intéressé pour six parts en chacune des banques particulières dont j'ai parlé; autrement il auroit le droit d'aller dénoncer ces maisons de jeu, comme faisant tort à la sienne. Ainsi l'on évite son opposition; mais on est toujours exposé aux recherches des commis de M. *Hérault* et des commissaires de quartier, auxquels il faut graisser la patte.

J'ai vu, au commencement de la régence, s'introduire cette irruption des jeux universelle. Du moins alors elle embellissoit Paris; on voyoit dans les cours et sur le devant des portes des pots à feu. M. le duc d'Orléans fit cesser cet usage, à tort, ce me semble, pour l'agrément du coup d'œil.

De temps à autre on fait quelques exemples sur de pauvres femmes indéfendues; c'est ce qu'on peut appeler *grêler sur le persil*. Ainsi, l'on a condamné une madame *de Sallers*, femme de qualité, mais sans appui; on a placardé son arrêt de condamnation à l'amende, sur tous les carrefours de Paris.

Aussitôt après l'aventure arrivée chez madame *de Fougères*, et la grosse perte de 480,000 livres qu'y a faite M. *de Fulvy*, madame *de Sallers* est allée à Versailles se plaindre tout haut à M. le cardinal. Elle lui a dit : « Je » suis une femme de qualité, je n'assemble » chez moi que quelques amis, jamais on n'a » entendu parler de graves et ruineuses pertes » faites chez moi; cependant on m'a maltraitée, » tandis que la maîtresse du contrôleur général, » chez laquelle M. *de Fulvy* vient de perdre un » argent énorme, aux dépens du trésor de l'État, » est soutenue et approuvée. »

Ou défendez les jeux pour tous, ou permettez-les à tout le monde. Au moins vous pourriez avoir une attention exacte à ce qu'il ne s'en établît pas de nouveaux, et les punir exemplairement dès qu'ils s'élèvent. Jamais la police n'a été plus mal faite à Paris, et jamais les commis du lieutenant de police n'ont été plus riches.

3 mars 1739. — *Conticuêre omnes.* Un courrier de Rome est arrivé ce matin, et a apporté la barrette pour l'archevêque d'Embrun. Sur-le-champ ce prélat est allé à Versailles, et ce soir, à six heures, où j'ai passé chez lui pour me faire écrire, personne ne savoit encore à Paris si le roi lui avoit réellement donné la barrette. Il y a encore des personnes qui prétendent que cette affaire traînera, et qu'enfin le roi refusera nettement. Le cardinal ne tient autant à l'élévation de M. *de Tencin* que pour donner une nouvelle mortification à M. *de Chauvelin,* qui s'étoit toujours opposé avec force à cette nomination; de telle sorte qu'il s'étoit fait un ennemi déclaré de l'archevêque d'Embrun. Quoique le cardinal *de Fleury* n'ait d'autre vocation d'amitié pour M. *de Tencin* que leur aversion commune pour le garde des sceaux, on persiste à voir dans ce chapeau la certitude de l'adjonction prochaine au premier ministère pour la nouvelle éminence. et l'on assure que le cardinal *de Fleury* le prescrira au roi pour son successeur. Je croirois, moi, que cette alarme est jouée de la part de nos ministres, et qu'ils ne paroissent s'opposer audit chapeau que pour le favoriser secrètement.

Un ami de M. *de Tencin* m'a soutenu qu'il alloit faire refleurir sa réputation, gagner le suffrage du public, que c'étoit enfin un homme d'un génie supérieur. Je le désire; mais je doute fort qu'il puisse reconquérir l'estime publique, après le degré d'aversion qu'il a su généralement inspirer. D'ailleurs ce n'est pas un enfant pour se corriger; il est vieux, il a un estomac de papier mâché, qui ne lui promet pas une longue vie. Quant au génie, je nie absolument cette supériorité; je ne lui ai jamais entendu exprimer que des idées fort communes. Il est vrai que l'on est toujours disposé à accorder de l'esprit aux grands fripons, de même que de la vigueur aux bossus; mais autant vaut n'être pas bossu que de n'avoir de consolation que celle-là. Je n'admets pas du tout ce don de génie aux scélérats, et je pense que leur perversité, démasquée tôt ou tard, provient toujours de médiocrité d'esprit.

4 mars. — On m'a appris que le roi avoit donné la calotte au cardinal *de Tencin* dans son cabinet. Ainsi le voilà paisible possesseur de cette acquisition. Toute la raison se confond devant cette démarche. Elle prouve une désolante facilité de Sa Majesté à se laisser guider par son vieux précepteur, qui ne lui a parlé que du Vatican, de la nécessité d'avoir un ambassadeur agréable à la cour de Rome après M. *de Saint-Aignan*, qui va se retirer. Mauvaise politique cependant que d'y avoir des cardinaux pour chargés d'affaires; car alors qui soutiendra nos libertés? En tout cas ce nouveau cardinal va soulever le public. On craindra l'inquisition, la Saint-Barthélemy contre

les jansénistes, le feu partout. Qu'on s'attende à tout de la part du parlement, et pour les honnêtes gens quel sujet de douleur! Les choix de M. le cardinal *de Fleury* ont toujours surpris, et presque toujours indigné.

5 avril 1739. — Le cardinal *de Tencin* fait le dévot; il a toujours un bréviaire sous le bras; il prêche les dames de la cour. Il joue tous les soirs au piquet avec notre cardinal premier ministre, se rend nécessaire, tâche de faire sa cour au roi. Il fait courir le bruit qu'il va gouverner le royaume. Ainsi il se fait craindre, on n'ose parler ouvertement contre lui. Quantité de gens timides et ambitieux n'osent se déclarer contre lui, et chantent ses louanges. On accoutume le public à l'idée d'un gouvernement de prêtres. Peu à peu la répugnance que l'on avoit à cette idée s'affoiblit. Pauvre nation! à quoi es-tu réduite?

Le roi a déclaré qu'il ne fera pas ses pâques. Le samedi saint, le grand prevôt lui demanda s'il lui plairoit toucher les malades des écrouelles. Nos rois ne vaquent à ce miracle qu'après avoir fait leurs dévotions. Le roi répondit sèchement *non* à M. *de Sourches*. On gémit de ce scandale. On voudroit sauver l'indécence par une messe basse que diroit le cardinal *de Rohan* dans le cabinet du roi, le père *de Linières* présent [1]; on tairoit avec soin que Sa Majesté ne s'est présentée ni à la pénitence ni à l'eucharistie. Mais le roi dédaigne cette ridicule comédie. Il ne veut pour rien

1. Confesseur de Sa Majesté. Il se nommoit *Taschereau de Linières*.

au monde renoncer à sa maîtresse. C'est une preuve de la conscience de Sa Majesté, de ne vouloir point approcher indignement des sacremens, ni jouer une farce plus indigne de son rang qu'il n'est scandaleux de manquer à ce devoir de religion. Cela prouve encore que le roi cherche à secouer le joug du vieux précepteur.

17 avril 1739. — Au voyage de la Muette que fait en ce moment le roi, la partie est gaillarde et indépendante. On dîne à Madrid chez *Mademoiselle;* dans l'après-midi, on passe quelques momens à Bagatelle, chez la maréchale *d'Estrées;* on soupe à la Muette : tout est arrangé le mieux du monde. Mais, de plus, on y traite avec beaucoup d'irrévérence le pauvre bonhomme cardinal ; on ne parle que de lui, de sa décrépitude, de sa cour d'Issy. Le roi en est saoul; il n'y a plus qu'un peu de vertu qui le retienne. Mais que de sollicitations contre ! et aucune pour!... Il est impossible qu'un édifice aussi chancelant puisse être de durée.

19 avril 1739. — On a appris ce soir à Versailles que l'évêque de Metz (*Saint-Simon*) achetoit du cardinal *d'Auvergne* la charge de premier aumônier, et qu'il avoit par là le cordon bleu. Ce petit prélat est d'une humeur malfaisante et chicanière, qui le rend odieux. Il a succédé, à Metz, à un homme généreux et bienfaisant. Sa faveur près du cardinal *de Fleury* provient de l'adresse qu'il a eue de se procurer des lettres de madame *de Lévis,* dont le cardinal a été amoureux dans sa jeunesse. Ces lettres sont emportées et in-

discrètes sur plusieurs noms de la cour. L'évêque *de Metz* en remit une partie au cardinal, pour devenir évêque *de Noyon*. Il en retrouva ensuite d'autres qui lui procurèrent l'évêché *de Metz*, et le bon cardinal, dominé toujours de cette crainte de la découverte de ses lettres, est encore intimidé de cette correspondance que le *Saint-Simon* s'est trouvé posséder. Il est à croire qu'il s'en trouvera encore d'autres pour le faire nommer cardinal.

On murmuroit de ce choix lorsque l'abbé et duc *de Berwick*, nommé à l'évêché de Soissons, est survenu avec de bons droits à la même charge. Il en avoit traité il y a trois mois avec le cardinal *d'Auvergne*; il avoit l'agrément du cardinal *de Fleury*, et le roi étoit resté dépositaire de la parole donnée de ne pas vendre cette charge à d'autre. Mais tout cela n'a point tenu contre dix mille écus de plus que l'évêque de Metz a offerts au cardinal *d'Auvergne*.

Notre cardinal ministre étoit bien embarrassé; il tenoit bon pour l'évêque *de Metz*, lorsque le roi a terminé cela tout seul.

Le cardinal *d'Auvergne* entrant au lever du roi, mardi 22 avril, Sa Majesté lui dit : « Monsieur le cardinal, je vous aime trop pour que vous me quittiez. Je ne veux pas que vous vendiez votre charge. »

Tout a été fini par là. Il est vrai que le pauvre vieux cardinal *d'Auvergne* est mal dans ses affaires, et n'a pas un sou pour le voyage de Rome que l'on regarde comme prochain.

— Le public est alarmé par le bruit que M. *de Tencin* va devenir adjoint de M. le cardinal *de*

Fleury. Ce nouveau cardinal s'est fait absolument *cardinal-valet*. Il se trouve au lever et au coucher de Sa Majesté, et lui fournit des mémoires sur tout. Mais il est bien plus difficile de le faire goûter du roi, et cette affaire recule au lieu d'avancer. Il est résolu qu'il ira à Rome relever le duc *de Saint-Aignan*, et on vient de mettre cette nouvelle dans la Gazette à la main. Il ne doit même recevoir la barrette et le camérier qu'à Embrun, ce qui chagrine d'autant le petit camérier, qui comptoit profiter de l'occasion pour voir Paris. On prépare déjà les galères qui doivent porter Son Éminence à Rome, et ramener M. *de Saint-Aignan*.

3 mai 1739. — Le cardinal *de Tencin* part et nous quitte pour longtemps. Il a pris congé et part le 7 mai. Il avoue *Embrun*, où il recevra la barrette du camérier. De là, il va à Rome, où il compte être le 20 juin, pour y recevoir le chapeau. Il compte y attendre le prochain conclave. Mais il n'avoue, ni l'ambassade de Rome, ni le retour de M. *de Saint-Aignan*, quoique cela soit certain.

On ne peut croire encore à son départ parmi les prétendus politiques, qui assuroient qu'il alloit être adjoint au premier ministère.

D'autres assurent qu'il reviendra d'Embrun à la première maladie du cardinal, et que celui-ci en feindra une tout exprès. M. *Hérault* dit que la misère des provinces n'est rien en comparaison de cette calamité d'envoyer à Rome le cardinal *de Tencin*, le seul homme capable aujourd'hui de gouverner la France.

Cependant la veille de son départ le cardinal a encore fait la galanterie au *Tencin* de lui faire donner l'abbaye de *Trois-Fontaines*, qui vaut 40,000 livres de rentes. Il est vrai qu'il faut du revenu à un cardinal françois pour soutenir le poids de sa dignité, surtout l'ambassade de Rome, où l'on ne donne que 36,000 livres, supposant des revenus ecclésiastiques à un cardinal chargé des affaires de l'Église, tel qu'étoit le cardinal *de Polignac*.

3 mai 1739. — Le roi m'a fait demander par B... (*Bachelier*) un mémoire de conduite sur les affaires de la constitution; celui-ci me disant que c'étoit la seule chose qui embarrassât dans son gouvernement futur, que son petit conseil d'aujourd'hui étoit mal instruit sur ces matières, qu'on sentoit seulement que feu M. le duc d'Orléans avoit d'abord beaucoup trop donné dans le jansénisme, et qu'aujourd'hui M. le cardinal donnoit trop dans le molinisme, et qu'on n'avoit été content sur cette matière que du gouvernement de M. le duc, qui punissoit également les excès d'un côté comme de l'autre. Sur cela, je donnai le mémoire qui est en mon portefeuille *d'affaires d'État* [1].

B... le lut d'abord trois fois, et le sut presque par cœur; puis il le remit au roi, qui, après l'avoir lu, l'a mis dans ses papiers, où il fait des extraits de tout.

Cependant il paroît que cela a rapporté des fruits; car tous les bruits de jansénisme en sont

1. Ce mémoire ne se retrouve point.

restés là, l'affaire du Calvaire, celle de l'université, les aigreurs contre le parlement; on a mis un curé plus doux à Saint-Roch, à la place du défunt. Il est hors de doute que Sa Majesté a parlé au cardinal comme il falloit, et je serois bien flatté d'être cause d'un repos si salutaire.

Juin 1739. — Les harangues des cours supérieures, académies, universités, etc., sur la paix générale, se sont faites à Versailles le 3 juin. On a remarqué qu'il n'a été offert de diner au parlement, ni aux autres compagnies, par aucun des ministres; ils n'ont pas eu un verre d'eau.

La harangue de M. *le Camus*, premier présisident de la cour des aides, a été fort célèbre, et l'on en parlera longtemps. Trait de courage hardi et noble. On la dit soufflée par les jansénistes. J'ai la copie de cette harangue. Il y parle moins de la paix que de la misère générale. Il déclame contre l'avidité et le luxe des traitans. Il attaque violemment le ministère, en ajoutant : *Un regard de Votre Majesté remédieroit à tant de maux*. On considère cet événement comme le plus grand affront que pouvoit endurer le cardinal, sur la fin de son ministère. Qu'attend-il pour se retirer?

— On a répondu aux remontrances du parlement sur l'affaire de calvaire, de l'université et de schisme que causent les évêques molinistes outrés en refusant les sacrements aux laïcs soupçonnés de jansénisme. Cette réponse est emmiellée : on permet, on promet, et l'on va son train.

2 juillet 1739. — *La révocation de l'ambassade de Portugal est ainsi rapportée dans le journal du marquis d'Argenson :*

Le sieur *d'Argenson l'aîné*, qui étoit nommé depuis deux ans à l'ambassade de Portugal, et étoit prêt à partir, a reçu aujourd'hui une lettre de M. *Amelot* par laquelle il lui est ordonné de renvoyer ses gens et de vendre ses équipages, et déclaré qu'on va lui nommer un successeur. Ce n'est pas qu'on lui ait trouvé aucun démérite, ni manque de talent pour cette ambassade. M. le cardinal disoit au contraire de lui, il y a six semaines, qu'il n'avoit jamais vu un ambassadeur aussi bien instruit des affaires dont il étoit chargé. Mais il s'est brouillé avec Son Éminence pour des retranchemens et des lésineries que ce ministre vouloit lui faire essuyer, contre les usages ordinaires et contre des lettres positives, portant que ses appointemens courroient de tel jour, et continueroient jusqu'à son départ. Sur cela, le sieur *d'Argenson*, ayant représenté qu'il seroit ruiné et déshonoré pour un tel manque de foi, a été jusqu'à proposer à Son Éminence de nommer à cette ambassade une autre personne plus riche que lui, et plus en état de supporter de tels décomptes. Le vieux cardinal s'est fâché, et a cru qu'on lui manquoit de respect. Quelque soin qu'ait apporté le comte *d'Argenson*, frère de l'ambassadeur, à terminer cette affaire par conciliation, elle n'a pu être accommodée, et s'est terminée par une rupture publique, qui a donné aux étrangers une nouvelle preuve du radotage et de l'injustice du cardinal, au lieu d'en donner une de sa fermeté, comme il le prétendoit.

27 juillet 1739. — On m'a dit que ma réputation s'étoit accrue dans le public ainsi qu'à la cour, et que dans ma querelle avec le cardinal *de Fleury*[1] j'avois eu tout le monde pour moi, que j'avois donné un exemple de l'extrême radotage, tyrannie et injustice du cardinal; que j'avois eu ce qu'on appelle le *parterre pour moi.*

5 juillet 1739. — Ce qui rend M. le cardinal de *Fleury* si peu propre à gouverner les François, ce sont les traits d'un caractère tout à fait opposé à celui du cardinal de *Richelieu.* Celui-ci grand, magnifique, généreux, passant pour très-noble, homme de génie, fier et implacable dans ses vengeances, mais pardonnant après la victoire, excellent ami, mettant de la suite en tous ses projets, exécutant avec une constance imposante ses plans vastes et élevés.

Prenez le contraire de toutes ces qualités, et vous aurez le portrait du cardinal de *Fleury.* Roturier, fils d'un marchand de laine, pédagogue pédant, économe en fait de minuties, injuste, non par fierté mais par mesquinerie, haïssant plus le bien-être d'autrui que n'aimant les intérêts de son roi, ennemi de la noblesse et du génie, ami de la sottise et la dupe de tous les fripons, si bien qu'il n'a fait la fortune que des gens les plus médiocres et les plus tarés de la nation, ne voyant chaque chose qu'en un sens, et s'y tenant imperturbablement, guidé en tout par la personnalité et l'amour-propre, ne se vengeant

1. Au sujet de l'ambassade de Portugal.

point ou petitement, par paresse ou par impuissance, et donnant cela pour de la clémence. Ce sont ses flatteurs qui le lui persuadent, et il croit cela, le bonhomme! Il s'est maintenu dans les bonnes grâces du roi en le flattant à son tour dans le particulier, sans cependant lui manquer de bonne foi. En effet il n'a jamais menti au roi, il s'est montré au roi tel qu'il est, et le roi, qui a du jugement, connaît bien ses défauts. Il montre au roi beaucoup d'attachement personnel. C'est par une vieille habitude qu'il plaît à Sa Majesté. Comment, avec un bon cœur, repousser cette pauvre petite vieille, à laquelle ce seroit donner un coup de poignard que de lui signifier son congé?

15 juillet 1739. — Il a dansé hier une nouvelle danseuse à l'opéra. Elle est Italienne, et se nomme la *Barbarini* ou *Bernardini*. Elle saute très-haut, a de grosses jambes, mais danse avec précision. Elle ne laisse pas d'avoir des grâces dans son dégingandage. Elle a été fort applaudie, et il est à craindre que sa danse ne soit fort suivie. Nous voyons déjà que *Camargo* a appris chez les étrangers les sauts périlleux, qu'elle a reproduits chez nous. Notre danse légère, gracieuse, noble et digne des nymphes, va donc céder la place à un exercice de bateleurs et bateleuses, pris des Italiens et des Anglois. Ainsi a dégénéré et dégénère tous les jours notre musique céleste de *Lully*. L'artiste l'emporte sur l'homme de goût, le mérite de la difficulté surmontée donne la vogue aux productions étrangères, et nous cédons sottement le pas dans les

arts, dont nous sommes si hautement en possession.

22 juillet 1739. — Le roi aime plus que jamais madame *de Mailly*. Celle-ci a impatience d'être déclarée maîtresse, et faite duchesse. En attendant, elle n'a pas un écu. Son mari, qui s'étoit donné le carrosse, n'a plus qu'un fiacre.

Elle s'est déclarée contre madame *de Mazarin*, et prétend la chasser de chez la reine, qu'elle gouverne. On dit celle-ci mariée secrètement à *Dumesnil*. Alors elle n'est plus duchesse, et devroit quitter sa charge de dame d'atours. Si elle n'est pas mariée avec lui, sa vie scandaleuse devroit encore plus l'éloigner de la cour. On prétend que *Dumesnil* maltraite la pauvre duchesse, et que tout ce qu'il lui prend en argent, il le dépense avec des filles. Il a reçu de madame *de Mazarin* de quoi payer un nouvel hôtel à Paris, et n'a pas payé un seul ouvrier. La maison est saisie par les créanciers.

— *Fargès* a fait la comédie de marier des couples d'amans mariés ailleurs. C'étoit au camp de Compiègne, où commande le duc de *Biron*. On a habillé *Fargès* en pontife, on lui a mis une mitre de carton; il a béni les prétendus mariés, le duc de *Biron* avec madame de *Rothenbourg*, et M. *de Bissy* avec la duchesse de *Vaujours*, puis il les a mis au lit, avec cérémonie. Pendant ce temps, le duc de *Vaujours* vit avec de jolis garçons, et a fait une chanson sur lui-même, dont voici le premier couplet :

Fier rival de dames,
Le duc de Vaujours
Au milieu des flammes
Finira ses jours.

Madame *de Parabère*[1] conte partout les aventures de sa fille, madame *de Rothenbourg;* elle a le plaisir de voir qu'elle chasse de race. Tout cela seroit bien joli, si la v..... ne s'en mêloit pas.

Madame *de Parabère* a constamment le duc *d'Antin,* et elle apprend à jouer du basson pour lui plaire.

— Madame *de Tallard*, ayant amené à Paris Mesdames de France, a mandé l'abbé *Alary* pour être auprès d'elles pendant leur séjour et leurs promenades; il ne les a pas quittées, même à la promenade aux Tuileries et sur le balcon du Louvre qui donne sur la rivière, leur tenant le parasol. Cet abbé, leur ancien instituteur, a été disgracié par le cardinal *de Fleury*, de sorte qu'il ne va plus à la cour. Rien ne marque davantage combien madame *de Tallard* regarde le cardinal comme peu puissant, et sur le bord de sa chute.

1. Madame *de Parabère*, maîtresse du régent, en son nom *Coatquer de la Vieuville*, est morte très-âgée. On la fait vivre jusqu'en 1769, et même au delà. Elle avoit eu plusieurs enfans, entre autres madame *de Rothenbourg*, mariée à un officier allemand, cousin du lieutenant général *de Rothenbourg*, ambassadeur en Prusse. Une autre de ses filles étoit abbesse de Saintes, et mourut en 1792, au moment de la dispersion des religieuses. C'étoit une personne superbe, de l'extérieur le plus digne et le plus imposant.

30 juillet 1739. — Quelqu'un qui a vu le roi de près au camp de Compiègne m'a assuré que, malgré la difficulté qu'il y a de connoître au vrai le caractère de Sa Majesté, elle paroit marquer de l'entente et le désir de bien faire. Cependant on a trouvé au camp que le roi étoit enfant des pieds à la tête, plus que l'on n'avoit cru; qu'il s'amusoit des amusemens d'enfans, comme auroit fait M. le duc de Chartres. Le roi a près de trente ans.

Être enfant, c'est posséder cette vivacité d'imagination qui porte à s'amuser de bagatelles, et avec une inconstance soudaine : joli défaut plus que blâmable, et qui peut durer jusqu'à cinquante ans. J'ai encore vu le cardinal *de Polignac*, il y a bien quinze ans, lors de son exil d'*Anchin*, sauter de joie parce que je lui avois procuré deux belles vaches de Furnes.

Mais ensuite le roi est entêté sur quatre ou cinq points, dont il ne démordroit pour rien au monde. Ce qui provient, partie de cet enfantillage, partie d'une opinion que la fermeté est bonne aux princes, opinion sage et digne d'un homme fait.

Parmi ces sujets d'entêtement, est l'idée qu'il doit être maître absolu de ce qui concerne son personnel, voyages, soupers, maîtresses, valets, etc. Sur quoi, par une révolution totale et subite, il s'oppose à ce que le cardinal s'en mêle un seul instant. Un autre point d'entêtement est la persuasion où il est que ce seroit se montrer ingrat que de le déplacer, que ce seroit poignarder son vieux précepteur, surtout si ceux qui le remplaçoient n'étoient pas conformes à ses vœux.

A quoi se joignent la paresse du roi, la défiance de soi-même, et l'envie que les affaires aillent bien sans se donner de peine, et sans quitter les volages plaisirs auxquels il est porté par inclination.

31 juillet 1739. — *Bachelier* n'a pas été du voyage du roi à Compiègne. Mais il a pour lui un résident près du roi, qui est dans tous les secrets intimes; il se nomme *Lenoble*. Il est valet de chambre de *Bachelier*, qui l'a fait *garçon bleu* de la chambre. Et après qu'il a eu de grandes conversations avec le roi, où il parle peut-être à Sa Majesté des affaires les plus importantes, il s'en retourne à *la Celle*[1], servir modestement son ancien maître à l'ordinaire, comme Cincinnatus retournoit à la charrue après ses dictatures. Ce *Lenoble* trotte, va et revient de *la Celle* à Fontainebleau et Compiègne, portant des lettres secrètes.

5 août 1739. — Le roi a écrit à *Bachelier* qu'il ne vînt point le trouver à Versailles demain jeudi; qu'il iroit faire collation chez lui, à *la Celle*, après-demain vendredi. Sur cela, ce fidèle domestique prépare tout pour bien recevoir Sa Majesté. Il y a cinquante ouvriers à sa maison pour la mettre en grande propreté, sachant que le roi aime la propreté et le bon ordre, et visite jusqu'au moindre chenil. Il fait préparer une magnifique collation. Cette petite fête, cette

1. Campagne de *Bachelier*, achetée plus tard par madame de Pompadour.

visite imprévue est faite pour faire enrager l'éminence. C'est d'autant plus marquant, que le cardinal est à Issy jusqu'à dimanche matin, et du diable s'il a jamais été question que le roi aille à ce vieux séminaire.

— *Bachelier* est un homme solide et discret; il est d'un esprit ferme, mais sans ambition pour lui-même. Il ne songe point à se remarier ni à faire race, en profitant de sa faveur pour l'élévation de sa famille, comme l'ont fait les *Béringhen*, les *Fouquet la Varenne*, qui ont pareille origine. *Bachelier* a été valet de garde-robe avant d'être valet de chambre. Son père a eu la même charge, et auparavant a été valet de chambre de M. *de la Rochefoucault*.

12 août 1739. — *Bachelier* a eu, depuis le retour de Compiègne, une conversation d'une grande heure avec le cardinal. S'il y a deux ennemis au monde, ce sont eux. Quelle comédie, et comment peut-on la jouer avec tant de constance?

— Madame *de Mailly* court risque de perdre sa place de maîtresse du roi. Elle s'est conduite comme une folle. Il est vrai que, manquant absolument de tout, l'humeur peut la gagner. Le besoin d'argent la rejette du côté de *Mademoiselle*, qui prétend lui donner des conseils pour obtenir plus de crédit. On peut dire du roi (pour moitié du moins) ce qu'on disoit du *czar Pierre*, lorsqu'il étoit en France : *Il fait l'amour en crocheteur et le paye de même.*

Il a couru le bruit ce matin que le contrôleur

général alloit enfin se retirer, et que M. *Trudaine* le remplaceroit.

14 août 1739. — M. le duc a appris, par un valet de pied, que sa femme, qui est si jolie et qu'il delaisse tant, avoit une intrigue avec M. *de Bissy*, commissaire général de cavalerie[1]. Il est devenu furieux de jalousie. M. le duc est monté chez une femme de garde-robe qui étoit dans la confidence. Il a menacé de la faire pendre : elle a tout découvert. Les rendez-vous se donnoient chez elle. Il a été tout de suite chez la jeune duchesse ; il lui a dit que sa grand'mère à lui (la *Maillé*, femme du grand Condé), ayant été convaincue de mauvaise conduite, avoit été renfermée toute sa vie dans une tour, où elle étoit morte ; qu'elle s'attendît au moins au même traitement. Depuis cela, il a changé son appartement. Elle étoit logée au rez-de-chaussée, avec une petite porte qui donnoit sur le jardin, et de là dans la rue ; on l'a logée en haut avec des grilles aux fenêtres. On a changé ses femmes, qui étoient suspectes.

Madame *d'Egmont* s'est jetée aux pieds du prince, qui est son amant depuis longtemps ; elle lui a dit qu'on ne manqueroit pas de lui en imputer la faute, et que, s'il faisoit l'éclat qu'il prétendoit, il s'attendît à ne la jamais revoir. Cela l'a radouci. Il a promis de cacher son ressentiment. Mais depuis cela sa colère est revenue,

1. Il s'agit de la princesse de *Hesse Rheinfels*, seconde femme de M. le Duc. Il n'y avoit encore eu que des billets échangés et des allures suspectes. (*Journal de Barbier.*)

et comme il apprend que le public en parle, il ne ménagera plus rien. Il est à craindre que cette jolie personne ne soit enfermée, tant que son mari vivra, dans quelque château, pour une faute si pardonnable. M. le duc a demandé que M. *de Bissy* s'éloignât : on l'a envoyé sur-le-champ à son régiment.

— Mademoiselle acquiert une grande autorité sur le roi, non par amour, mais par l'espèce d'ascendant qu'elle exerce sur lui. Elle a beaucoup d'esprit, dit-on, et avec cela une ambition démesurée. Ce n'est pas que le roi ne la connoisse, et ne sache qu'elle n'a ni principes, ni respect pour l'ordre et les convenances. Elle a toute la hauteur de la maison de Condé, à quoi s'est joint, par bâtardise, la folie des *Mortemart*. Mademoiselle eût été receleuse, voleuse ou bouquetière, si elle étoit née parmi le peuple.

Le roi ne l'a jamais aimée; mais la hardiesse et l'emportement étonnent les esprits doux et timides, quand une fois ils se sont laissé dominer. Voilà ce qui fait penser à plusieurs personnes de la cour que Mademoiselle l'emportera à la mort du cardinal, et que peut-être Sa Majesté ne souffre aujourd'hui l'administration défectueuse du cardinal, que comme un rempart contre cette tempête. Mademoiselle a pour conseils (ou pour amans) l'évêque de Rennes et l'abbé *Dédif*, aumônier du roi. C'est une destinée naturelle qui porte tôt ou tard les femmes galantes à s'adonner aux gens d'église. Mademoiselle prétend nous donner l'évêque de Rennes pour secrétaire d'État aux affaires étrangères, et l'abbé *Dédif* sera nommé à quelque grande église.

Voilà donc à quoi se réduit ce célèbre parti de mademoiselle *de Charolois*. Cette princesse est commode au roi : elle tient compagnie à madame *de Mailly*, et, au milieu de ses complaisances, quelquefois elle propose au roi de prendre une maîtresse plus jolie; d'autres fois elle conseille à madame *de Mailly* de profiter de son règne, et d'en tirer meilleur parti pour des richesses et des grandeurs. La maréchale *d'Estrées* est fort liée avec elle, et lui donne conseil de son expérience, et du cardinal *de Rohan*, son amant.

Madame *de Mailly* a pour elle la bonne foi, un sens droit et un bon cœur. C'est ce qui la soutient, malgré sa tête de linotte, son humeur, et la diversité des conseils qui la tourmentent. Mais, comme elle est assez indifférente sur la pauvreté, et qu'elle est noble au milieu de ses besoins, ses demandes ne sont point aigres, ni ses intrigues souterraines et détournées.

M. le duc ne se mêle de rien au monde. Son cœur est rempli par la chasse et les colifichets physiques de Chantilly. Sa tête est vide. Il laisse faire. Il est rancunier contre M. *Chauvelin* et contre le cardinal. La disgrâce où il est ne lui laisse oublier aucun ancien sujet de haine ou d'aversion. M. *Chauvelin*, s'il est vrai qu'il conserve encore du crédit à la cour, le cache mieux que jamais; *ne verbum quidem*. On croit qu'il n'y reparoîtra jamais. C'est peut-être ce qui peut le mieux convenir à ses intérêts, quoique cela désespère ses amis.

Le roi suit une conduite pareille, en affectant

une indifférence excessive pour son état, ne voulant se mêler de rien, occupé seulement d'une inutilité continuelle, quoiqu'au fond ce soit un grand mal de la part d'un homme de trente ans de ne nourrir son esprit de rien : car, pour ce qui est de la réputation que se donne le roi parmi ses peuples, que fait le renom si la réalité alloit démentir promptement une fausse renommée ?

Sa Majesté ne laisse pas de lâcher de temps à autre au cardinal des traits d'une sécheresse rebutante pour tout autre que ce vieux tyran. L'autre jour Son Éminence dit au roi que ce seroit pour le 21 août la demande de Madame par l'ambassadeur d'Espagne. Sa Majesté répondit : « Je ne serai pas ce jour-là à Versailles. » Le cardinal représenta que ce jour-là avoit été pris et convenu. Le roi répondit : « *Je n'y serai pas.* » Le cardinal, en fin courtisan, se rejeta du côté de la complaisance, et dit à plusieurs reprises que le roi étoit le maître, qu'on prendroit son jour; à quoi Sa Majesté répliqua plus haut et plus sèchement qu'auparavant : « *Apparemment* »; mot qui a été bien relevé, et le sera.

Toute cette conduite du roi semble dire hautement ce qui suit : « Un autre que moi s'est emparé de mon autorité : c'est mon vieux précepteur. Je l'avois laissé faire dans mon enfance. Je lui ai obligation de m'avoir délivré des princes du sang, usurpateurs de mon trône, mal habiles et perfides. Ce seul vieillard, isolé de famille, pouvoit gouverner avec bonne foi. Il a bien fait tant qu'il a été bien secondé; il l'est mal aujourd'hui. J'avois cru qu'il ne vouloit gouverner que par amour pour ma personne, et me donner le temps de me former; mais à présent son radotage et ses vieilles rancunes le rendent ambitieux. Je ne puis le chasser sans le faire mourir. Allons donc; laissons-le faire encore quelque temps. Mais je marque, par mes promenades affectées, que je ne me mêle en rien de la besogne, et que je souffre qu'un autre soit maître de la maison. »

— Son Éminence a joué un tour indigne à M. *de Balleroy*, gouverneur de M. le duc de Chartres, en se refusant à ce que son fils dansât au bal de M. le Dauphin, comme ne devant, ni le père ni le fils, monter dans les carrosses du roi. M. *de Balleroy* a prouvé, par sa généalogie, qu'il étoit d'une très-ancienne noblesse de Normandie, quoique avec peu d'illustration, mais de belles alliances non interrompues. Le cardinal a fait dix mensonges sur cette affaire, tant à M. *de Châtillon* qu'à M. *de Balleroy*, et à M. le duc d'Orléans lui-même, auquel il a nié ce qu'il lui avoit dit précédemment. M. *de la Cour*, père de M. *de Balleroy*, a été six ans maître des requêtes. Voilà toute la tache de cette famille. Heureusement qu'après ces mensonges, la petite vérole de M. le duc de Chartres interrompit ces bals, et sur cela M. *de Balleroy* s'est mis à ne plus mettre les pieds chez l'Éminence. Il y a des gens auprès du roi par lesquels il prend des ordres directs de Sa Majesté pour tout ce qui regarde le prince, et il emporte l'avantage sur toutes les questions qui se présentent. On peut juger de là si ce gouverneur possède toute la confiance de M. le duc d'Orléans et toute l'amitié de son élève.

Aout 1739.—On disoit de Louis XV que, s'il étoit encore au temps des chevaliers errans, il auroit de la peine à faire un tournoi raisonnable pour soutenir que sa dame (madame *de Mailly*) est la plus belle de toutes.

— Il y a donc présentement quatre partis à la cour :

1. Celui du cardinal, qui ne se compose que de M. *Orry*, M. *Hérault*, et des familiers de sa garde-robe.

2. Celui de M. *Chauvelin*, en faveur duquel paroissent être les secrètes dispositions de Sa Majesté, M. *Bachelier*, et beaucoup de grands seigneurs des mieux reçus du roi.

3. Celui de mademoiselle *de Charolois*, dont j'ai traité ci-dessus.

4. Enfin celui du cardinal *de Tencin*, dont il me reste à parler. De ce parti, sont les *Noailles*, les molinistes zélés, quantité de femmelettes se piquant de dévotion et d'ultramontanisme, mesdames *d'Armagnac, de Villars, de Gontaud*, madame *de Saint-Florentin* et madame *de Mazarin*. Toutes ces dames assurent qu'il n'y a au monde que ce cardinal de capable de gouverner le royaume après la mort du cardinal *de Fleury*. Sa sœur, la *Tencin*, est à Paris qui remue ciel et terre, principalement dans le parti constitutionnaire. On se persuade que le roi sera toujours de ce parti-là, non par religion, mais par peur des jansénistes et des parlementaires, qu'il regarde comme ses véritables ennemis. Ils croyent deviner ainsi les plus secrètes pensées du roi; de sorte que, si le libertinage de Sa Majesté leur ôte

les armes de la religion, ils ont pour eux celles de la politique. Ce parti-là a un chef prudent, quoique les artisans en soient des folles. Le chef est prêt à se réunir à quel que soit le parti qui triomphe, fut-ce même le *Chauvelin*. Ce sont là ses armes et sa monnoie pour se maintenir en crédit.

Le parti des ministres et des secrétaires d'État étoit fort uni au commencement, peu après la disgrâce de M. *Chauvelin*. Bientôt il se divisa, et est resté divisé par le peu d'estime réciproque, et par la mauvaise humeur du cardinal, dont ils ont eu et ont tous les jours tant à souffrir. Au lieu de les tenir bien unis et de leur donner quelque crédit, bien loin de cela il ne leur en donne aucun, et montre une partialité choquante pour M. *Orry*.

Mon frère s'est lié au parti du cardinal *de Tencin* par madame *de Gontaud*. Il y a longtemps qu'il a jeté les fondemens de cette alliance, et il n'épargne aucuns soins ni diligences pour s'y maintenir. Je ne sais s'il pénètre l'intention du chef de ce parti, de renouer dans l'occasion avec M. *de Chauvelin*.

22 août 1739. — M. *de Maillebois*, par ses grands succès en Corse, éclipse tout à fait la grande réputation *de Belle Isle*, qui ne se fonde que sur une souveraine application de détails, mais jusqu'ici sur aucun succès réel. Il y a à dire à ce sujet que c'est le sort des *Colbert* de l'emporter sur les *Fouquet*; ce qui se trouvoit représenté par hasard sur les lambris du château de *Vaux*, où l'on voyoit une couleuvre (arme des

Colbert) poursuivant un écureuil, emblème des *Fouquet*. M. *de Maillebois*, il est vrai, ne descend des *Colbert* que par les femmes.

On vient de créer un régiment corse, dont les trois premiers officiers seront François, le colonel, le lieutenant-colonel et le major; et le reste pris parmi la noblesse corse. — Les soldats seront tous de cette nation. Cela marque que nous comptons garder cette conquête, et que nous laisserons aux Génois tout au plus les prières nominales. Peut-être achèterons-nous de cette république la propriété même, ce qui nous donneroit un pied en Italie, en nous passant du roi de Sardaigne.

14 septembre 1739. — M. le cardinal a eu une rechute de devoiement. La nature s'affoiblit, et la tête doit se ressentir de cet affoiblissement. L'humeur augmente. Plus son pouvoir devient illégitime et déraisonnable, et plus il en est jaloux.

On vient de déclarer le mariage de mademoiselle *de Nesle*, sœur favorite de madame *de Mailly*, avec M. *de Vintimille*, fils du marquis *du Luc*, neveu de l'archevêque de Paris, et beau-frère de M. *de Nicolaï*, premier président de la chambre des comptes, famille fort amie de M. le cardinal. On prend au trésor 100,000 écus pour ce mariage, et le roi assure 6,000 livres de pension. On ne doute pas que le cardinal n'ait topé à ce mariage; et l'on en conclut le renouement du vieux précepteur avec la maîtresse, lui qui avoit tant dit qu'il quitteroit le ministère dès que le roi prendroit une maîtresse!

19 septembre 1739. — Les conseillers d'État ont gagné leur procès contre les ministres et secrétaires d'État. Il a été décidé qu'ils ne prendroient d'autre rang au conseil devant le roi que celui de leur réception au conseil des parties. Le principe est *qu'il n'y a qu'un conseil.* En conséquence, aux derniers conseils ils ont changé leur rang : M. *d'Angervilliers* s'est mis devant M. *de Saint-Florentin*, et M. *Amelot* devant M. *Orry*, au contraire de ce qu'ils avoient pratiqué jusqu'ici.

— C'est le roi lui-même qui a jugé cette querelle, entre les conseillers d'État et les secrétaires d'État, d'une façon qui a surpassé toutes nos espérances. Le roi a demandé notre mémoire, l'a emporté, l'a lu tout seul, et s'est réservé d'arranger cela pour le mieux.

Au conseil suivant, il nous a tous rangés suivant notre ordre de conseil, et quand ce fut à rapporter, M. *de Saint-Florentin* ayant voulu rapporter le premier après M. *de Maurepas*, le roi ordonna à M. *d'Angervilliers* de rapporter le premier, comme étant le plus ancien en réception.

— Gens qui voyent les choses de près disent que le roi est fort persuadé qu'il est aimé de madame *de Mailly*, comme le feu roi l'étoit de mademoiselle *de la Vallière*; et que c'est un grand attrait pour ce monarque, qui a le cœur bon, ami de la bonne foi, de se croire aimé aussi sincèrement d'une femme, ce qui est rare pour un roi.

Après la mort du cardinal, le roi ne travaillera

pas davantage, peut-être moins qu'aujourd'hui. Mais il a de l'esprit, de la fermeté; il se fera rendre compte et décidera des choses les plus majeures. Au bout du compte, Henri IV ne fut pas autrement : il se divertissoit continuellement à la chasse et avec ses maîtresses; mais il choisissoit de bons ministres, et les soutenoit bien. Louis XV a de la facilité, et beaucoup plus de qualités qu'on ne croit. Tout promet un heureux règne. Il aime les honnêtes gens; il hait les fripons, il fuit ceux qui l'ont trompé une fois. On assure à la cour qu'il aime à décider, et décide assez bien, surtout fort net.

19 septembre 1739. — Le pauvre chancelier est devenu d'une timidité prodigieuse avec Son Eminence; il n'ose rien lui proposer, et ceux qui s'entremettent entre eux deux travaillent à augmenter cette appréhension, au lieu de la diminuer. La première présidence de grand conseil doit être nommée au bout de l'année : on ne croit pas que le chancelier ose y nommer un de ses enfans, de peur de refus; on croit que ce sera M. *de Machault* ou M. *Lescalopier*. On a voulu me proposer, mais Son Eminence y feroit une laide grimace, et ces fonctions m'embarrasseroient beaucoup. M. *de Fresne*, fils de M. le chancelier, cultive le cœur de Mademoiselle, afin de conserver les sceaux à son père.

10 octobre 1739. — Dans l'affaire que les conseillers d'État viennent d'avoir avec les ministres et secrétaires d'État afin qu'il n'y eût qu'un rang entre eux et qu'ils roulassent tous

ensemble sans distinction, les secrétaires d'État voulurent mettre une queue ou restriction : c'étoit de continuer à rapporter à leur rang de secrétaires d'État, non de conseillers. Ils voulurent l'exécuter ainsi au premier conseil où se tint le roi; Sa Majesté les en empêcha rudement, et, M. *de Maurepas* voulant remontrer quelque chose sur cela, le roi rougit et dit : « *Cela ne me convient pas.* » La terre trembla. Les pauvres ministres sont bien mortifiés. Cela fait pitié. On ne sait quel souterrain il y a eu à cela, pour les rabaisser et favoriser le conseil; mais enfin le roi s'est montré entièrement pour nous contre eux, et a agi tout seul et à sa tête. On n'a rien vu du cardinal en tout cela. Faut-il y soupçonner les conseils de l'homme de Bourges?

Les apparences sont que le roi est très-possédé de l'envie de bien gouverner. Il est échappé à *Bachelier* de dire, lorsqu'on le pressoit trop vivement de reproches sur la paresse et l'inaction de Sa Majesté : « Le roi est plus capable qu'aucun prince n'ait jamais été, il le montrera quelque jour; mais vous me faites trop parler. » D'après ce caractère du roi, c'est donc grandement lui déplaire que de trop chercher à le pénétrer. Aussi ai-je remarqué ce mot universel de ralliement parmi les partisans de M. *Chauvelin;* ils vous répondent chaque fois qu'il est question de ce ministre : « Vous aimez M. *de Chauvelin*, monsieur? eh bien, le plus grand service que vous puissiez lui rendre, c'est de ne pas seulement nommer son nom. » Voilà pourquoi les personnes les plus avisées de la cour ignorent encore les projets de Sa Majesté, en cas de mort ou de retraite du cardinal, même les ministres qui sont à la source de ces connoissances.

18 octobre 1739.— M. *d'Angervilliers* a dessein de quitter le ministère de la guerre. Il a eu quelques attaques secrètes d'apoplexie; son esprit baisse, sa raison s'éteint; le jeu de l'imagination ne va plus; il parle lentement; tout travail le fatigue; il est jaune comme un coing. Il a en effet quelque soixante et dix ans; il est temps de ménager l'intervalle entre la vie et la mort : on veut vivre tous les jours que Dieu nous laisse. Il a une fille assez bien mariée (au fils du duc de Saint-Simon); mais sa femme est sans fortune : il veut faire sa condition bonne. Il craint quelque revirement dans les affaires, quoiqu'à la vérité il ne soit d'aucun parti, et se soit conduit très-prudemment dans l'affaire du garde des sceaux *Chauvelin*. Le roi se trouvera embarrassé par cette retraite. Le cardinal y voudra mettre quelque créature à lui; le roi désireroit y replacer *Breteuil*, qui est le plus honnête homme du monde : aura-t-il assez de fermeté pour tenir à ce choix?

5 novembre 1739.—*Mort de M. d'Ancenis.*— Voici une nouvelle de la cour. M. *d'Ancenis* [1] avoit la diarrhée depuis quatre jours. Il devoit chasser avec le roi. Il dit qu'il se guériroit bien de l'importunité de sa maladie. Il demande au grand maî-

1. François-Joseph de Béthune, duc *d'Ancenis*, mort le 26 octobre 1739, avoit épousé Marthe-Élisabeth de *la Rochefoucault de Roye*.

tre des œufs durs à déjeûner; il en mange trente tout de suite. Il va à la chasse; mais le voilà attaqué d'un ténesme, ou rétrécissement de boyaux avec inflammation, et le ventre dur comme la pierre. Il n'y a eu secours de la médecine ou de la chirurgie qui y pût subvenir; il a fini promptement. Il laisse un petit garçon et une petite fille. Il étoit le dernier des garçons qu'ait eus le duc *de Béthune*. Depuis 1735, cette famille s'est éteinte à cela près, en ces quatre années. Madame *de Béthune* est morte de la poitrine. L'aîné de ses frères fut tué à *Clausen*, du dernier coup de mousquet tiré dans cette guerre. Le second frère, qui étoit abbé, est mort d'austérités, et celui-ci de constipation. Tels sont les coups subits de la Providence! Cependant c'est une famille de dévots et de dévotes, servant Dieu de tout son cœur.

5 novembre 1739. — M. *de Nesle*, père de madame *de Mailly*, vient d'être exilé subitement à Lisieux. Il avoit répandu dans le public un grand mémoire contre ses juges, et surtout contre *Maboul*, son rapporteur. Il parloit lui-même avec hauteur, et à tout le monde, de son *misérable procès* contre ses *misérables créanciers*. Tout cela venoit de l'attente certaine où il étoit de sa future autorité, par le règne prochain de sa fille, madame *de Mailly*, maîtresse du roi. On a sans doute pris Sa Majesté par là, et on a voulu lui faire faire une action à la romaine, digne de Manlius Torquatus et de Brutus, en punissant sévèrement son beau-père effectif et naturel, pour une légère atteinte donnée à un simple mal-

tre de requêtes, qui a d'avance assez mauvaise réputation.

Cela a étonné tout le monde, car enfin l'on contracte en amour, surtout quand on est roi, et qu'on a un attachement suivi pour une de ses sujettes.

S'il y a à punir, ce doit être secrètement. Sa Majesté pouvoit bien engager secrètement M. *de Nesle* à s'éloigner, et non le renvoyer publiquement par une lettre de cachet. En même temps, ajoute-t-on, il falloit charger quelqu'un de confiance de régler ses affaires, et c'eût été plutôt le devoir du contrôleur général que du chancelier. Mais le grand effet de cet éclat de justice a été d'élever haut le crédit du cardinal. Cela fait dire : « Voilà le précepteur plus maître que jamais du petit garçon. Il fait fustiger le père de la maîtresse, et cela n'est fait que pour cela. » Cependant, quelques jours après, on a parlé d'adoucir l'exil. Madame *de Mailly* et toutes ses sœurs ont été publiquement chez le cardinal lui demander grâce pour leur père. Sans doute le roi a exigé cette auguste cérémonie. M. *de Nesle* a demandé qu'on eût égard à sa santé, et il a obtenu répit. Puis on a changé son exil en celui d'Évreux, et enfin l'on assure qu'il ne partira pas du tout.

11 novembre. — M. *de Nesle* est parti pour l'exil. Il a demandé Caen au lieu de Lisieux : on le lui a accordé. On a nouvelle qu'il y est arrivé. On mande qu'il y a fait une manière d'entrée solennelle. Il avoit à sa suite quatre pages, un écuyer, madame *de Seine*, sa maîtresse; mais pas d'autres domestiques. Ces gens

de bon air aiment le noble superflu, et rejettent le bourgeois nécessaire.

11 novembre 1739. — La légitimation de la fille de M. le duc et de madame *de Nesle*[1] par lettres du roi vient enfin d'être décidée. Ce prince a mandé M. le chancelier, qui faisoit toutes sortes de difficultés. La plus grande étoit que dans ces lettres on ne nommoit pas la mère, quoiqu'il y ait une multitude d'exemples semblables, lorsqu'il s'agit de bâtards ou bâtardes adultérins, fils ou filles de femmes mariées. De ce nombre ont été les enfans du feu roi et de madame *de Montespan*, madame *de Carignan*, fille de madame *de Verrue*, et, dans la famille de M. le Duc, mademoiselle *de Chateaubriant*[2], femme de M. *de Lassay*, fille de M. le prince et de madame ***. Enfin, l'on croit dans le public que la légitimation dont il s'agit est faite principalement pour annoncer un acte semblable émané de la sacrée personne de Sa Majesté en faveur de madame *de Mailly*. Ce sera, dit-on, un duc de Vendôme. Une dame a reparti à ce sujet qu'elle voudroit que Louis XV se montrât un Henri IV, avant de nous donner des ducs de Vendôme.

C'est encore une platitude du chancelier, d'avoir traversé cette légitimation par de pareilles

1. Henriette, dite mademoiselle *de Verneuil*, fille naturelle de M. le Duc, mariée le 17 novembre 1740 à Jean, comte *de la Guiche*. Madame *de Nesle* étoit morte en octobre 1729, âgée de trente-huit ans.

2. Julie de Bourbon, dite mademoiselle *de Chateaubriant*, épousa, en 1696, Armand de Madaillan de Lesparre, marquis *de Lassay*. Elle mourut en 1710, à quarante-trois ans. (La Chesnaye des Bois.)

difficultés, car cela ne provenoit probablement que de la rage de complaire à Mademoiselle. Cette princesse hautaine traverse son frère en tout, pour se venger de je ne sais quoi. M. le Duc, après s'être bien assuré de la volonté ferme du roi, a mandé M. le chancelier chez lui à Fontainebleau; il a même voulu qu'il s'y trouvât quelques personnes présentes. Le chancelier a débité entre ses dents (quoiqu'il n'en ait plus) quelques-uns de ces médiocres prétextes contre les desseins de S. A. S., qui lui a enfin répondu : « *Monsieur, je suis las de vos mauvaises* » *difficultés et de vous*. J'ai mes lettres; le roi me les » a accordées, et j'en veux l'exécution. L'enregis-» trement ne vous regarde pas; il ne faut que vo-» tre sceau, et vous allez le mettre sur-le-champ. » Et le pauvre chancelier, tout tremblottant, est aussitôt allé chez lui sceller lesdites lettres.

La réflexion à faire sur cela, c'est que le roi avoit une volonté, que M. le Duc s'en est bien assuré, et que cette décision a eu son effet malgré le chancelier, malgré le cardinal, qui soutenoit l'opposition du chancelier, et malgré Mademoiselle; qu'enfin M. le duc a plus de crédit qu'il n'en paroit avoir.

25 novembre 1739. — M. *Hérault* se meurt. On croit qu'il a de l'eau dans la poitrine. Il ne sauroit marcher sans se trouver mal. Il a eu l'an passé une attaque de paralysie complète à un bras. Il étouffe, il est tout ahuri. Il l'étoit déjà depuis longtemps. Voilà que tous ces pauvres jansénistes ne vont pas manquer de dire que le diable lui tord le cou, que la main de Dieu s'appe-

santit sur lui et sa famille. Tout ce qui étoit venu de biens dans sa famille par la faveur, tout disparoît comme l'ombre. M. *de Vervins*, d'heureuse mémoire, qui, ayant 100,000 livres de rentes, avoit bien voulu épouser la cousine de madame *Hérault*, *propter favorem aulicam et eminenticam*, vient de mourir de la petite vérole. Avant lui étoit morte sa progéniture, et tout récemment encore l'abbé *de Nassigny*, frère de cette veuve. Ledit abbé avoit obtenu des bénéfices par la faveur de M. *Hérault*. Qui choisira-t-on pour cette place, M. *Hérault* venant à nous échapper? Le cardinal pourra proposer le beau-père de M. *Hérault*, qui est M. *de Séchelles*. Moi, je proposerois *Pajot*, intendant de Montauban.

27 novembre 1739. — On assure que M. *de Fénelon*, notre ambassadeur en Hollande, a eu ordre de déclarer aux Hollandois que, pourvu qu'ils demeurassent neutres, nous leur donnions parole de ne point assister les Espagnols dans leur querelle avec l'Angleterre : de sorte que ce seroit nous tirer d'affaires adroitement que de dire ensuite à l'Espagne : De quoi vous plaignez-vous? Nous vous procurons un grand bienfait, qui est la neutralité de la Hollande. Mais le cardinal aura-t-il bien assez de crédit pour mettre ce plan à exécution?

Nous ne sommes plus au temps du traité de

1. La maladie de M. *Hérault* ne l'empêcha pas d'être nommé intendant de Paris. Il est vrai qu'il survécut peu à cette nomination. Remarque : le marquis d'Argenson se plaît à exagérer les maladies des gens en place, il y voit un effet de la Providence.

Séville, où le cardinal pouvoit se permettre de manquer impunément à ses promesses. Il n'avoit alors affaire qu'à MM. *de Bernachea* et *Santa-Cruz*, ministres peu accrédités en France; M. *de la Mina* jouit aujourd'hui d'un bien autre crédit.

L'adroit M. *de Chauvelin*, qui menoit si habilement le cardinal, le tira d'affaires en gagnant le *Bernachea* par son mariage avec mademoiselle *de Nancré*, et le *Santa-Cruz* en le louant sur la beauté de ses ouvrages. Aussi la reine d'Espagne, pour n'être plus trompée, envoya-t-elle après eux M. *de Castelar*, ministre de la guerre et frère du premier ministre *Patinho*. Par le traité de Séville, l'Espagne ne stipuloit qu'une agression, qui étoit l'introduction de *don Carlos* en Italie malgré l'Empereur. Le cardinal saigna du nez quand le terme du mois de mai fut arrivé; il publia une amnistie pour les déserteurs françois, ce qui priva à l'instant l'Espagne de dix mille soldats, déserteurs françois qui rentrèrent en France pour en profiter. Enfin l'Espagne eut recours aux Anglois, qui, pour s'attirer des priviléges de commerce, accommodèrent l'affaire avec l'Empereur, adhérèrent à la Pragmatique par le second traité de Vienne, et introduisirent don Carlos en Italie.

Mais, dans l'occurrence actuelle, ce n'est plus une agression dont il s'agit, c'est une défense *pro causâ miserabili;* il n'est donc plus au choix du cardinal de défendre l'Espagne ou de ne la pas défendre. Joignez à cela la honte qui rejailliroit sur nous, d'abandonner ainsi notre frère *Philippe* à une si humiliante merci.

Nous ferons donc la guerre, par mer du moins,

nouvelle tentative, essai dangereux, et fort frayeux en ce temps de disette et de misère. Croit-on qu'un vieillard nonagénaire soit de force à soutenir un tel fardeau, lui qui n'eût pu entreprendre notre guerre de terre de 1733, si belle et si facile, avec nos belles alliances et l'Empereur pris au dépourvu, sans l'encouragement et l'assistance de M. *de Chauvelin?*

5 décembre 1739. — Nos affaires semblent suivre de plus en plus les penchans si connus du cardinal. Deux grands défauts président à sa conduite, et nous eussent réduits à la plus misérable condition sans notre heureuse étoile, ou plutôt sans la grande impulsion qu'avoit su donner aux affaires M. *de Chauvelin*, avant son exil.

1. Le cardinal manque de prévoyance, et ne porte de remède au mal que beaucoup trop tard.

2. Il se fie beaucoup trop dans l'opinion qu'il s'est faite de son habileté à tromper les hommes.

C'est ainsi qu'il a laissé gagner la famine, faute de vouloir dépenser à temps deux millions en achats de blé, et qu'il lui fallut plus tard dépenser 38 millions au même objet pour n'y remédier qu'imparfaitement.

C'est ainsi que, faute de vouloir montrer les dents de bonne heure à nos voisins, en 1733, il fut réduit à faire la guerre pour relever notre couronne d'un tel état d'humiliation, qu'on bafouoit nos ambassadeurs dans toutes les cours, et que la puissance françoise étoit injuriée jusqu'en Espagne.

Ce sera ainsi que, dans la circonstance présente, Son Éminence prétend accommoder les différends entre l'Espagne et l'Angleterre, en poussant le temps par l'épaule, laissant l'Espagne en proie à ses puissans ennemis, et montrant que notre alliance n'est sous lui que délai, mollesse, lâcheté et vains sophismes. D'un autre côté, il se confie en son crédit à Vienne, où l'empereur le regarde comme un fourbe lâche et artificieux. Il croit aussi tenir la Hollande en remettant sans cesse son tarif et en cabalant contre la maison de Nassau. Il se flatte même de retenir le Portugal par le crédit qu'il accorde à *Mendez*. Voilà tous les faux moyens qu'il emploie, et qui le mèneront un beau matin à jeter les hauts cris contre la trahison de l'Empereur et des Hollandois.

Mais combien cela peut-il durer? Notre ambassadeur à Londres, M. *de Cambis*, vient d'être insulté de nouveau. Il n'ose paroître au milieu d'un peuple animé contre les François; il court des risques continuels. Les audiences près du roi et des ministres sont pleines de rebuffades. Bien loin de vouloir écouter notre médiation, on répond durement à toutes nos plaintes de *vaisseaux visités et même pris*, ce qu'on cache soigneusement ici. Enfin on nous y pousse à la guerre plus vivement que M. *de Chauvelin* n'y a jamais encouragé Son Éminence en 1733, alors que la guerre étoit plus à propos et de nécessité.

Combien l'Espagne ne doit-elle pas se plaindre de notre froideur, tandis qu'elle nous a secourus si généreusement et si vivement lorsqu'il s'agissoit de venger l'insulte faite au roi Stanislas? Au lieu qu'aujourd'hui nous nous cachons dans nos ports, et assistons sans bouger à la ruine de son commerce. L'Espagne peut perdre d'un moment à l'autre la Havane, ou quelque colonie riche et considérable. Il faut qu'elle soit réduite bien bas pour avoir sacrifié son meilleur ambassadeur, M. *de la Mina*, à la haute sottise du cardinal, parce que cet ambassadeur sollicitoit des secours avec trop d'importunité.

Le cardinal pousse si loin cette haute sottise, qu'il plaisante même devant ses courtisans de la disgrâce de ce ministre. Il disoit l'autre jour que, depuis qu'il étoit en France, il avoit reçu quatre ordres, celui de la Toison, celui de Saint-Janvier, l'ordre du Saint-Esprit et l'*ordre de se retirer*. Froide raillerie, quand toutes les fautes et l'humiliation sont de notre côté! Où sont les ressources de ce grand politique? Qui ne voit que notre couronne va déchoir de toute gloire et de tout honneur sous ce ministère? A peine la moindre république osera-t-elle se réclamer de notre protection!

Il y a longtemps que j'ai posé ce principe: Vivons avec l'Espagne comme avec un frère d'humeur différente de la nôtre. Ne donnons point dans ses guerres d'ambition, comme sont ses vues sur l'Italie; mais que tout soit tendresse de notre part pour la soutenir quand on l'opprime. Elle est opprimée, on lui fait injustice en Amérique: soutenons-la donc ici de toutes nos forces, et ne craignons pas l'envie universelle dont on nous menace, quand nous avons la justice pour nous.

27 décembre 1739.—M. *de Harlay,* intendant de Paris, est mort hier matin. Jamais on n'a au-

tant sollicité et obtenu la place d'un homme vivant encore que l'on n'a fait pour ce pauvre défunt. M. *Hérault* étoit sûr hier de l'intendance de Paris, et M. *de Maurepas* le disoit à tout le monde.

On remarquera que le cardinal, ôtant la police à son M. *Hérault*, se prive d'un meuble capital. Qui lui a jamais été plus dévoué et plus fidèle que ce petit magistrat ? Il n'y avoit amis ni ennemis qui tinssent à son espionnage. Il ne se tenoit pas un propos qu'il n'en rendît compte à Son Éminence. Tout autre que lui, remplissant cette place, voudra peut-être savoir de quel côté viendra le vent, et songer à se soutenir après la mort du cardinal ; et qui sait alors qui gouvernera l'État ? Il ne voudra pas se mettre à dos les amis de M. *Chauvelin*, dans la crainte que celui-ci ne rentre en complète faveur. Tout ce qu'il pourra faire de mieux en cette perplexité sera de s'attacher à M. *de Maurepas* et de le suivre : parti prudent, escadron volant, qui n'est ni de l'une ni de l'autre armée, mais tout prêt à se faire acheter par l'une ou par l'autre. En tout cas, le cardinal y a perdu une créature qui l'instruisoit si bien et qui lui étoit si nécessaire.

M. *Hérault*, fort accablé depuis les attaques d'apoplexie, de paralysie et d'hydropisie qu'il vient d'essuyer, s'est ménagé avec sagesse une place de repos, ayant autant de revenu par l'intendance de Paris que par la police. Soit qu'il doive vivre longtemps ou non, il se met à l'écart des critiques fâcheuses, et ne tremblera plus, comme il faisoit, de tout changement de ministère. J'en ai raisonné tout à l'heure avec *Séchelles*, son beau-père, qui n'a rien gagné à la faveur de son gendre, et qui reste trop heureux de n'avoir rien à perdre si la culbute arrivoit. Du reste, rien ne marque plus que cela combien on craint le bouleversement, puisque les gens les plus en crédit près du cardinal pourvoient si bien à leur retraite.

27 décembre 1739. — Le comte *du Luc* a écrit à madame *de Mailly* pour lui demander de placer un homme à lui dans l'administration de la maison de Choisy que le roi vient d'acheter; et il a ajouté : « Un mot dit de la belle bouche d'une belle dame comme vous finira l'affaire. »

La lettre montrée au roi par cette sienne maîtresse, le roi a répondu : « *Ah! pour une belle bouche, vous ne vous en piquez pas, je crois.* Ce qui montre que la passion n'aveugle pas le roi; il aime sa maîtresse telle qu'elle est. Malheur aux aveugles en amour! S'ils le sont en beauté corporelle, ils le sont en toute autre chose.

— *Bachelier* est en plus grande faveur que jamais. Sa Majesté lui a donné un très-bel appartement à Choisy. C'est même l'appartement qui avoit d'abord été destiné à Sa Majesté, qui en a préféré un plus petit. *Bachelier* est là comme chambré avec le roi; il n'a qu'à tourner la clé, il est dans la chambre du roi à toute heure. Ils causent familièrement des affaires de l'État, et je sais que le retour de M. *Chauvelin* est le sujet habituel de leurs entretiens.

— *Bachelier* est en continuelles conférences avec la reine, et devient son meilleur ami. Elle se radoucit, elle dépose toute humeur; elle croit, par son entremise, regagner sa place auprès de son époux. C'est le cardinal qui le lui fait espérer, disant qu'il y mettroit le comble de sa gloire, et pourroit dire ensuite : *Nunc dimittis servum tuum, Domine.*

Ainsi voilà *Bachelier* ami de trois grands personnages de l'État. Le cardinal ne perd aucune occasion de le louer, et au fond sa conscience doit s'accorder avec ces témoignages, puisque ce favori persévère dans sa conduite d'honnête homme.

— Un étranger demandoit l'autre jour à voir cette madame *de Mailly*, qui fait tant de bruit. Il l'a guettée au sortir de la messe, et, l'ayant vue, il s'est écrié : « Quoi! c'est là le choix du roi! Vraiment, s'il avoit un royaume à choisir, il ne prendroit pas la France, il prendroit la Corse.

30 décembre 1739. — M. *Hérault* a été nommé intendant de Paris au moment de la mort de M. *de Harlay*, quoique le roi fût alors à la Muette et le cardinal à Issy. C'est ce qu'on n'avoit pas encore vu, qu'une nomination à une place sans qu'il y ait eu travail du cardinal avec le roi, qui mît *un bon* au mémoire. Il a été déclaré que c'étoit une chose convenue d'avance entre le roi et le cardinal, le cas avenant de la mort de M. *de Harlay*, qui étoit à l'agonie depuis huit jours. Les royaumes périront quand les sots auront seuls part à l'administration. Or aujourd'hui ce sont les sots qui gouvernent. Aussi les jeunes gens ne s'étudient qu'à être des sots. Ils ne lisent

point ; ils ne recherchent point la conversation des gens d'esprit. Ils perdent leur temps ; ils s'amusent de frivolités, cherchant à paroître un peu, à pourvoir au plus pressé. Ils n'ont d'autre émulation que celle de rechercher la protection des gens en crédit. Ainsi de sots qu'ils étoient ils deviennent encore fripons, en perdant tous principes.

31 décembre 1739. — On ne déclare rien encore du remplacement de M. *Hérault* au sortir du cabinet du roi ; mais le cardinal à son petit coucher, dans ces momens heureux pour ses courtisans où il ôte sa culotte devant tout le monde, a déclaré que M. *Feydeau de Marville*, gendre de M. *Hérault*, étoit lieutenant de police à la place de son beau-père, et gardoit en même temps tout ce qu'il avoit déjà, comme la place de *président du grand conseil*, afin de conserver encore 3,000 livres de plus. Voilà donc nos almanachs souvent dérangés ; et, en effet, je n'ai point de regret à prévoir ce que voudroient la raison et la prudence. On n'est plus surpris de rien. On s'attend tous les jours aux plus mauvais choix de la part du cardinal. Ceux qu'il faisoit anciennement étoient admirables, quand on les compare aux nouveaux. La conduite de *Marville* sera délicate ; mais il s'en tirera avec adresse. Il déférera aux conseils du cardinal en tout ce qui paroîtra à l'extérieur ; mais il modérera souvent les coups, et ne fera rien qui puisse le perdre lui-même à l'avenir. En un mot, il fera plus de bruit que de besogne. Il tâchera de profiter de tout le fruit de la retraite de M. *Hérault*, qui a voulu se

mettre à l'abri des recherches à l'avenir, et se ménager des amis à tout événement. Il n'aigrira point les haines, il adoucira les choses s'il le peut.

La place de conseiller d'État est plus longue à donner. Les cris de messieurs de la finance et du contrôleur général, soutenus secrètement par le cardinal, balancent toute la justice qui parle en faveur de M. *Gilbert de Voisins*, et même la volonté décidée du roi. Il falloit un temps comme celui-ci pour opposer à un homme aussi justement considéré que M. *Gilbert*, un des plus grands avocats généraux qu'ait eus le parlement, un homme aussi médiocre que *Baudry*. Cependant, voilà la volonté du roi compromise. Le jeune *Gilbert de Voisins* est propre neveu de *Bachelier*, ayant épousé la nièce de ce favori; toute la maison de *la Rochefoucault* lui a les plus grandes obligations. La bonne cause succombera-t-elle encore cette fois?

5 janvier 1740. — J'apprends par mon frère que, quand il a été question de nommer un premier président au grand conseil à sa place pour 1740, M. le chancelier avoit beaucoup insisté pour que je fusse nommé, comme le seul capable de ce poste, et fort souhaité de la compagnie, d'autant que tout le monde avoit été satisfait de la présidence de mon frère. M. le chancelier avoit représenté que personne ne pouvoit convenir mieux que moi parmi les prétendans; mais il trouva une opposition invincible dans le cardinal, qui ne peut entendre nommer mon nom qu'avec des grimaces épouvantables depuis notre

rupture pour l'ambassade de Portugal, où effectivement il a si maltraité mes affaires domestiques, en y joignant des manières si tyranniques et si déplacées.

31 janvier. — Je suis allé remercier M. le chancelier de la bonté avec laquelle il avoit songé à moi, et m'avoit proposé pour la première présidence du grand conseil pendant cette année 1740. Il m'a appris comme quoi il avoit insisté à deux reprises devant le cardinal, mais que celui-ci m'avoit rejeté avec des grimaces affreuses. Ceci nous a ramené à l'affaire de l'université, dans laquelle ma franchise avoit plu, au lieu de déplaire. J'ai terminé par faire mon compliment au chancelier sur ce qu'enfin, grâce à lui, les choses se maintenoient tranquilles au sujet de toutes ces sottises de dogme et de religion.

15 janvier 1740. — Le pauvre cardinal fait aujourd'hui radoter tout l'État avec lui. Son système politique est absolument conduit par M. *Van-Hoey*, ambassadeur de Hollande. J'ai entendu celui-ci raisonner longtemps sur cette matière. Voilà à quoi cela se réduit : Les François doivent toujours compter sur la haine de ces fiers Castillans, qui sont tous, dit-il, sur le modèle de M. *de la Mina*; les Anglois aussi nous portant la même haine, nous devons les laisser battre tant qu'ils voudront, comme le Jupiter d'Homère laissoit battre Achille et Hector.

Je lui ai répondu : « Mais, Monsieur, ce Jupiter-là n'étoit cousin ni d'Hector ni d'Achille. »

Il dit à cela que le cousinage ne fait rien en politique. Au surplus, voilà ce qui en arrivera, suivant lui : Les Anglois ne réussiront à rien en Amérique contre les Espagnols. Ils continueront bien quelque commerce frauduleux, mais qui ne les dédommagera en rien. Ils se ruineront par la dépense de leur flotte, qui enlève tous les matelots à la marine marchande, et par la cessation de tout commerce avec l'Espagne. Bientôt l'on ne verra plus en Angleterre que banqueroutes de manufacturiers. D'un autre côté, les Espagnols se voyant privés de leurs revenus des Indes orientales et occidentales, ces fureurs réciproques se lasseront bientôt, et ils écouteront enfin la voix de la raison, qui est aux Anglois de convenir d'un règlement pour la repression de la fraude, et aux Espagnols de renoncer à leur ridicule empire des mers d'Amérique. Alors ils s'en remettront à notre médiation et à celle de la Hollande.

Cependant M. *Van-Hoey* convient de l'envie générale qui existe en Europe, et du désir d'abaisser la maison de France, ce qui est une objection à son propre système. Il dit que notre alliance intime de France et de Hollande nous rendra pacificateurs universels de l'Europe, tant qu'on suivra le système du cardinal; ce que je crois bien en partie, mais non en totalité. Il ajoute qu'il ne faut pas s'en cacher, que, pendant la guerre entre l'Espagne et l'Angleterre, la situation de notre commerce et de celui de Hollande est admirable, par suite de notre neutralité.

— Il court dans le public une réponse assez ridicule du cardinal à une lettre de *Fontenelle* sur la nouvelle année, par laquelle notre grand ministre dit qu'il ne faut à l'Europe que beaucoup d'*ellébore d'Anticyre*; ce qui s'applique, comme on voit, aux Espagnols comme aux Anglois.

16 janvier 1740. — M. le Duc est fort mal d'une dyssenterie avec fièvre. On n'ose pas lui donner l'*ipécacuanha*, car on craint l'inflammation. On l'a saigné plusieurs fois. Il a l'estomac perdu depuis plusieurs années. Il ne se soutient qu'en se privant de dîner, mais soupant beaucoup : phénomène singulier d'estomac, mais qui lui réussissoit, et faisant un continuel exercice de chasse : ce qui prouve que le vice n'est pas dans les humeurs, mais dans la membrane; de sorte que son danger est apparent. Par cette perte, le parti anti-cardinaliste perdra beaucoup. Quoique ce prince ait par lui-même peu d'esprit, il représentoit à la cour par son poids, par son rang, par sa fermeté et ses entours nécessaires. On prétend que c'est une question si la maison d'Orléans y perd ou y gagne. Le cardinal n'en est que plus acharné à s'opposer à son élévation et à sa consistance. Il laissoit batailler M. le Duc, et voilà qu'il combattra à force ouverte pour empêcher le mariage de M. le duc de Chartres avec Madame seconde.

On m'a dit aujourd'hui sous le dernier secret que M. le duc d'Orléans songeoit sérieusement à se retirer du monde et à vivre tout à fait nonchalamment. On ne lui donne pas deux ans pour prendre ce parti. Il n'a d'autre ambition que la sainteté. Ce sera après le mariage de M. le duc de Chartres, ou même avant, s'il faut attendre encore quelques années; c'est-à-dire qu'il veut voir son fils en âge de raison et de conduite. Son projet, pour lors, est de lui remettre sa maison telle qu'elle est : il en a parlé sur ce pied-là depuis peu. M. le duc de Chartres tient beaucoup de sa mère; il est Allemand jusqu'au bout des ongles. Les bons mots, les pointes, les vers, tout ce qui n'affecte pas les sens, n'a aucun droit sur lui. Mais il est ferme, de bon sens, bon, juste, droit, homme de parole et plein de dignité, comme doivent être les princes. Malheur aux ministres qui le choqueroient un jour par imprudence! M. le cardinal a eu grand tort d'insulter comme il l'a fait M. *de Balleroy* sur sa naissance, en ne voulant pas qu'il montât dans les carrosses du roi, ni que son fils dansât aux bals de M. le dauphin, quoiqu'il lui eût promis ce qu'on appelle *les honneurs de la cour*, lorsqu'il devint gouverneur de M. le duc de Chartres. Depuis dix mois, M. *de Balleroy* ne met plus les pieds chez le cardinal, et son élève n'y va pas davantage. Ce jeune prince est élevé dans toute l'aversion possible contre Son Éminence.

25 janvier 1740. — M. le Duc est à toute extrémité. Il a mandé les notaires, le curé de Saint-Sulpice. Il a reçu hier les sacremens. Il s'affoiblit. Il est comme un homme de cent ans, épuisé par une longue maladie, et dont les forces ne pourroient jamais revenir. Il n'a plus d'accidens de dyssenterie, de maux de cœur ni de vomissemens, et c'est ce qu'il y a de plus inquiétant.

On assure qu'il auroit eu un grand crédit après

la mort du cardinal, et l'auroit employé à rappeler M. *de Chauvelin*. Cependant craignons toujours cette influence des princes du sang sur les affaires de l'État; craignons, non les princes eux-mêmes, mais ceux qui leur sont attachés et les dominent, et les entraînent à des démarches contraires au bonheur de l'État.

Ceci est applicable à la maison actuelle de M. le Duc. Il avoit poussé son gouvernement en Bourgogne jusqu'à la vice-royauté et au pillage, et sa grande maîtrise de la maison du roi à un profit exorbitant; il tiroit, l'un portant l'autre, 500.000 livres de chacune. Il avoit mis à la tête de ses affaires un Breton nommé *Lézonnet*, ancien conseiller au parlement, et qu'il croyoit être sûr de faire conseiller d'État aussitôt après la mort du cardinal; car je crois que ses créatures comptoient sérieusement que M. le Duc alloit redevenir premier ministre. On avoit soin de rejeter toutes les fautes du premier ministère sur la pauvre Madame *de Prie*, qui s'est heureusement sacrifiée, comme l'on sait, par un empoisonnement. M. le Duc n'avoit pas cette ambition; je n'ai pas vu d'homme plus défiant de sa propre capacité en affaires. Il avoit soif de la justice, mais des vues très-bornées. Le fond de son caractère le portoit plutôt à la sévérité qu'à la générosité, qui pourtant est plus souvent applicable au maniement des affaires que la première.

M. *de Breteuil* perd une grande partie de ses espérances par cette mort. Il étoit le nœud de la réconciliation entre M. *de Chauvelin* et M. le Duc. Je pense donc que M. *de Chauvelin*, s'il devoit revenir aux affaires, gagneroit plus qu'il ne perdroit à la mort de M. le Duc. Rentrant sous les auspices de M. le Duc, il se fût trouvé engagé dans une carrière de grâces, de tyrannie, de pillage, de partage d'autorité, qu'il lui eût fallu subir.

La cour reste presque dépourvue de princes du sang, si l'on en excepte le seul duc de Chartres, qui paroît destiné à y figurer avec bon sens et dignité, ce qui est le seul rôle convenable pour un prince du sang : car je ne compte pas l'excessive dévotion de M. le duc d'Orléans, ni la débauche, la crapule et les extravagances de MM. *de Charolois*, *de Clermont* et *de Conti*.

M. le Duc a de patrimoine 1900.000 livres de rentes. Il doit 7 millions, dont beaucoup de rentes viagères ; ce qui lui donnoit environ 380.000 livres de charges annuelles. Toute l'autorité de cette maison passe donc à la vieille et méchante duchesse douairière. M. le prince de Condé n'a que trois ans.

—M. le Duc est bien mort par sa faute, comme il arrive à tous les gens qui meurent à la fleur de leur âge : il n'avoit que quarante-sept ans. Il s'étoit fait un mauvais estomac en ne dînant point, pour pouvoir souper davantage, et en prenant force élixirs de sa façon. Il avoit un dévoiement continuel depuis deux ans, et l'augmentoit par son mauvais régime.

— On va faire la ponction à M. *Hérault*. Son hydropisie augmente.

— Quelqu'un disoit, à propos de la place de conseiller d'État vacante par la mort de M. *de*

Harlay, que M. *Gilbert* pouvoit convenir en raison de ses longs services. « Bon! a répondu M. *Orry*, il a servi trente ans contre le roi dans le parlement. »

Pourtant il est grandement à remarquer que, depuis que le parlement se doute que le gouvernement du cardinal n'est plus que précaire, et depuis qu'il pense que le roi sent et pense par lui-même et qu'il est à la veille de gouverner par sa propre volonté; depuis cela, dis-je, le parlement est sage, et ne s'émancipe plus comme ci-devant. Il attend des temps meilleurs, comme font les gens sages, et il n'a garde de rien gâter.

30 janvier 1740. — Le roi s'est trouvé mal quand on lui a annoncé la mort de M. le Duc.

C'est madame *d'Egmont*, maîtresse de M. le Duc, qui lui annonça sa mort prochaine. Depuis ce moment, elle ne l'a plus vu en particulier, mais toujours avec sa famille.

M. le Duc fait par son testament des legs pieux et des legs domestiques. Il nomme M. *de Lézonnet* son exécuteur testamentaire, chef du conseil de son fils, et lui donne un diamant de 50,000 livres. Il nomme madame la duchesse sa femme et M. le comte *de Charolois* tuteurs de M. le prince de Condé.

M. *de Charolois* a fait proposer à *Lézonnet* d'admettre M. *de Fortia* dans la conduite de sa maison, en raison des services qu'il a toujours rendus à la famille. Sur cette proposition, *Lézonnet* a envoyé sa démission de tout, disant que M. *de Charolois* étoit un homme incompatible, fougueux et furieux en des temps, d'ailleurs si misanthrope et si atrabilaire, qu'il s'enfermoit quelquefois dans sa maison des Porcherons, et que personne alors ne pouvoit lui faire signer le moindre papier, quand même le feu seroit à la maison.

Aussi ce prince jette feu et flammes contre *Lézonnet*, et parle de le faire pendre. Mais il ignore que des préventions bien plus fortes s'élèvent contre la conduite de *Fortia*.

30 janvier 1740. — Une dame qui n'aime pas M. *de Chauvelin* me disoit : « Que dites-vous du dernier événement, la mort de M. le Duc ? n'est-ce pas une grande perte pour M. *de Chauvelin?* » Je lui ai répondu : « Madame, après la perte des bonnes grâces de M. le cardinal, toute perte est légère ; mais pour Son Éminence, qui commence à radoter et à perdre son bon sens, tout gain d'ailleurs est léger. »

Le moment de la mort de M. le Duc ne pouvoit manquer d'être celui de la disgrâce de *Lézonnet*, quoique M. le Duc l'eût fait, par testament, chef du conseil de son fils. A l'instant la duchesse l'a chassé de cette place, et remplacé par *Fortia*.

— Le roi a donné à M. le prince *de Condé*, qui a trois ans, la charge de grand maître et le gouvernement de Bourgogne. Mais jusqu'à ce qu'il ait dix-huit ans, cette charge sera exercée par M. le comte *de Charolois*, et le gouvernement par M. le duc *de Saint-Aignan*, notre ambassadeur à Rome, le tout avec de grands retranchemens, et comme sait si bien faire le cardinal. Le ministère se met une fameuse épine dans le pied en donnant l'exercice de cette charge à M. le comte *de Charolois*, homme furieux et forcené, qui ne parlera que de coups de cannes, d'assommer et de brûler, pour les moindres prétentions qu'on lui refusera.

— M. le comte *de Charolois* étoit né avec de la beauté et du courage, comme en ont tous ceux de la noble maison de Bourbon, plus ou moins, à la vérité. Sa branche est sujette à la folie ; la bile noire s'y allume. Cela paroît à quantité de traits en jeunesse et vieillesse ; cela tourne en véritable extravagance, comme on a vu chez madame la princesse *de Conti*, mère de mademoiselle *de la Roche-sur-Yon*, et feu M. le Prince, qui se croyoit lapin blanc.

D'abord M. *de Charolois*, devenu son maître, alluma sa fureur par force vin pur ; cela le porta à des actions de sévérité et de cruauté qui lui ont donné la réputation d'être un ogre. Ensuite il a cultivé ce métalent en se renfermant dans la solitude par incomplaisance et misanthropie, et sa santé s'est ressentie de ce goût morose et atrabilaire. Il est meilleur cœur au fond qu'il n'affecte de paroître, il est bonhomme ; il a quelque esprit, une conversation animée, du besoin d'affaires, d'occupation, et de donner à repaître à son esprit. Il a toujours été porté au *monoputanisme*, c'est-à-dire à n'avoir qu'une seule maîtresse, et à l'aimer avec constance. Il en exige chose fort déraisonnable, qui est qu'elle lui soit fidèle, et, comme il y éprouve des contrariétés, sa fureur se porte plutôt alors sur les séducteurs que sur la séduite. Il a eu vingt prises de ce genre, et au fond il avoit raison; il avoit vraiment été trompé. Alors sa fureur est extrême, il s'indigne contre les injustices et les vices du cœur. Il seroit un autre Hercule, s'il étoit son maître. Il lui a manqué l'esprit de suite et des vues assez vastes dans l'esprit. On distingue le bien au travers de ces passions et de ces piques qui le portent jusqu'à la fureur, et on voit qu'il aime autant la vertu opprimée qu'il hait l'injustice et les oppresseurs.

Il n'a pas encore accepté, comme on avoit dit, l'administration de la charge de grand maître de la maison du roi. On assure que le cardinal y fait de si beaux retranchemens, qu'il sera impossible à un prince du sang de l'exercer sur ce pied-là. Je veux croire qu'il cédera sur les profits, car il a un fond de vertu; mais gare les grosses querelles sur les articles honorifiques!

On assure que le roi est épris de madame la duchesse restée veuve, qu'il pourra bien la prendre à son service, et remercier madame *de Mailly*, et l'on sait de bonne part que son confesseur promet de lui donner l'absolution s'il fait une aussi bonne affaire, parce qu'étant veuve, il y aura moitié moins de péché, tandis que madame *de Mailly* a un mari vivant; ce qui constitue le double adultère.

—On assure que, s'il arrive encore au cardinal un trait pareil à celui dont on a parlé, d'arrêter M. *de Bissy* sur l'escalier de Versailles pour lui dire : « *Frottez-moi les joues, et voyez si je mets du rouge*, » alors le radotage étant tout à fait déclaré, le cardinal sera congédié, car alors il n'y aura plus qu'à faire caca dans sa main, pour le jeter au nez des passans.

31 janvier 1740. — Quelqu'un vantoit l'autre jour le grand bonheur du cardinal *de Fleury*, combien son étoile étoit heureuse, et qu'il faisoit bon donner son jeu à jouer à des gens heureux. Il lui fut répondu : Quelque jeu qu'il joue est naturellement heureux. La France est heureuse par don du ciel, et aussi par la faveur *du dieu des gros bataillons*, comme disent les soldats ; la France *stat mole sua*. On a vu le cardinal *Dubois*, le plus grand maître fou que nous ayons jamais eu, ne travaillant point, ne faisant rien, se servant de fripons qu'il préféroit aux autres (tels qu'un *Schaub*, un *Chavigny*) ; cependant tout alloit bien sous lui, comme par miracle. On objectera que Louis XIV, sur la fin, et M. le Duc pendant deux années d'administration, furent malheureux ; mais c'est qu'ils entreprirent trop. Louis XIV avoit été trop heureux dans toutes ses guerres ; mais il entreprit la jonction formelle de l'Espagne avec la France, et il eut à soutenir le choc de l'Europe entière, animée contre lui au dernier degré. Il fit des pertes ; mais avec quel bonheur unique ne se releva-t-il pas ? M. le Duc fit en un mois une opération plus ruineuse pour le royaume que toutes les guerres de Louis XIV : ce fut de diminuer les monnoies de deux cinquièmes ; en même temps, il rencontra une année de cherté. De là des mouvemens contre lui, dont on ne lui laissa pas le temps de se réhabiliter.

31 janvier 1740. — Nouveau radotage du cardinal. Le jour de la mort de M. le Duc, il entra chez la reine. Madame *de Luynes* lui dit, avec les grâces qu'on lui connoît : « Eh bien ! Monseigneur, ce pauvre M. le Duc est mort. » Le cardinal prit son visage d'enterrement, et dit « que c'étoit un honnête homme, que c'étoit dommage. » Il raconta comment il étoit mort tout en vie, avec toute sa tête, et parut fort affligé. Au même instant, mesdames *de Villars* et *de Bouzols* sont venues lui dire : « Le pauvre M. le Duc est mort. » Il s'est retourné et leur a dit : « M. *de la Palisse est mort;* hélas! s'il n'étoit pas mort, il seroit encore en vie. » Vieille chanson, mauvaise turlupinade; basse indignité contre un prince qui avoit le cœur du roi, dont Sa Majesté a pleuré la mort au point de se trouver mal ! Encore un peu plus outre, et le radotage sera consommé.

4 février 1740. — La cause de la mort de M. le Duc est un refroidissement. Il est mort de froid, on n'a jamais pu le réchauffer. Il étoit allé à une battue de lapins vêtu à la légère, et presque entièrement de toile, comme c'étoit son usage à la chasse. Il se tint longtemps sur une échelle à tirer du gibier. Il revint gelé, tout grelottant, ce qui lui donnoit la colique. En arrivant au château de Chantilly, il ne put jamais se réchauffer, quelque feu que l'on fit. On lui conseilla d'aller dans l'écurie, où l'on se réchauffe toujours mieux ; la colique redoubla : il baissa ses chausses, et fit du sang tout clair. Son médecin lui dit que cela étoit sérieux et très-sérieux, et qu'il eut à se mettre au lit. Mais lui, voulut absolument souper,

et dit qu'il avoit faim, que le souper le guériroit. Sa maladie devint très-sérieuse pendant la nuit. On lui a trouvé le *rectum gangrené*.

6 février 1740. — M. *Hérault* finit ses jours, et son hydropisie est devenue irremédiable, ayant à présent plus de huit pintes d'eau dans le corps, le bourrelet formé, et le foie dur comme une pierre. Il a quitté le remède de *Martin*, qui commençoit à lui nuire, et les médecins, pour l'amuser, lui permettent le remède de *frère Augustin*. Il a souvent des vapeurs effrayantes. Quel triomphe pour les jansénistes que leur persécuteur mourant jeune, et le siége de sa raison attaqué!

La vieille madame *de Rhodes*, grand' mère de madame *de Soubise*, vient de mourir subitement, et son intendant, nommé *Antoine*, le plus honnête homme qu'il y ait parmi les gens de ce métier, en a été saisi si promptement qu'il est mort en apprenant la perte de sa vieille maîtresse.

8 février 1740. — Un des principaux intéressés dans les postes m'a conté des détails de la fameuse dépossession des anciens fermiers des postes, en juillet 1738, lorsque cette ferme fut donnée à MM. *Dufaur*, la *Reynière* et compagnie.

Jamais le feu roi, ni M. le duc d'Orléans, ni M. le Duc, ni même le cardinal avant qu'il radotât comme il fait depuis sa maladie, n'avoient voulu donner la main à la dépossession des *Pajot*. Ceux-ci avoient seuls le secret de l'État, à cause de tout ce qui passe par les mains de ces fermiers administrateurs, et ils le gardoient bien, étant accoutumés au secret de père en fils. Ils étoient devenus très-habiles dans cette administration, qui demande au dernier degré l'assiduité, l'exactitude, la connoissance topographique, la combinaison des ordres et quantité d'opérations secrètes, comme a été le départ du roi Stanislas pour Varsovie, les dépêches qu'on lui envoyoit, etc. Tous ces *Pajot* et *Rouillié*, élevés de père en fils dans cet ordre, y étoient devenus très-habiles et surtout très-exacts, ce qui ne leur coûtoit plus rien. Ils comptoient s'y maintenir toujours par la fidélité et habileté unique, et se contentoient d'un gain modéré qui n'alloit pas à 300,000 livres par an, année commune. Ils augmentoient la ferme quand il y avoit bénéfice et que le gouvernement le demandoit avec justice, et n'avoient jamais démérité de la confiance, lorque le coup les a frappés.

Un nommé *Jannelle*, ci-devant sous-secrétaire de M. *de Rothenbourg*, a été l'instrument de leur perte. Cet homme, employé à quelques emplois secrets, comme d'aller porter quelques paroles à milord *Waldegrave*, et de faire l'espion, a vendu en tout temps le secret de l'État. C'est lui qui a donné les avis contre MM. *Rouillié* et *Pajot*. Il les a accusés de chauvelinisme, et aujourd'hui c'est tout dire; il a prétendu prouver par des allégations et quelques mémoires faux que ces messieurs entretenoient toute la correspondance que désiroit M. *de Chauvelin* avec l'Espagne et avec notre cour, depuis son exil à Bourges. Cette accusation fit à la fin impression sur la vieille tête du cardinal, qui se mouroit alors, mais qui depuis est revenu en santé, au grand détriment de la France.

On tomba subitement sur le bureau de la poste à Paris, et M. *Amelot* visita tout. On trouva à l'ordinaire buisson creux, et la preuve en est bien forte, puisqu'aucun des *Rouillié* ni *Pajot* n'a été puni, et même le cardinal a cherché à les radoucir, et a voulu absolument que M. *de Villers* eût un district des postes.

C'est M. *Orry* qui a profité de cette opération, car il a placé *Grimault Dufaur*, fermier général, à la tête des postes. Cet homme, connu par sa somptuosité scandaleuse, sollicitoit depuis longtemps le marché. Il rend sur cela quantité de pensions dans la famille de M. *Orry*, et a donné une augmentation de 500,000 livres sur la ferme; mais il finira par compter de clerc à maître.

Ainsi M. *Orry* est devenu maître du secret dont ces administrateurs sont dépositaires, tandis que ci-devant on n'auroit jamais voulu consentir à ce que les contrôleurs généraux y missent le nez. Le secret se promène maintenant entre MM. *Orry*, *Maurepas*, *Amelot* et *Hérault*, qui le disent à quantité d'autres, de sorte qu'on n'entend parler à l'Opéra par des jeunes gens que d'affaires qui devroient être gardées dans le plus profond secret. Ce *Dufaur* prend un ton de ministre; à peine accorde-t-il quelques heures au travail avec ses commis, et tout va par quiproquo à la poste, au lieu de cette assiduité des *Pajot*. D'ailleurs nulle capacité pour les opérations difficiles, comme routes secrètes des courriers, et autres manœuvres délicates, où ces gens nouveaux ne savent comment s'y prendre.

15 février 1740. — M. *Orry* est grand pra-

tiqueur de diète; dès qu'il se sent incommodé, il se prive absolument pendant deux ou trois jours de boire et de manger, et cela lui réussit bien. Un plaisant disoit l'autre jour que, voyant la France incommodée comme elle l'est, il vouloit la traiter comme lui-même.

Mais voici d'autres nouvelles. Le parti du cardinal de *Tencin* se fortifie et prospère; tout seconde le dessein de l'appeler au ministère, et bientôt au premier ministère. On ne parle que de ses grands succès à Rome, et il paie bien le gazetier pour vanter les repas qu'il donne à la famille *Corsini*. Cette affectation est une monnoie d'avancement dans ces pays-ci.

Il est certain que la mort de M. le Duc démonte le parti de M. *Chauvelin*, et *Bachelier* en est tout découragé; il n'a plus ce prince pour l'appuyer. Le roi l'aimoit et le craignoit; il regardoit M. le Duc comme un très-honnête homme, et respectable. Je n'aurois jamais cru M. le Duc capable d'être l'âme d'un parti; cependant il l'étoit, m'assure-t-on, de tout le parti royaliste et anti-cardinaliste, et l'on s'en aperçoit de plus en plus.

— M. *de Fortia* n'a repris la tutelle du jeune prince de Condé, sous la furieuse direction de M. *de Charolois*, qu'à l'instigation du cardinal de Fleury et de tout le parti anti-chauveliniste. Ainsi le cardinal regagne par lui la maison de Condé. Mademoiselle, par un chef-d'œuvre de son métier, a persuadé à son frère *de Charolois* d'exclure de toutes les affaires la duchesse mère; elle voudroit donner la jeune duchesse au roi, et par là tout gouverner. Mais M. *de Charolois*, qui hait les fripons, ne se laissera pas mener aussi aisément qu'on le pense.

15 février 1740. — Il y a eu depuis peu un attroupement de cinq mille habitans de Versailles, qui ont coupé tous les bois des Célestins. Le cardinal avoit voulu les acheter pour être dans la censive du roi; mais ces moines l'avoient refusé, et sur cela le cardinal et le roi ont comme autorisé une irruption si pernicieuse, sous la vue du manoir de S. M. Le cardinal a fort mal reçu les plaintes des Célestins.

M. *de Maillebois* a écrit de Corse aux Génois une lettre par laquelle il les prévient que, si les troupes se retiroient, l'île se révolteroit promptement, et qu'ainsi il faut augmenter les troupes françoises au lieu de les rappeler. Ainsi nous allons donc nous approprier cette île comme des voleurs.

16 février 1740. — M. *d'Angervilliers*, ministre et secrétaire d'État de la guerre, est mort hier à neuf heures du soir. Il a passé tout à coup, sans que le redoublement vînt; il a été étouffé subitement par l'eau qui s'étoit formée dans sa poitrine. Son poumon étoit gangréné.

Je faisois tout à l'heure cette réflexion, que la nomination de M. *de Breteuil*, ou celle de tout autre, alloit décider du bonheur ou du malheur du règne futur. Le roi peut avoir cédé, pour quelques places subalternes, à la bizarre défiance du cardinal; mais, s'il prenoit aussi peu de part aux nominations importantes telles que celle-ci, ce seroit la plus grande preuve d'imbécillité, ou du moins de cette servilité aveugle à son vieux précepteur qui fait gémir depuis longtemps son peuple et les peuples voisins.

Mais, au contraire, s'il marque en cette occasion une volonté ferme et résolue, on verra enfin qu'il est roi.

18 février. — M. *de Breteuil* a été nommé dans les vingt-quatre heures secrétaire d'État de la guerre. Personne ne sait encore comment la chose s'est passée entre S. M. et le cardinal; mais toutes les apparences sont que le cardinal ne l'a pas sollicité, et certainement le roi aura dit le grand mot : *Je le veux*. Cependant le cardinal cachera certainement cette contrainte par un dehors d'affabilité; mais le préalable de ce jeu est manqué : il n'avoit jamais fait si peu d'avances à *Breteuil*, et lui n'avoit jamais moins fréquenté le cardinal que depuis qu'il a été question de la maladie de M. *d'Angervilliers*. M. *Orry* ne se cachoit pas du désir qu'il avoit de succéder à M. *d'Angervilliers*, et étoit persuadé qu'il l'obtiendroit; tous les partisans du cardinal également; chacun disoit : Le cardinal fera toujours ce qu'il voudra; il est bien le maître. Cependant la Providence en a disposé autrement : le roi a tenu bon et a voulu; il s'est même décidé nettement, autant que l'on peut conjecturer. Cela revient au plan qu'il a fixé d'avance pour le gouvernement du royaume après la mort du cardinal : M. *de Breteuil* s'y trouvoit compris, et le roi n'a pas hésité à anticiper sur le moment fixé pour l'exécution de ce plan.

19 février 1740. — Quelqu'un qui étoit hier dans le salon de Marly m'a dit qu'avant la nomination connue de M. *de Breteuil*, il s'étoit élevé comme un cri public, une voix unanime, disant qu'il n'y avoit que M. *de Breteuil* pour la place de secrétaire d'État de la guerre, qu'il falloit que ce fût lui, que ce seroit lui, que cela ne pouvoit se faire autrement. La reine étoit flattée de cette nouvelle, M. *de Breteuil* étant son écuyer et de sa maison. Le roi et le cardinal savent ce qui se disoit, et cela fait le meilleur effet. Le roi sait que ses dispositions particulières étoient secondées par le suffrage public, ce qui est heureux pour un prince timide lorsqu'il se trouve devant son vieux régent. Le cardinal fut pris au dépourvu, n'ayant à faire que des propositions ridicules d'hommes très-médiocres, lorsque le roi lui dit qu'il n'y avoit que *Breteuil* qui convînt, que tous les honnêtes gens de sa cour, tout le militaire, le désiroient. Il semble presque qu'il ait été fait secrétaire d'État comme les empereurs romains étoient faits empereurs, aux acclamations de l'armée.

Le cardinal a reçu M. *de Breteuil* avec toute l'affabilité de contrainte qu'il peut simuler; il l'a loué sur sa bonne conduite pendant qu'il n'a pas été en place. M. *de Maurepas* débute par une démarche maussade, qui est d'avoir obtenu à Versailles le logement du secrétaire d'État de la guerre, et de lui laisser le sien.

Madame *d'Angervilliers* a obtenu vingt mille livres de pension.

Ce qui va arriver de ceci, c'est que le roi prendra goût à faire ses choix lui-même, voyant le succès de sa décision, combien il lui est aisé de l'emporter sur le cardinal, et surtout combien le public y applaudit. Le cardinal sentira de plus en plus combien il est joué, et dans les choses capitales; peut-être en prendra-t-il du chagrin, et un beau matin, étant à Issy, il écrira au roi qu'il y reste.

— Je sais d'original comment s'est faite la nomination de M. *de Breteuil* au ministère de la guerre. Le lendemain de la mort de M. *d'Angervilliers*, le cardinal présenta une liste à Sa Majesté. Le roi la parcourut, et dit: « Mais je n'y trouve pas le nom de *Breteuil.* » Sur cela, Sa Majesté jeta la liste au feu, et dit: « J'ai nommé M. *de Breteuil* », et cela d'un ton ferme, où il n'y a rien à répliquer. Le cardinal a pris cela sur son compte comme il a pu. La reine avoit sollicité le matin même le roi pour M. *de Breteuil*, et Sa Majesté n'avoit rien répondu.

Maintenant les partisans du cardinal, qui ne veulent pas qu'il ait le dessous, disent : « C'est un beau caprice de Son Éminence. »

20 février 1740. — Madame *de Mazarin* chet en pauvreté, et succombe sous l'aboiement de ses créanciers. Elle *vit de ménage*, c'est-à-dire qu'elle vend tout ce qu'elle a. Elle se ruine pour *du Mesnil*, son amant, qui est grand joueur et escroc : il a vingt sentences sur le corps, et jugemens du tribunal des maréchaux de France. Tout cela aura une mauvaise fin. La pauvre dame vient de vendre deux beaux *pots à oille* pour payer une dette de jeu de *du Mesnil* à

M. de *Lichtenstein*. Elle vend toutes ses nippes, et vendra bientôt son bel hôtel[1].

20 février 1740. — On recommence de plus belle les cérémonies *des frimassons*. Le grand hospice se tient chez M. le comte *de Mailly*, où la police n'ose fouiller. On prétend que M. *de Maurepas* est de cette confrérie ; c'est lui qui a le plus porté *Breteuil* à la place de secrétaire d'État : il y a apparence qu'il a cru deviner l'intention du roi, et être l'instrument de sa volonté.

— Le prince de *Campo-Florido*, ambassadeur d'Espagne à Venise, est déclaré ambassadeur à la cour de France. M. *de la Mina* se croit déshonoré de n'avoir pas été fait grand d'Espagne. Il paroît que le cardinal croit gagner au change ; peut-être se trompe-t-il : *La Mina* étoit léger et présomptueux, nullement homme d'af-

1. Madame *de Mazarin*, dame d'atours de la reine, étoit la belle-mère de M. de Maurepas. Elle devint veuve de son second mari en 1731, à l'âge de quarante-deux ans, ayant épousé en premières noces le comte de la Vrillière, en secondes le duc *de Mazarin*, avec lequel elle ne fut mariée que quelques mois (assez pour obtenir le tabouret). Du reste elle étoit sœur du mari de madame de Mailly, et de la branche des *Mailly Rubembré*. Elle est morte le 11 septembre 1742.

Toutes ces anecdotes sur madame *de Mazarin* se trouvent fort au long dans les *Mémoires de Besenval*.

« Cette grande faveur de madame *de Mazarin* ne fut pas inutile au marquis *du Mesnil*, de la province de Dauphiné, d'une belle figure et d'un esprit très-agréable, qui, de simple exempt des gardes du roi, devint grand-croix de l'ordre de Saint-Louis, lieutenant général des armées et inspecteur de cavalerie. (*Mémoires du prince de Montbarey*, t. I, p. 287.)

faires; le nouvel ambassadeur est ferme, haut, fin, intelligent, sachant les affaires.

1 mars 1740. — Le bruit court et augmente que le cardinal de *Fleury* pourra être élu pape; l'Espagne doit concourir avec la France pour l'en délivrer. Louis XV mettra sa gloire à faire son précepteur pape, comme Charles-Quint fit Adrien VI, qui étoit fils d'un brasseur de Gand. Quel bon déblai! D'ailleurs il est doux, et ceux qui lui rendent justice lui pardonnent comme Jésus-Christ aux juifs, parce qu'il ne sait ce qu'il fait; il fait plutôt des malices que des méchancetés; il est très-vieux, il ne tient à rien : il est très-*papable*. Quant à la transplantation, on se fait des idées effrayantes de ces grands voyages; qu'est-ce que cela, gagner Rome dans la belle saison! D'abord il iroit dans sa patrie, le Languedoc, puis s'embarqueroit sur une galère. L'air d'Italie est doux et bon pour les vieillards.

— Une remarque que j'ai faite il y a plus de quatre ans avec le cardinal de *Fleury*, dans un temps où je le fréquentois plus qu'à présent, c'est qu'il est grand admirateur du cardinal *Mazarin* et de son ministère, et grand contempteur du cardinal de *Richelieu*. Ces admirations supposent toujours le désir d'imiter, et l'imitation se proportionne aux forces du copiste; si bien que, le singe étant de peu d'esprit et de médiocre ressource, c'est une caricature qu'il nous donne, au lieu d'une copie. Voilà ce qui est arrivé, et ce dont on peut s'apercevoir tous les jours.

5 mars 1740. — Le parti de Mademoiselle n'a évidemment pour but que l'exclusion perpétuelle de M. *de Chauvelin*, de toutes ses vues, de ses partisans, et je m'étonne réellement que, certaines gens méchans et sans principes se mêlant de cette affaire, il n'ait pas encore été question de prison pour M. *de Chauvelin*, ce qui, abattant le pasteur, mettroit en fuite le troupeau. Ce parti sert d'avant-garde à celui des molinistes zélés et ambitieux, aux *Noailles*, qui sont de la même religion, aux bâtards légitimés de France, que conduit madame la comtesse de Toulouse. Puis viennent le cardinal de *Tencin*, les femmes pécheresses et dévotes de la cour, qui sont *Tencinistes* et prêchent le *Tencinisme*; enfin M. le cardinal *de Fleury*, que l'on a fait le patron et le drapeau de ralliement du parti; ou, pour mieux dire, il est le prince pour qui l'on combat, car tout le nœud de l'affaire est la perte de M. *de Chauvelin*. *Certant de principe.*

Voilà pourquoi le mot de ralliement des *Chauvelinistes*, ainsi que je l'entendis proférer par *Breteuil* le jour qu'il fut promu au ministère, est celui-ci : Le plus grand service que l'on puisse rendre à M. *de Chauvelin* est de ne pas même nommer son nom.

— Je me suis rencontré avec une amie de M. le Duc, et qui avoit toute sa confiance. Elle m'a dit que ce prince avoit été trompé cent fois par madame la duchesse douairière, sa mère, jusque dans les choses les plus capitales; que cependant il ne lui avoit jamais manqué, et l'avoit respectée comme devoit faire un fils honnête homme. Madame la duchesse douairière a dit à sa mort : « Hélas! c'étoit le seul de mes enfants qui ne m'avoit jamais insultée! » Bel éloge pour la race des Condé et des bâtards dont il s'agit! Par jalousie contre madame *de Prie*, madame la duchesse avoit poussé la fureur jusqu'à tremper dans la disgrâce et dans l'exil de son fils, en 1726; autrement, dit-on, le cardinal n'auroit jamais osé tenter une telle entreprise, s'il ne s'étoit senti appuyé par les princes. Ensuite elle l'avoit mal conseillé à son retour à Versailles, et sur son rapatriage avec le cardinal : il vouloit exiger des satisfactions, comme le rétablissement de MM. *Dodun* et *Breteuil* dans leurs places; mais on les lui avoit refusées.

Ces conseils, cette conduite de madame la duchesse douairière, venoient de *Lassay*, homme assez éloquent, quoique de peu d'esprit, ce qu'on appelle un homme de bonne compagnie, par usurpation; au fond, le plus intéressé qu'on puisse voir.

Le cardinal connoît bien les différens partis qui divisent la cour, et les méprise, ayant l'esprit dirigé à la critique et à la satire; mais la fureur où il se trouve engagé contre M. *de Chauvelin* le livre au parti nombreux de Mademoiselle, et il s'en servira jusqu'à la fin.

On regarde maintenant comme chose certaine qu'il sera pape au conclave. M. le prince *de Conti* parloit l'autre jour devant le roi de la papauté dudit cardinal *de Fleury;* le roi répondit : « Ah! Monsieur, il ne l'accepteroit pas pour me quitter. » Le prince *de Conti* répliqua : « *Tant pis, Sire.* » Ce discours politique du roi, pour ceux qui connoissent la dissimulation de Sa Majesté, prouve combien il est sérieusement question de cette papauté.

7 mars 1740. — M. *de Maurepas* devine, et a quelque révélation des intentions du roi pour saper insensiblement le pouvoir du cardinal; c'est lui qui s'est le plus prononcé pour la nomination de M. *de Breteuil*. J'ai su que le bruit qui se répandit tout à coup dans le salon de Marly que M. *de Breteuil* convenoit seul au ministère de la guerre étoit répandu à dessein par M. *de Maurepas*, qui souffloit de tels discours aux autres courtisans. Ainsi M. *de Maurepas* croit plaire au roi, et sans doute que, par sa complaisance pour les désirs secrets de Sa Majesté, son intelligence à les saisir et à les deviner, il compte parvenir loin. M. *de Maurepas* a de plus certaines relations secrètes avec *Bachelier*; la maîtresse de celui-ci, madame *de la Traverse*, qui a été comédienne, reçoit souvent chez elle M. *Sallé*, nouveau commis de M. *de Maurepas*, lequel est fils d'un comédien et d'une comédienne, mademoiselle *Desmares*. Voilà donc M. *de Maurepas*, s'il n'est premier ministre, du moins grand embaucheur de ministres.

On a retranché à M. le prince *de Condé* le régiment de *Bourbon-Dragons*, qu'avoit M. *d'Argence*. En même temps on a donné ce régiment au chevalier *de Mailly*, autrement dit *Bistoquet*. On donne à *d'Argence* une compagnie de cavalerie, avec sa réforme de colonel à la suite du même régiment : affront sans exemple jusqu'à présent. C'est un manquement à la mémoire de M. le Duc, une vengeance ridicule du cardinal, qui poursuit son ennemi même après sa mort. Pourquoi avoir accordé cette place à la sollicitation de M. le Duc, pour l'ôter ensuite à celui qui l'a obtenue? C'est dire que le roi n'étoit pas le maître lorsqu'il l'a accordée.

13 mars 1740. — Le parti de Mademoiselle est absolument sapé. Mademoiselle *de Clermont* disoit l'autre jour à sa sœur : « Ma sœur, retirons-nous d'ici (parlant des *soupers du roi*); nous en serons bientôt chassées, si nous ne nous retirons. »

En effet, madame *de Mailly* a eu avec elle une brouillerie sur des chiffonnages de femmes, et cette brouillerie a éclaté au point qu'elles seront bientôt à couteaux tirés.

Le roi ne parle plus à cette princesse, et toute la cour y applaudit. Voilà pourtant ce que devient l'espoir des cardinalistes! L'autre jour le roi partit pour la chasse dans son berlingot, avec madame *de Mailly* et madame *de Vintimille* dans le fond, le roi et le duc *d'Ayen* sur le devant, et laissa là Mademoiselle sans lui faire rien dire.

Tout se tourne du côté de madame la comtesse *de Toulouse*. Son appartement tient à celui du roi par un escalier dérobé. Sa Majesté y descend à toute heure. C'étoit autrefois l'appartement de madame *de Montespan*, qui passa au comte *de Toulouse*.

Madame sa veuve est dévote. Elle soutiendra son rôle assez bien, pourvu qu'elle ne soit pas des soupers particuliers. Ce sera peut-être, pour le roi qui est jeune, un nouveau ragoût que de faire ainsi usage d'une dévote. Mais, dit-on, les *Noailles* sont derrière cette place de faveur; ils sont fort ragaillardis depuis qu'il est question de donner cette haute faveur à la comtesse, sur les débris de celle de Mademoiselle.

On répond à cela que la comtesse n'aura jamais la hardiesse et la folie de Mademoiselle. Au bout du compte, elle est *Noailles*, et n'est qu'une demi-princesse; par conséquent, elle n'osera pas ce qu'eût osé Mademoiselle. Il faut considérer, d'ailleurs, que ceci est un nouvel établissement, et madame la comtesse prendra les choses sur le pied où elle les aura trouvées, respectera les volontés et les intentions secrètes du roi, et se gardera bien de vouloir insinuer à Sa Majesté des idées contraires, ne visant qu'à sa considération personnelle et à celle de son fils.

15 mars 1740. — M. le cardinal a été pris absolument pour dupe dans sa haine contre M. *de la Mina*. Il croyoit avoir après lui un ministre à sa fantaisie. Il a commencé par donner exclusion au comte *de Montijo*, sur ce que cet Espagnol, revenant de son ambassade d'Angleterre, passa par Paris, et que Son Éminence le trouva léger et hardi. On a proposé ensuite M. *de Campo-Florido*, aujourd'hui ambassadeur d'Espagne à Venise; le cardinal, l'apprenant encore trop fin, lui a pareillement donné l'exclusion. Mais la reine d'Espagne a tenu bon; elle n'a pas voulu se soumettre entièrement au caprice de ce vieux prêtre; elle a prononcé qu'il eût à opter entre *Montijo* et *Campo-Florido*, et il a opté pour ce dernier, qu'il connoissoit moins que l'autre, parce que son imagination donne toujours chez lui l'avantage à l'inconnu sur le connu. Or voici ce qu'est ce *Campo-*

Florido : Peu homme de guerre, il a cependant commandé à Valence, où il pilloit tout ce qu'il pouvoit, mais dépensoit à mesure; magnifique jusqu'à la folie : à Venise, il imagina des fêtes inconnues et incroyables; grand fripon, fourbe, digne d'être né Italien; homme à grandes courbettes et lâche cérémonial, mais à instances rudes : voilà quel homme s'est donné le cardinal, pour en perdre un bien moins dangereux.

En attendant, M. *de la Mina* se comporte en habile escroc. Il envoie sa femme en Espagne, elle prend congé dimanche. Il se dispensera ainsi de toute représentation; il restera seul avec peu de domestiques, afin qu'un beau matin il n'ait que sa personne à éclipser, et bonsoir aux créanciers, qui sont en grand nombre : il doit à tous les ouvriers qui ont travaillé à ses beaux équipages, et à bon compte les a revendus tout faits argent comptant.

18 mars 1740.—On ne parle que du congé qui a été donné aux deux princesses sœurs, mademoiselle *de Charolois* et mademoiselle *de Clermont*. Quant aux soupers particuliers, Mademoiselle vouloit, dit-on, faire quelque arrangement avec le roi pour la Muette, Choisy, etc.; en quoi elle est maîtresse passée par son expérience en fait de plaisirs ridicules et extraordinaires. Mais on en sait maintenant autant qu'elle. On l'a congédiée dans ce saint temps de carême. On envoie seulement lundi chercher la maréchale *d'Estrées* avec les deux sœurs mesdames *de Mailly* et *de Vintimille*, ce qui, avec un ou deux courtisans, sera suffisant pour un petit souper du roi, et l'on

prend goût à ce particulier. Cela a commencé par des brouilleries enragées entre madame *de Mailly* et Mademoiselle; il a fallu lui sacrifier cette méchante Mademoiselle, ce dont les honnêtes gens font des feux de joie à la cour.

20 mars 1740. — M. *de Breteuil* a eu un grand saignement de nez qui lui a duré trois heures. On craint qu'il ne puisse vivre longtemps. La tête lui tourne depuis la dernière promotion, qui a fait tant de mécontens. Le cardinal rejette tout sur le secrétaire d'État, et celui-ci sur feu M. *d'Angervilliers*, qui a bon dos.

— Madame *de Mailly* a paru en habit jaune tout chamarré de martre zibeline, avec un petit chaperon de fleurs jaunes et une aigrette; elle avoit l'air d'un masque de bal. Le roi, la voyant entrer au sermon, a dit à la maréchale *de Villars*: « Je crois que la czarine doit être mise comme cela actuellement. »

Mademoiselle a envoyé à madame *de Mailly* une tabatière avec son portrait, pour démentir le bruit qu'elle est expulsée du maq..age. Cependant ce n'est qu'une bassesse; car, au fond, le roi ne peut souffrir cette princesse, et on ne la verra plus guère aux parties de soupers.

— Madame *de la Mina* a pris congé, et avoit la larme à l'œil. On en étoit touché, car elle aimoit la France, et elle va tomber dans un esclavage bien triste à Valence.

— Le roi augmente de haine contre madame

de Mazarin et contre son amant *du Mesnil*. Il y a quinze ans que Sa Majesté a cette prévention, lui ayant attribué tout ce en quoi la reine a jamais pu lui déplaire; et ensuite madame *de Mailly* lui a aisément fait passer son aversion naturelle pour cette belle-sœur. Quelques petits conseils tenus pendant la maladie de langueur de Sa Majesté, il y a deux ans, touchant la nomination d'une régence, ont achevé cette mortelle aversion.

21 mars 1740. — Madame *de Mailly* a, devant le monde, avec le roi, tous les dehors de la hauteur et de l'empire, et dans le particulier elle a toute la complaisance et le jeu de la soumission. Au dîner public d'aujourd'hui, le monarque la lorgnoit tant qu'il pouvoit, et elle alloit toujours en reculant, afin que Sa Majesté se tordît le cou. Elle lui a persuadé qu'elle avoit une grande passion pour lui; le tempérament et l'habitude font le reste : car son peu de beauté, et même sa laideur, sont un grand scandale aux yeux des étrangers, qui demandent en arrivant où est la maîtresse du roi. Le cardinal même dit à quelqu'un de ses amis qu'il étoit fâché de cette foiblesse *pour la raison de cette laideur*. — Certainement elle est bien conseillée dans sa conduite publique et privée; je ne doute pas que ce ne soit par *Bachelier*, quoiqu'on affecte des brouilleries pour donner le change.

Le grand grief contre *Mademoiselle* (de Charolois) est qu'elle vouloit absolument donner au roi madame la duchesse seconde douairière (veuve de M. le Duc).

22 mars. — On vient d'apprendre par un courrier arrivé de Berlin que le roi de Prusse est à l'extrémité, et doit être mort à présent. La goutte est devenue hydropisie, et son hydropisie gangrène. Voilà toujours cette étoile du cardinal, qui, restant au monde, a beau jeu à la vérité pour voir mourir du monde. Cependant le prince royal, son successeur, homme fort raisonnable et de beaucoup d'esprit, prendra le parti qui conviendra à la gloire et à la justice (dans la succession de Juliers). Il aimera les lettres et les beaux-arts, il est vrai, mais la philosophie le conduira à la raison, et ainsi il ne négligera ni force, ni droits. Le roi de Prusse laisse, dit-on, une épargne magnifique, un trésor de 160 millions, dans un caveau toujours bien gardé, où il y avoit un trou comme un tronc, par où l'on jetoit des sacs d'or et d'argent, et, dans le caveau, des tablettes où les sacs étoient rangés comme dans une bibliothèque. Mais le plus beau trésor doit être celui de Hanovre, où S. M. Britannique envoie tant d'argent d'Angleterre; cependant on assure que, par avance, il le fait en Angleterre même, et qu'il a à lui, sous différens noms, les trois quarts des fonds publics.

25 mars 1740 — Le cardinal, fort embarrassé de la tournure des affaires, qui ne paroissent pas s'acheminer vers la paix, mais plutôt à des discordes nouvelles entre les puissances, résolut d'envoyer quelqu'un à Londres pour sonder le cabinet britannique, et éviter, s'il étoit possible, l'explosion d'une guerre entre l'Espagne et l'Angleterre.

M. *Van-hoey*, l'ayant trouvé dans ces dispositions, lui dit : « Monseigneur, il y a une personne plus capable qu'une autre d'une telle mission. Elle inspireroit une confiance égale aux deux parties, et la mériteroit. De plus, elle est au fait de cette affaire plus que qui que ce soit, même du bureau des affaires étrangères. » A ces mots, le cardinal m'a reconnu. « Oui, Monseigneur, a repris M. *Van-hoey*, c'est de M. *d'Argenson* que je veux parler, et certes c'est un galant homme et instruit. — J'en conviens, a repris le cardinal, en répétant ces deux qualifications; mais M. *de Chauvelin* lui a fait tourner la tête. » Et sur cela Son Eminence a fait le choix du petit *Bussy*, des affaires étrangères.

Je serois allé en Angleterre comme simple voyageur, pour traiter au nom du roi avec *Walpole* et *Pulteney*. Mon inimitié connue contre le cardinal rendoit là ma mission moins suspecte, et ma marche plus secrète. J'arrivois, comme par une curiosité naturelle à bien des gens de visiter l'Angleterre, vers la fin du parlement. Je suis déjà connu en Angleterre par tout ce qui a été annoncé depuis deux ans sur mon compte à l'occasion de l'ambassade de Lisbonne, et j'ose dire qu'on m'y craignoit dans l'intérêt du commerce anglois : il y a eu pendant deux ans de gros et continuels paris à la Bourse de Londres que j'arriverois ou non en Portugal.

Ainsi annoncé, et avec avantage, je pouvois être utile dans cette mission, me faire écouter des deux partis, et les porter par leur propre intérêt à entendre la voix de la raison. Je puis me vanter d'être mieux que personne au courant des démêlés entre les cours de Madrid et de Londres, aussi bien pour le moins que M. *Dutheil*, dont il a été aussi question; j'ai lu et extrait toutes les pièces, actes et faits du procès.

Mais le cardinal n'a pu mettre de côté le ressentiment personnel qui l'agite contre moi. Cette soif de vengeance contre M. *Chauvelin* et tout ce qui lui a appartenu est bien la preuve d'un petit esprit. Dès que MM. *Hérault* et *Mendez* ont reconnu que j'étois ce qu'ils appellent *chauveliniste*, c'est-à-dire incapable de médire d'un homme qui m'a témoigné tant de bontés et d'amitié, ils n'ont songé qu'à faire manquer mon ambassade de Portugal, disant que je n'avois été choisi que par M. *de Chauvelin*, et que par moi-même j'étois le plus piètre choix du monde. *Mendez* m'avoit déjà préparé des dégoûts à sa cour, dans le cas où je m'y fusse rendu. J'ai donc bien fait d'éviter le panneau, et de tout ceci je puis dire que j'ai eu ce qui s'appelle le *parterre pour moi*.

25 mars 1740. — M. *de Breteuil* a eu un saignement de nez de trois heures chez madame *d'Egmont*, et a été saigné deux fois. Le sang lui porte à la tête. On craint qu'il ne vive pas. On demande qui lui succédera. Ce ne sera sûrement pas quelqu'un qui soit brouillé avec le parti de M. *Chauvelin*, si ce n'est pas un chauveliniste déclaré, comme est *Breteuil*.

Il est à savoir sur cela que *Pudion*, un des gentilshommes de la manche de M. le Dauphin, ayant été sur le point d'épouser mademoiselle *de la Grandville*, il voulut en avoir l'agrément de M. *Bachelier*, qui débattit la question. Il convint que *la Grandville*, intendant de Lille, étoit un bon sujet et un honnête homme, mais qu'il tenoit trop à la comtesse de Toulouse et à Mademoiselle, ennemies déclarées de M. *de Chauvelin*; et le mariage n'eut pas lieu.

Mademoiselle *Quinault*, ci-devant comédienne, et aujourd'hui maîtresse de M. *de Nevers*, et gouvernant, par sa sœur la comédienne, l'esprit du prince *Charles*, s'appelle la Mignonne, en son nom de guerre. Elle affecte de porter un grand intérêt à M. *de Chauvelin*, et dépêcha la semaine dernière deux fois à Versailles M. le prince *Charles*. Il s'agissoit, m'a-t-on dit, de quelque nouvelle disgrâce contre M. le garde des sceaux tramée par le cardinal; ou de lui procurer, au contraire, quelque radoucissement bien juste et bien mérité. C'est ce que l'on saura d'ici à quelques jours.

Je me suis informé ce matin de la mauvaise nouvelle que l'on m'avoit donnée sur la santé de M. *de Chauvelin*, à Bourges. Le chevalier de Pl. m'a montré une lettre du 15 de ce mois, de Bourges, par laquelle il paroît qu'il ne s'est jamais mieux porté, et que même madame *de Chauvelin* a repris toute sa santé et tout l'embonpoint dont elle a jamais été pourvue. Elle mange de tout; le lait l'a sauvée. Pl. va incessamment leur tenir compagnie.

Mademoiselle a reparu à Versailles; mais la tabatière avec son portrait *en Cordelier* envoyée avec affectation à madame *de Mailly* marque de plus en plus sa disgrâce, et le froid a succédé à la faveur de la part du roi. Madame la maréchale *d'Estrées* conserve sa faveur, et semble insulter à la disgrâce de cette princesse.

La *Lemaur* a reparu aujourd'hui à l'Opéra[1], avec une plus belle voix que jamais. On ne finissoit pas d'applaudir. Tout Paris en est fou.

L'appartement du marquis *de Tessé* au Louvre a été brûlé aujourd'hui de fond en comble, tous ses meubles brûlés ou volés.

30 mars 1740. — On attendoit la mort d'un second conseiller d'État de robe pour remplir la première place vacante depuis trois mois par la mort de M. *de Harlay*. M. *de Guerchois* étant mort dimanche, on a nommé hier soir M. *Gilbert* à la première place, et M. *de Villeneuve*, notre ambassadeur à Constantinople, à la seconde de ces places. M. *de Baudry*, intendant des finances, que l'on assuroit tant devoir avoir la première de ces places, n'en a aucune; il a seulement une lettre par laquelle M. le chancelier lui fait espérer qu'on aura égard à ses services.

On remarque plus que jamais en tout cela que le royaume est gouverné par deux volontés, savoir celle de Sa Majesté et celle du cardinal. Son Éminence ne vouloit absolument pas que M. *Gilbert* eût aucune des deux places, et il obtient la première.

Et de deux qui parviennent aux places malgré le cardinal, savoir : MM. *de Breteuil* et *Gilbert*.

On vient de donner ordre subitement à ceux qui demeurent à la Bibliothèque du roy d'aller

1. Elle avoit quitté la scène en mars 1735, et avoit été renfermée au For-l'Évêque. (*Journal de Barbier.*)

loger ailleurs, et cela dans huit jours. L'incendie du vieux Louvre, où est l'appartement de M. le marquis *de Tessé*, a fait craindre pour les papiers des affaires étrangères, qui sont tout auprès, de façon qu'il a fallu couper les toits voisins. Cette peur a fait donner les ordres pour la Bibliothèque du roi, où plusieurs cheminées traversent les manuscrits les plus précieux.

Avril 1740. — Une dame du palais de la reine m'a dit que, lorsque le roi étoit en langueur, il y a deux ans (février 1738), et que l'on ne savoit ce que deviendroient sa santé et sa vie, l'on hasardoit devant Sa Majesté des discours de projets de régence, dont quelques-uns revinrent au roi; ce qui ne porta pas sur la reine, mais ce qui tomba principalement sur madame *de Mazarin*, sur *du Mesnil*, son amant, et sur l'abbé *de Broglie*, leur conseil. Pour la pauvre reine, elle disoit : « Ah! quel malheur si une telle perte arrivoit! — Mais le gouvernement du royaume, lui disoit-on, appartiendroit à Votre Majesté; quel ordre y donneroit-elle? —Ah! quel malheur », disoit la reine! Et tout de suite, d'un ton plus bas : « *Pour la régence, je ne l'aurois pas.* » Et à plusieurs reprises, sur le même ton et avec les mêmes parenthèses, les exclamations sur un tel désastre à voix haute, et les projets de régence tout bas. Elle vouloit donc demander conseil pour savoir si, comme étrangère et isolée de tout appui, elle auroit la régence; ce qui marque que les plus grandes inquiétudes ne détournent pas des vues personnelles.

13 avril 1740.—Suivant des lettres de Rome, on commence à reconnoître les manœuvres qui ont pour objet de faire élire pape notre cardinal *de Fleury*. Le cardinaux allemands ou du parti du grand-duc sont dans la plus grande union avec les cardinaux françois. Au contraire, ceux-ci sont en froid avec les cardinaux espagnols, en tête desquels est *Aquaviva*; le cardinal *Corsini*, neveu du pape dernier mort, n'a aucun crédit. On n'a pas encore ballotté le cardinal *de Fleur* dans les scrutins, ce qui est bonne marque. Quand tout sera en train, on le proposera subitement, et c'est le moyen de le faire élire. L'empereur et le grand-duc croiront nous avoir obligés essentiellement, en concourant à élever le cardinal *de Fleury* à la tiare. C'est sans doute un des moyens de confirmer la protection de Louis XV à la Pragmatique, et de pouvoir donner la seconde archiduchesse au prince Charles.

Le cardinal *de Tencin* est chargé des instructions du cardinal de Fleury. Le cardinal *de Rohan* a le secret des véritables intentions du roi, qui lui sont parvenues par voies indirectes, que je crois deviner. Le cardinal *d'Auvergne* est le valet du cardinal *de Rohan*.

On est fort aise que le cardinal *de Polignac* ne soit pas allé à ce conclave, à cause qu'il est contredisant, et qu'il hait le cardinal de Fleury.

Le roi désire ardemment faire pape son vieux précepteur, comme fit Charles-Quint, comme Louis XII essaya inutilement de faire. Le cardinal *de Fleury* prend aussi cet objet d'élévation fort en patience. Cela le délivre de quantité de chagrins qu'il essuyoit et essuie tous les jours.

Dès que le cardinal sera pape, le roi lui cédera son appartement, puis il le conduira jusqu'à Marseille, où il l'embarquera sur ses belles galères, et adieu. Partout le roi lui donnera sa droite. Dès qu'on le saura arrivé à *Civita Vecchia*, et que le roi sera à Versailles, il mandera M. *de Chauvelin*.

On m'assure que le cardinal *Tencin* prend à Rome un ton audacieux que n'ont jamais eu avant lui aucuns François. Il avoit déjà dit à Paris à quelques amis que très-certainement *le cardinal de Fleury seroit pape*, et qu'il y contribueroit. Il travaille avec d'autant plus d'ardeur qu'il se flatte, après lui avoir rendu ce service, de le remplacer ici.

2 mai 1740. — Les Espagnols ont armé et ont fait subitement sortir une belle escadre, sur laquelle il y a plusieurs bataillons de leurs meilleures troupes et des vieilles bandes. On a nouvelle que cela a déjà passé les Canaries. Ils vont dans le golfe du Mexique, où la flotte de l'amiral *Vernon* est, dit-on, en très-mauvais état; et si les Espagnols sont vainqueurs, ils ramèneront les galions.

— Des ordres viennent d'être donnés également pour le départ de notre flotte de Toulon, et avec secret. Pour celle de Brest, il n'en est pas question. On croit qu'elle ira d'abord à Cadix, et que *Bussy* déclarera en même temps à l'Angleterre que nous avons des fonds au Mexique par la vente de nos marchandises, et qu'il est naturel que nous allions les chercher. On verra si les Anglois sont si verts qu'ils le prétendent, et s'ils se déclareront contre nous. Mais il est à craindre que, si nous en venons à faire quelque acte contre l'Angleterre, il ne soit foible et sans vigueur. On connoît toute la platitude du cardinal : rien de serré, tout lâche ; des coups trop forts à la fois, mais qui, par manque de soudaineté, ne donnent lieu qu'à de plus grandes insultes. Sa conduite envers les cinquante avocats, puis envers le parlement, et enfin envers l'empereur, a été l'image de sa conduite actuelle. Encore avoit-il alors M. *de Chauvelin* pour le soutenir. Aujourd'hui il manque de cet appui. Aussi malheur à toute entreprise qu'il tentera. S'il reste en place, il jette le royaume dans le déshonneur et la ruine.

M. le duc d'Orléans lui-même, ce prince dévot et distrait, si occupé des affaires de l'éternité, si insouciant de celles de ce monde, a dit hier à M. *de Balleroy*, son confident s'il en a un, lequel me l'a redit, que la santé du cardinal étoit à présent un grand mal pour l'État, autant qu'elle lui étoit un bien il y a quelques années ; et qu'il le savoit assez pour assurer que, si le cardinal n'étoit pas si vieux et si près de sa fin, le roi le renverroit et prendroit lui-même le soin des affaires.

Le cardinal n'est plus occupé que de sottises et de haines. Tout lui paroît janséniste, chauveliniste, *frimaçon*. Quand il parle au roi de précautions contre les premiers, Sa Majesté s'y refuse, s'étant fait un plan de ne conduire la destruction de cette secte que par l'exclusion des grâces. Quand il parle des *chauvelinistes*, Sa Majesté écoute tout et ne répond rien, ou répond sans effet. Quand il s'agit de *frimaçons*, Sa Majesté fait tout ce que veut le cardinal ; car elle a déjà marqué que cette association lui déplaisoit.

M. le prince *de Tingry*, fils du maréchal *de Montmorency*, se tourne aux choses sérieuses et à l'application. Personne n'est plus que lui ennemi de toute folie et de tout libertinage ; cependant *Marville*, lieutenant de police, a donné au cardinal la fausse impression que M. *de Tingry* étoit *frimaçon*, et avoit tenu chez lui une loge. Comme il alloit à l'Opéra, il reçut un billet du cardinal portant ordre de se rendre à Issy sur-le-champ : il n'y fit faute. Le cardinal l'interrogea, avec un soin auquel il ne comprenoit rien, s'il avoit une maison à Paris. L'interrogé répondit qu'il n'en avoit point, qu'il en cherchoit une pour la Saint-Remi, et qu'il logeoit toujours chez son beau-père *Sénozan*. Cela surprit le cardinal ; il gronda M. *de Tingry* d'une chose qu'il n'avoit ni fait, ni voulu, ni pu faire ; il lui demanda quels étoient ses amis et son confesseur ; enfin il ne fit que radoter.

M. *de Mailly*, mari de la maîtresse du roi, a eu ordre de sortir de Paris, pour avoir tenu chez lui loge et souper de *frimaçons*, malgré les ordres réitérés du roi. Ainsi voilà madame *de Mailly* entourée de proscriptions, son père et son mari exilés à la fois.

Tout le monde s'occupe du départ de l'escadre espagnole de Cadix, qui a été prendre huit vaisseaux au *Ferrol* et autant à *Santandero*, ce qui va faire une flotte de vingt-huit vaisseaux. Les Espagnols ont donné le change à merveille, en feignant d'attaquer Port-Mahon. Cela a attiré l'amiral *Haddok* en Minorque, et laissé les mers libres aux Espagnols pour sortir de Cadix et aller où ils voudront. On croit qu'ils iront en Irlande, et que le fils cadet du prétendant est sur leur flotte, que ce jeune prince se déclarera de la religion anglicane, et fera une prompte révolution en Angleterre pour les Stuarts. Et nous, resterons-nous les bras croisés? Le cardinal en est bien capable. Cependant des ordres viennent d'être donnés à notre escadre de Toulon de sortir de son port, et les officiers s'y rendent secrètement; mais qui est-ce qui peut croire notre ministère capable d'un tel acte de courage? Jusques à quand le roi permettra-t-il une chose aussi déplorable que de laisser gouverner ce vieil imbécile qui déshonore le roi et le royaume?

17 mai 1740. — Il paroît un livre, le livre des livres, composé par feu l'abbé *Duguet*, sur l'*Institution des princes*. Ce livre, composé par ordre du roi de Sardaigne pour l'éducation de son fils, aujourd'hui roi, traite de toutes les matières morales, politiques et religieuses, avec une dignité, une noblesse, une éloquence et une pureté de cœur, qui enlèvent à la lecture. Le cardinal *de Fleury* a le front de faire défendre ce livre, et d'en faire rechercher les exemplaires avec un soin que l'on ne prendroit pas pour Spinosa. Tout le monde assure que c'est à cause d'un certain chapitre intitulé : *De la honte qu'il y a pour un prince à se donner un premier ministre*. Ce chapitre est fort et excellent. Le cardinal y trouve partout son portrait tyrannique, à l'exception que l'on ne peut

lui attribuer le goût de la guerre, que son naturel mou ne lui a pas donné, mais dont nous a exempté davantage la constante patience du roi à soutenir ce premier ministre. Son Éminence n'a donc pas eu besoin de ce ressort pour se maintenir en place. J'ai devant moi ce livre, dont la lecture me charme. Les fauteurs de la tyrannie y trouvent des maximes jansénistes, parce qu'elles sont saines, et que l'on veut confondre l'abus avec l'usage, dans les bonnes choses plutôt que dans les mauvaises. L'auteur veut que l'on obéisse au roi, mais que le roi ne veuille que la justice. Il se tait sur le cas où le roi voudroit le mal; mais l'auteur prêche toujours l'obéissance. On doit observer que ces conseils ne s'adressent pas aux peuples, mais aux souverains.

22 mai 1740. — Le roi a fait trembler de son rhume; mais tous les rhumes semblent dangereux cette année : les pauvres meurent faute de secours; les riches traînent et guérissent à force de secours. Transpirations arrêtées par ce vilain vent du nord-ouest, et pluie froide dans une saison où le soleil est au plus haut de sa carrière. Le roi chassa samedi, et prit son cerf tout près de *Rosny*. Il revint las, et, ayant pris chaud et froid, il toussa beaucoup. Le lendemain, toux et un peu de fièvre. On n'osa pas le saigner, ni même l'interroger sur le cas de saignée : car ces jeunes gens qui ont des maîtresses peuvent être mal préparés à la saignée. Le surlendemain, augmentation de rhume, et crachats teints en apparence d'un peu de sang. On l'a saigné, on l'a médicamenté; diète, aposèmes. Il va mieux,

Dieu merci. Il se tranquillise à Marly. Il a prolongé son séjour jusqu'au samedi d'après l'Ascension, et peut-être jusqu'à la veille de la Pentecôte, pour se guérir entièrement.

Le chancelier s'affoiblit à vue d'œil, et n'en peut plus. Ce seroit une belle opération que de nommer M. *de Chauvelin* à sa place, et cela à la barbe du cardinal; mais ce seroit donner son *exeat* au cardinal, ou bien l'on diroit, comme à l'occasion de M. *de Breteuil*, que c'est un beau caprice de Son Éminence.

29 mai 1740. — Le devoir et l'honnêteté m'ont conduit à aller à une lieue de chez moi rendre visite à M. le marquis *de V....*, quelques maisons après la barrière de la rue de Vaugirard. J'y étois allé autrefois voir M. et madame *de Plélo*. C'est cette même maison où furent élevés secrètement les enfans naturels de Louis XIV, M. le duc du Maine, M. le comte de Toulouse, S. A. R. madame la duchesse d'Orléans, etc. Ils y avoient pour gouvernante madame de *Maintenon*, et c'est là que commencèrent les amours du roi et de cette dame. Aujourd'hui cette maison tombe en ruines.

M. *de V......* est un personnage porté par la nature à l'intrigue, utile à ses amis, et dont le goût naturel est de se mêler d'intrigues de cour. Il a été célèbre autrefois dans l'ordre de la manchette. Ce désordre de jeunesse porte à l'amitié, et à avoir le cœur tendre. C'est aujourd'hui un grand ami du cardinal *de Tencin*. Celui-ci, après avoir été tout dévoué au cardinal de Fleury, a considéré désormais d'où le vent souffle, et où il va. Or il a trouvé précisément qu'il alloit au sieur *Bachelier*, et qu'il ne pouvoit souffler que de Bourges. En cas de mort ou d'autr nouvelle disgrâce, le cardinal *de Tencin* n'a cru pouvoir mieux faire que de se ménager des protections à la cour, comme ces femmes pécheresses, et *sans rouge* par pénitence, lesquelles ont crédit par leur zèle pour la constitution. Les évêques molinistes de la cour sont leurs premiers valets, et tout cela tient à la reine. Voilà la base de la fortune du cardinal : il est leur apôtre. Mais, à défaut de cette corde si fragile, il sait tous les moyens imaginables pour se rapprocher même des chauvelinistes, sans se commettre avec la vieille et haineuse Éminence.

M. *de V*...... prétend donc être instruit de tous les secrets de la cour, et de ce qui doit avoir lieu à la mort du cardinal. Il se flatte que, même avec le retour de M. *de Chauvelin*, son ami le cardinal *de Tencin* pourroit avoir place au ministère.

31 mai 1740. — Le roi vient de donner à madame *de Mailly* le péage du pont de Neuilly, qui vaut vingt mille livres de rentes. Il est vrai qu'il appartenoit de tout temps à la maison *de Hautefort;* mais le terme de cette concession alloit finir. Peut-être l'eût-on continué au marquis *de Hautefort*, s'il n'y avoit pas eu une favorite. J'aimerois mieux qu'étant roi l'on favorisât sa maîtresse sans faire tort à d'autres. Le régiment ci-devant *de Condé*, donné au chevalier *de Mailly* en l'ôtant au petit *d'Argence*, est encore dans ce cas. Le lui auroit-on ôté sans ce désir de

favoriser la favorite? Cependant ces faveurs-là maltraitent beaucoup ceux aux dépens de qui elles se font. Il semble que, pour la favoriser ainsi, l'on emploie des voies détournées, et qui ne se présentent pas naturellement. Peut-être, et n'en doutons pas, quand le roi sera plus le maître, alors sa faveur conférera des grâces plus naturelles. Je n'aime pas cette conduite; je m'en chagrine par amour pour mon maître, et cela va rendre la maîtresse odieuse. On croit qu'après elle, et même avant elle, madame la comtesse *de Toulouse* aura la plus grande part à la faveur du roi. Son caráctère lui plaît. C'est une bonne femme et accorte, dit-on. Le roi veut-il avoir une maîtresse? elle est commode. Sa Majesté veut-elle donner dans la dévotion? elle est dévote. Enfin elle est à toutes mains.

Le cardinal est fort changé, et change chaque jour. La décrépitude de son âme paroît par sa mauvaise humeur. Tout va sans plans et par de mauvais seconds. C'est réellement le Portugais *Mendez* qui nous gouverne en son nom; le cardinal le consulte en toutes choses. Jamais il n'y eut d'homme d'un esprit si obscur, ni à idées si rétrécies; fol et stupide, mais animé d'une grande haine contre M. *de Chauvelin;* mauvais citoyen, d'ailleurs, et ne se portant qu'aux plus mauvais procédés envers son maître, le roi de Portugal.

Mai 1740.— M. *Van-Hoey* a écrit en Hollande une lettre que les Hollandois ont fait imprimer et publier, partie par admiration et partie par dérision. Il y parle du bruit qui a couru de la papauté future du cardinal *de Fleury*, et gémit sur ce que les bons Hollandois perdroient leur père.

Il paroît certain que M. le cardinal a eu ce désir, et que telles étoient les instructions secrètes du cardinal *de Tencin* au conclave; mais je doute qu'il réussisse dans une tentative où le cardinal *d'Amboise* a lui-même échoué.

M. *de Polignac*, qui est au fait mieux que personne de ces sortes d'intrigues, m'a assuré qu'il y avoit impossibilité, que la faction italienne l'emporte toujours. Quand même les quatre factions d'Espagne, France, Naples et Autriche, viendroient à se réunir, elles ne formeroient pas trente voix à elles toutes, et les cardinaux italiens tiendroient bon. Il y a actuellement cinquante-trois cardinaux au conclave; il en faut les deux tiers pour l'élection, ce qui fait trente-cinq suffrages; dix-huit suffisent pour l'exclusion. De là vient que les couronnes réussissent à l'exclusion, jamais à l'élection.

(Ce fut Benoît XIV, *Lambertini*, qui fut élu, après un des plus longs conclaves dont l'histoire fasse mention.)

11 juin 1740. — On vient d'apprendre à Paris la mort du roi de Prusse, arrivée le 2 juin [1]. M. de *Valori*, notre ministre à Berlin, m'en écrit le détail par le courrier qu'il a dépêché, ainsi que de grands éloges du premier début de son fils et successeur.

Le cardinal croit beaucoup gagner à cette mort, et se trompe selon les saines apparences.

1. Ou plutôt le 31 mai.

Ce prince a beaucoup d'esprit, de mérite en tout sens, et beaucoup d'application et de philosophie. Il fera ce qu'il faudra faire, voilà le grand point. Il aura des soldats pour combattre, au lieu que le feu roi de Prusse, avec ses grands hommes, ne sut jamais donner un coup de collier, par irrésolution et lâcheté. Il laisse de grands trésors à son fils; celui-ci en fera usage. Mais à quoi ira cette dépense? Il aimera à faire régner la paix, mais avec gloire. Il est vif, agissant, plein d'honneur.

Croit-on qu'un tel homme veuille abandonner ses droits, qu'il abandonne l'affaire de Juliers, qui est le grand point? Un tel prince peut nous donner bien du fil à retordre, si nous nous opposons à ses desseins. Il pourra devenir guerrier, non par naturel, mais par hauteur et par résolution. Ses droits sont d'une nature à avoir besoin de guerre pour soutenir et fortifier sa grandeur naissante, au milieu d'envieux, d'ennemis, de voisins qui l'enclavent, et devant un empereur oppresseur. Il sera indigné de la vexation qu'éprouvent de toutes parts ceux de la communion protestante : voilà le point dangereux. Il n'est pas dévot; mais il est le défenseur né des protestans d'Allemagne.

Inutilement tenteroit-il de se faire empereur pour alterner l'empire entre les deux religions, comme on l'a tant dit. Le parti protestant est trop foible en Allemagne. Il faut qu'il se contente de lui obtenir le repos et la tranquillité de conscience. Mais il faut qu'il venge tout le corps germanique de son chef, qui est devenu trop puissant. En ce cas, si nous entendons nos intérêts mieux que le cardinal ne les entend, il viendra à nous, et nous serons secrètement de ses amis.

Il sera effectif dans ses menaces, tandis que son père ne l'étoit pas. Il a des soldats en quantité, mais on ne voit pas qu'il ait de généraux.

On a à craindre le premier moment, où Sa Majesté Britannique peut séduire ce prince, n'ayant passé d'Angleterre en Hanovre que dans ce but. Il l'engagera dans sa cause domestique, et dans celle du parti protestant. Il va lui dire bien du mal de nous, le prévenir contre les projets et la grandeur de la maison de France.

La question est cependant si, réflexions faites, le roi de Prusse n'a pas plus à craindre de la puissance de l'empereur, qui est tout proche de lui, tandis que nos desseins sur l'Italie lui sont éloignés.

La future succession de l'empereur est sans doute le grand point de ses méditations. Il aura jalousie de son voisin le Saxon, et encore plus de la maison de Bavière. En ce cas, ne reviendra-t-il pas à la Pragmatique, c'est-à-dire à la maison de Lorraine? Ou préférera-t-il le morcellement de la grandeur impériale? Mais alors il se méfiera de nous, qui sommes *si décriés en fait de bonne foi*.

Récapitulation. Le nouveau roi de Prusse sera un grand prince par son caractère. Il trouvera dans la conduite de son père de grandes ressources pour devenir d'un grand poids en Europe. Il changera ses géans en guerriers, et trouvera dans l'épargne considérable de son père de quoi mettre ces troupes en activité.

Son goût naturel et ses principes le porteront à rendre ses peuples heureux, et à faire fleurir chez lui les arts, surtout les belles-lettres, qu'il aime, et pour lesquelles il a lui-même d'heureuses dispositions.

Il a de la morale et de l'honneur. Le point d'honneur peut le porter à la mutinerie et le rendre guerrier. La situation de ses Etats, les circonstances où se trouve l'Allemagne, le portent au besoin de la guerre. Il lui seroit honteux, par exemple, d'abandonner l'affaire de Juliers, commencée par son père, et dont les préparatifs sont si avancés; l'univers prendroit pour lâcheté, dans un jeune prince, ce qu'il feroit par amour pour le repos de ses sujets.

Il se doit encore à réprimer la grandeur de la Russie, et ses desseins tyranniques sur le Nord, appuyés par l'empereur. En ce sens, il doit entrer dans notre alliance avec la Suède, et être de nos amis.

Il y aura dans l'empire jalousie d'égal à égal, et ce sont les plus grandes, entre lui et les maisons de Bavière et de Saxe, surtout avec la première, qui prend contre lui le parti du prince de *Sultzbach*. Avec la Saxe, les querelles de voisinage et d'enclaves réciproques doivent attiser journellement cette jalousie.

Il sera d'abord ami intime du roi d'Angleterre, son oncle. C'est une liaison de jeunesse, fomentée par l'amour qu'il éprouva pour une princesse angloise, et contrariée par son père, qui l'a rendue plus ardente. Cette liaison l'entraînera à celle du Danemarck, ami commun de l'oncle et du neveu.

Mais, une fois la première chaleur passée, cette amitié pourra se refroidir, et le refroidissement pourra être en raison de la chaleur précédente, comme il arrive si fréquemment dans les cœurs humains. A quoi l'engagera le roi d'Angleterre? D'abord à le soutenir sur le trône, ce qui intéresse assez peu la Prusse, puisque l'Angleterre sera toujours protestante, quelque maître qu'elle ait.

Voilà donc trois objets opposés pour les méditations politiques du roi de Prusse :

1. Le maintien, la propagation, le triomphe de *la religion protestante en Allemagne*. Vue saine, s'il veut lui procurer le calme et le maintien de ses priviléges; vue fausse, s'il veut l'élever au-dessus de la catholicité. Les grands politiques comme le roi de Prusse devroient mettre de côté ces points d'opinion, et réduire tout à la tolérance et au culte libre. Il est vrai que, pour se maintenir à la tête d'un parti religieux dont on veut faire la base de sa grandeur, il faut faire quelque chose en faveur de ce parti.

2. La *succession de l'empereur*. Pour qui sera-t-il? En profitera-t-il pour diminuer la puissance du chef germanique et pour s'accroître, lui, roi de Prusse? Mais quel prétexte de droit successif aura-t-il pour s'accroître, sans que Bavière et Saxe s'accroissent beaucoup plus de cette dépouille, elles qui ont des droits puissans à cette hérédité? En ce sens, le roi de Prusse devroit être pour l'exécution de la Pragmatique, c'est-à-dire pour le duc de Lorraine, mais en le restreignant à ses pays héréditaires et à la stricte exécution des constitutions germaniques.

3. La *grandeur et puissance de la maison de*

France, que l'Angleterre, la Hollande, la Hesse, le roi de Suède, lui exagéreront, la lui dépeignant comme on le fait en Allemagne depuis quatre-vingt-dix ans : considération qui a porté tous ses prédécesseurs, les électeurs de Brandebourg, à entrer dans les ligues contre nous ; et par là ils se sont forgé des fers à eux-mêmes, ayant travaillé à fortifier l'empereur. Qu'il considère que, si les trois branches couronnées de la maison de France peuvent nourrir quelque projet ambitieux, ce ne peut être que du côté de l'Italie. Et qu'est-ce que cela importe à la Prusse ? On inspire aux Hollandois de la peur de nous du côté de la Flandre ; mais ce seroit folie à nous, et nous ne tenterons pas cette faute grossière, parce que nous aurions affaire à trop forte partie.

Si le roi de Prusse étoit dévot dans sa communion, il seroit occupé des subdivisions entre les protestans, et des réformes qui, mettant aux prises les différens partis, diminuent leur zèle commun contre la catholicité. Tels sont tous les dévots de cette *communion arbitraire*. Je pense donc qu'il mettra, au contraire, le calme dans cette religion.

Sa morale, sa philosophie, sa bienfaisance l'éloigneront de toute tentative d'agrandissement, à moins que ses égaux ne s'agrandissent sous ses yeux : alors il pourroit croire son honneur engagé à en faire autant. Mais toutes ses vues, toutes ses forces physiques auront pour but, à la mort de l'empereur, qui vient d'avoir quelques attaques d'apoplexie, de diminuer la puissance vicieuse du chef du corps germanique, et de faire profiter ce corps des débris de la tête : ce qui opérera à la fois plus de puissance, de résistance et de solidité, et nulle connivence en aucun temps avec la puissance et la grandeur de la maison de France. Comme la plus grande partie de ses vues sont les nôtres, que la force du corps germanique ne nous peut blesser ni inquiéter, que les vues de notre gouvernement présent ne vont point à l'offensif, mais au maintien de la paix, j'en conclus que foncièrement le roi de Prusse doit être de nos alliés, et qu'il doit rester ou redevenir de nos amis plus que de nos ennemis pendant tout son règne.

25 juin 1740. — J'apprends une manœuvre de M. *de Maurepas*, en septembre 1739, qui prouve que M. *de Maurepas*, voyant les mauvais succès qui accompagnoient le ministère du cardinal, se retourna entièrement du côté de M. le Duc. Il gagna madame *d'Egmont*, et lui persuada de concourir à faire renvoyer le cardinal, et mettre M. le Duc à la tête des affaires. Le dessein de M. *de Maurepas* étoit de chasser le contrôleur général, et d'y mettre quelqu'un de sa *faciende*. Les quatre secrétaires d'État, unis, disoit-il, comme les quatre doigts de la main, emprunteroient toute autorité de la direction de M. le Duc, et tout se mèneroit avec droiture et justice.

Il parla de ce projet à madame de S., qui me l'a dit, et de plus honnêtes gens, ou du moins plus éclairés, lui prouvèrent que tout cela n'étoit apprêté que pour augmenter le crédit de M. *de Maurepas*, et pour soutenir en place le petit *Amelot* : car, au bout de quelque temps, M. *de Maurepas* eût grimpé sur les épaules de ses confrères, et n'auroit fait d'eux, surtout de M. le Duc, que des zéros. Cela eût certainement exclu M. *de Chauvelin* pour toujours. On eût accoutumé le roi à la tranquillité de ce petit ministère, et M. *de Maurepas* eût régné.

Mais quand même M. le Duc eût donné dans ce projet, je dis qu'ils se battoient de la chappe à l'évêque, et le roi avoit un tout autre plan. Aussi M. le Duc paroît-il ne jamais avoir donné dans ce panneau. Il est innombrable combien de fois M. *de Maurepas* a changé de voies depuis la disgrâce de M. *de Chauvelin*.

1er juillet. — On dit que l'écliptique a penché davantage vers l'équateur, et continuant à tourner ainsi, nous aurons en France dans quelque temps le même climat qu'en Suède. On apprend qu'à Rome, et à Naples surtout, il fait en ce moment un froid inconnu, et que cela a continué tout le printemps. Nous voici en plein été; on fait du feu partout. Le haut du jour on a un soleil chaud; le matin et le soir on meurt de froid. Le vent est pleine bise. De là vient une sécheresse de poitrine et des transpirations arrêtées qui causent partout des maladies dangereuses.

6 juillet 1740. — On va représenter à la cour un ballet dont les paroles et la musique sont de M. *de la Trémouille*. Voilà de quoi lui attirer l'approbation de Voltaire, qui prêche tant qu'un grand seigneur doit s'occuper des belles-lettres et des arts; il en sera beaucoup édifié.

— On annonce que le roi Stanislas a exigé à

sa cour que Voltaire et madame du Châtelet fissent à l'avenir leurs pâques. Ce sera, dit-on, de la besogne bien faite.

9 juillet 1740. — *Portrait de M. de Paulmy, fils de l'auteur*[1]. — Mon fils sort du collége. Il demeure chez moi. Je l'étudie. Il a été fort délicat dans son enfance, et l'est encore, quoique exempt de maladie. Il mange peu, par manque d'appétit plutôt que par modération réfléchie, et ce qu'il mange ne sont que drogues, pâtisseries et laitage; il hait la viande de boucherie. Il ne grandit plus depuis l'âge de seize ans, et ne sera pas si grand que moi, qui suis de taille médiocre. Il n'aime aucun exercice de corps. Dès son enfance toutes ses forces ont passé à l'esprit; mais je ne vois rien de passé à l'imagination, aux sens, à la partie la plus subtile et la plus louable des sens qu'on nomme le cœur. Son cœur est bon, doux, mais n'est point sensible, il ne lui dit rien; son cœur est bête. Cette faculté est morte chez lui. Il aime beaucoup les comédies, et s'y acquiert une vaste érudition; mais il n'y rit que de l'esprit, et aux tragédies il ne pleure jamais, même aux endroits les plus touchans; il admire l'art de l'auteur, et ne sent rien, dit-il, de lui-même. Cela vient de ce que le pauvre enfant manque de sensibilité. Ses sens sont engourdis, et ses esprits sont enfuis au cerveau, où ils travaillent et ont grande force. Il a une mémoire prodigieuse; il juge, il pense, il démêle, il conçoit, il est avide de savoir. Il s'y est pris de jeu-

1. Et l'on a pu dire qu'il ne l'aimoit pas!

nesse. Il est fort avancé d'esprit et de connoissances. J'ai trouvé ses études tournées au moderne, à l'histoire récente, aux choses les plus à portée de la société. Les inclinations de naissance ont achevé cette détermination par un bon choix des auteurs, c'est-à-dire les plus à la mode aujourd'hui.

Avec cela, je lui vois une médiocre imagination, quoiqu'il n'en manque pas absolument. Il n'est pas stérile, mais peu fécond. Il ne se sent jamais inspiré; il n'éprouve pas le besoin d'écrire. Il a été les premiers huit jours chez moi sans me demander d'écritoire, satisfait de parcourir ma bibliothèque et de lire à toute heure. Il n'a point besoin de faire des vers. Je l'ai vu versifier dans son enfance; mais c'étoit par imitation, par singerie, sans génie, sans goût; il y avoit moins de fautes que de manque de pensées. Voilà ce que c'est que de manquer de sensibilité. Il n'aura ni goûts, ni imagination, ni plaisirs; tout viendra chez lui par l'esprit. Cet esprit ne sera que juge, et n'inventera rien. Cet esprit sera combinateur et compareur, dépourvu de génie, qui est la divinité découvrante et inspirante, et qui enfante le sublime. Il n'aura que les idées des autres, et il les recueillera avec une riche abondance. Il produira quelques fruits, mais nulles fleurs. Enfin il n'aura pas d'élan. Avec cela, il est d'un naturel doux et heureux. Ses réflexions l'ont conduit à quelque complaisance pour ne pas déplaire, mais sans envie de plaire. Il est et sera homme de bien; il ne dépensera pas, faute de passions, d'imagination et de plaisirs.

Ce sera un pédant, s'il n'y prend garde, mais sans dureté ni entêtement. Il est diffus, et ne sauroit prendre l'analyse. Ses extraits sont plus longs que le texte, par l'abondance des idées qu'il a reçues, et qu'il conserve fidèlement toutes à la fois. J'oubliois de dire qu'il n'a point de joie, quoiqu'il n'ait pas non plus de tristesse.

Il peut devenir ce qu'on appelle un bon sujet, sans être un grand sujet. Les premiers suffrages seront d'abord pour lui et feront grand effet; mais par le manque de liant dans la société, l'absence d'affections tendres, de ce feu sacré qui a débrouillé le chaos, selon l'antique mythologie, ces défauts venant à être aperçus, mon fils ne sera point aimé, sans être haï. Sa froideur ne présentera à la société que l'avantage d'un bon dictionnaire, ne renfermant que des idées justes, mais peu d'idées neuves.

Ce sera un bon juge, un sage intendant, un administrateur éclairé, bon conservateur de l'ordre de choses quand il sera bon, mais jamais réformateur. Ses vues communes auront de la justesse, et n'est-ce pas beaucoup? En général, il sera sage, parce qu'il est exempt de passions, et conservera bien la fortune qu'il doit posséder.

On n'accusera pas ce jugement sur mon fils d'être trop empreint de l'indulgence paternelle; et cependant n'est-ce pas un fils tel qu'un père peut le souhaiter? Au-dessus de cela ne sont que des chimères, avec de grands risques et de fâcheux hasards. Il est encore possible de réparer ce qui lui manque le plus, en lui faisant acquérir de nouvelles connoissances. Une grande passion pourra le tirer de cette apathie et échauffer son âme. L'éducation montre le chemin, la raison seule peut déterminer à le suivre.

10 juillet 1740. — M. *Bachelier*, qui voit le cardinal chaque jour, assure qu'il s'affoiblit à vue d'œil, de corps et d'esprit. Il vint l'autre jour dans une calèche fermée avec son cher M. *Orry;* il avoit plus l'air d'une momie que d'un homme. Le cardinal parle lui-même de la misère des provinces, et dit avec bonté et douceur : « *Comment voulez-vous que nous fassions la guerre, quand nous manquons d'hommes en France!* »

La misère des provinces augmente journellement. La Flandre surtout est bien embarrassée; il n'y a pas de quoi attendre la récolte, qui ne sera que dans deux mois d'ici : la Flandre autrichienne a tout tiré, et l'on ne pourvoit à rien. Les meilleures provinces ne sont pas en état de fournir aux autres.

On est fort pressé à Paris pour le pain. M. *de Marville* vient de me conter sa détresse. Il y a eu des révoltes sur les marchés aux environs de Paris, surtout à Beaumont. La Picardie et le Soissonnois se voyent dépouillés de leurs blés par la Flandre, et ne veulent pas les laisser sortir. On n'apporte plus rien à Paris, et les halles ne sont fournies que du blé du roi qu'on a en magasin.

Voilà deux marchés qui ont consommé la plus grande partie de ces provisions; elles n'iront pas un mois, si cela continue.

Quelle fin de ministère que celle-là! Le cardinal peut-il dormir tranquille?

Le roi marque de plus en plus un dégoût pour

ce ministre. Cependant, sa complaisance excessive met le comble à nos malheurs.

10 juillet 1740.—C'est par un vrai miracle de la Providence que le cardinal vit et travaille encore à l'âge de quatre-vingt-neuf ans. Ce miracle est comparable à beaucoup de ceux du vieux Testament, comme quand Dieu envoie un ange exterminateur pour tuer deux cent mille hommes de l'armée de Sennachérib; car de même tout périt aujourd'hui. La famine et la mortalité assiégent le royaume depuis deux ans. Voici une espèce de peste qui prend à Paris. Les provinces meurent de faim et sont sans argent. Les seuls financiers sont riches et fort aimés du cardinal. Tout concourt à mettre au plus grand jour les effets d'un gouvernement malhabile, sans qu'aucun de ses administrateurs y découvre le moindre remède. Le roi marque plus que jamais un abandon total de son royaume, menant une vie toujours errante, et donnant seulement parfois quelques dégoûts au vieux cardinal. Les affaires du dehors sont déshonorantes pour nous, nous font perdre nos alliés, et donnent lieu à des alliances intimes entre nos ennemis.

C'est ce gouvernement, c'est ce cardinal, par lequel je suis aujourd'hui décrié dans le monde. Mais que peut-il articuler contre moi? Rien autre, si ce n'est que je suis l'ami intime de M. *Chauvelin*, que je prends mes dictées de Bourges sur chaque démarche; ce qui n'est pas, mais que je voudrois qui fût.

Je sais qu'il dit que je n'ai jamais été choisi pour ambassadeur que par M. *Chauvelin*, et que j'y étois le plus piètre choix du monde. Voilà tout ce que peut dire la rage irritée; et je vois heureusement que toutes ces déclamations contre moi ne me font aucun tort dans le public.

Le roi lui-même n'abandonne pas tellement les affaires au cardinal que sa volonté n'éclate de temps en temps par quelques choix marquans. Ainsi Sa Majesté a fait cet hiver M. *de Breteuil* ministre de la guerre, et M. *Gilbert de Voisins* conseiller d'État, en dépit du cardinal, qui avoit juré hautement que ces choix n'auroient pas lieu.

Le roi est parti un jour plus tôt qu'il n'avoit dit pour Choisy. *Bachelier* seul en étoit instruit. Ce fut un événement qui surprit la cour; le cardinal en fut particulièrement consterné et dérangé.

14 juillet 1740. — Le roi de Prusse s'attire toujours les plus grands éloges, depuis le peu de semaines qu'il a succédé à son père. Dieu veuille qu'il devienne le sujet de l'émulation de notre roi, et qu'un roi de vingt-huit ans inspire à un roi de trente les devoirs de la royauté et la gloire de travailler soi-même! N'étant que prince royal, il a composé des mémoires sur les intérêts des princes. Ils sont parvenus à Madame *du Châtelet*, qui n'a pas été trop discrète. Elle les a montrés à quelques amis, qui les ont montrés à d'autres. On y voit quelques variations de principes : tantôt il pense se joindre à la France, et travailler contre l'empereur, qui veut tout envahir; tantôt il veut se joindre au parti protestant, et tantôt il songe à se faire catholique, afin

d'être par là le plus puissant prince d'Allemagne. Il ne voit d'obstacle à sa grandeur que sa non-conformité; au lieu que, ramenant tout à un culte uniforme, le plus puissant politiquement ne se trouveroit pas le plus foible comme chef de religion. Il ne table sur notre alliance que sur le pied du règne éternel du cardinal, et voilà ce qui rend nos liaisons si caduques.

On m'a promis de me faire voir ce mémoire ces jours-ci.

— Le comte *du Luc*[1], âgé de quatre-vingt-six ans, et avec un bras de moins qu'il a perdu à la guerre, se meurt dans sa terre de *Savigny*. Il a reçu l'extrême-onction, et, ayant près de lui un homme qui partoit pour la cour, il l'a chargé de dire au cardinal qu'il mouroit son serviteur, qu'il étoit bien fâché de la petite alarme qu'il alloit lui causer, mais qu'il falloit considérer que ceux qui ont un bras de moins ne peuvent vivre vieux.

15 juillet 1740.—Le cardinal *de Polignac*, qui avoit toujours cru l'élection du cardinal *de Fleury* impossible, commence à se rendre à la raison, et à la croire possible maintenant. On ne travaille depuis quatre mois qu'à lasser les Italiens; on les prend par famine; on leur fait *manger des punaises* dans le conclave. Les couronnes liguées pour le même objet ne peuvent pas édifier, mais elles peuvent détruire. Cette force des couronnes comme celle de toute ligue,

1. Frère de l'archevêque de Paris, *Vintimille du Luc*.

dépend du degré de chaleur que l'on y met. Ici le degré le plus extrême doit y être supposé. On dit que la reine d'Espagne a une lettre de la main du roi qui lui promet de la soutenir contre les Anglois dès que le cardinal *de Fleury* sera élu pape, et on espère l'avoir mise ainsi dans nos intérêts.

Tous nos ministres, soit pleinement, soit à demi, dans le secret, se conduisent à l'égard du cardinal comme à l'égard d'un homme qui va être reconnu pape à Compiègne. Il est certain qu'il y auroit à cela une gloire infinie pour le royaume. Le roi gouvernera lui-même, et donnera une illustre récompense à son ministre.

Quel triomphe pour le cardinal de Fleury, que de réussir dans une entreprise où a échoué, comme l'on sait, le cardinal d'Amboise!

24 juillet 1740. — Chaque jour apporte aux gens sans prévention de nouveaux traits sur le caractère du roi, qu'il est si nécessaire de connoître; mais il faut des yeux sans préoccupation, et surtout sans impatience. J'avois beaucoup ouï blâmer les bâtimens de *Compiègne*. J'y suis, je les examine. Tout au contraire y dénote un roi sage, qui connoît les obstacles, qui les surmonte et qui remplit son objet. Cet objet est certainement de changer souvent de demeure. Le roi est jeune; il aime la promenade et la chasse. Le roi a trouvé à Compiègne la plus belle forêt pour la chasse qu'il eût en sa possession : il a voulu y avoir une maison de chasse logeable; il s'est contenté du logeable. Il a voulu y avoir une maîtresse : pour cela il a fallu y avoir des

dames, après cela tous les ministres, et enfin notre conseil. Il a bâti de guingois, en suivant les rues de Compiègne. Les hôtels de ses ministres sont suffisans et commodes; ils sont près du château; tout y est boisé : que faut-il autre chose? Partout et pour tout le monde le logeable s'y trouve; l'agrément, le bon air, la santé, les promenades magnifiques. La terrasse est un rempart ajusté, belle vue, rivière.

J'aime ce simple et ce commode. J'aime qu'on s'accommode aux lieux tels qu'on les trouve. Le régulier est ennuyeux. On a beau dire que le beau ne coûte pas davantage, qu'il falloit loger les ministres au vieux château; c'est un conte. Tout coûte au roi en fait de bâtimens. Cela iroit au double. Il eût fallu construire à Sa Majesté un château neuf digne d'elle; cela eût coûté vingt millions. Sa Majesté eût voulu jouir précipitamment, et avant tous les arrangemens terminés. J'aime cette sagesse qui voit suivant les choses, cette économie au milieu des temps difficiles. Il restera bien peu de choses à faire à Compiègne : une place d'armes pour les gardes, un parterre devant la maison, voilà tout. Nous serons heureux si le roi s'en tient à cela, et se moque des critiques.

Le roi écoute les avis sur chaque chose à faire, et se décide pour le plus commode. On se plaint de cela, on dit que c'est dommage si le roi n'a pas le goût du grand; mais le grand est cher, il y a de la grandeur à savoir y renoncer. On prétend que le roi n'a que de l'opiniâtreté, au lieu de fermeté; mais enfin il s'est réservé certaines décisions et y est correct. On ne vouloit pas que le Dauphin vînt à Compiègne, à cause de quelques enfans qui avoient eu la petite vérole; il y a eu du courage à braver ces tournures de mie.

Sa Majesté a résolu de laisser faire le cardinal; mais elle le corrige en plusieurs choses. Il en reste encore beaucoup à corriger, j'en conviens; mais pour cela il faudroit prendre les rênes du gouvernement. Quel que soit le roi, son caractère, énigmatique pour bien des gens, retient le monde et le fait trembler. Il est certain que le pouvoir du cardinal n'est que précaire; si Sa Majesté le laisse, elle peut l'ôter, et que sait-on de ses desseins! Au reste, le cardinal engraisse, a l'air vermeil, se porte à miracle. Ce miracle peut se comparer à celui de l'Éternel quand il envoya l'ange exterminateur tuer deux cent mille hommes de l'armée de Sennacherib; c'est une similitude plus qu'une comparaison.

28 Juillet 1740. — On ne sait que comprendre au caractère du roi, les plus habiles y sont désorientés. Son caractère en beau a plutôt voulu jusqu'ici être deviné qu'aperçu. Si l'on en croit tous ceux qui le voient et qui le jugent, il est d'une foiblesse inconcevable; il change de plans, il mollit. *Bachelier* n'est plus en crédit; ce premier domestique vient d'éprouver une brouillerie avec le petit *Lebel*, dans laquelle le roi ne l'a pas soutenu. *Bachelier* est triste, et ne parle à personne. Le roi est subjugué plus que jamais par le cardinal.

On parle de petitesses chez le roi, qui font

mal juger de lui, quoique absolument elles pourroient s'expliquer par le désir de tout régler. Les plus grands hommes ne négligent pas les détails, a dit le cardinal *de Retz* du cardinal *de Richelieu*.

Hier, à la chasse, M. le prince *de Conti* donna une atteinte avec son cheval au cheval que montoit Sa Majesté. Il fit peu d'excuses au roi, ou les fit gauchement; il dit seulement qu'il avoit ainsi tourné son cheval de peur de casser la jambe au duc *de Villeroy*. Le roi ne dit mot et rougit; mais pendant plus d'une heure, à chaque carrefour, Sa Majesté rangeoit son cheval, de peur, disoit-il, du prince *de Conti*. C'est là ce qu'on prend pour des petitesses, tant on veut saisir des ridicules aux actions des princes.

Août 1740. — Mon frère possède toute la confiance et l'amitié du cardinal, depuis que Son Éminence l'a fait nommer à l'intendance de Paris[1]. Cela mène grand train à le faire contrôleur général en place de M. *Orry*, qui fait si mal sa charge, et même adjoint au premier ministère, si le cardinal possède assez de crédit pour cela. Il est vrai que le roi semble tout lui abandonner. Le cardinal prétend remplir toutes les places d'hommes capables, afin, pense-t-il, qu'à sa mort il n'y en ait plus aucune de vacante pour M. *Chauvelin*. C'est par ce moyen qu'il croit empêcher à jamais son retour.

1. A la place de M. *Hérault*, décédé le 6 août, à l'âge de quarante-neuf ans.

29 août 1740. — Voici donc un pape élu [1]. Il est Italien. On m'assure que depuis six semaines le cardinal *de Fleury* ne s'attendoit plus à l'être; mais auparavant il l'avoit cru et en avoit leurré le roi. On doit attribuer aux cardinaux françois et allemands la violence des deux partis opposés dans le conclave, qui ne vouloient céder ni l'un ni l'autre. On pensoit que cela n'étoit commandé ainsi que pour faire tomber subitement l'élection sur notre premier ministre. Le temps développera clairement ce mystère, et en amènera la démonstration et la preuve.

23 septembre. — Le pape *Lambertini*, Benoît XIV, est un diseur de fadaises, de platitudes, de bouffonneries, ce que les Italiens appellent un *coglione*. Quand il fut nommé cardinal, il dit, entre autres choses, ce qui suit : On lui disoit : « Monseigneur, vous êtes cardinal, vous êtes *in petto*. » Il répondit : « J'aimerois mieux que le pape m'eût *in culo*, il songeroit à moi plus souvent. » Il ne dit pas une plaisanterie sans qu'il n'y ait un *cazzo*. Je crois voir *Biardon* pape.

1er octobre 1740. — M. *Pecquet*, premier commis des affaires étrangères, vient d'être arrêté à sa terre de *Paroy*, près Sens, comme il alloit partir pour Fontainebleau, et dans le moment où il apprenoit que son fils avoit la petite vérole à Paris. Cette circonstance ajoute l'inhumanité à l'injustice. *Duval* est allé l'enlever et le

1. Le 17 août.

mener à la Bastille. M. *de Marville* a mis les scellés sur ses papiers. On n'y comprend rien. Tout d'une voix, on le connoît trop homme, d'honneur et de vertu pour avoir été capable de trahir l'État; mais on l'accuse d'intelligence avec M. *de Chauvelin*. Je le connois cependant pour très-circonspect, même sur l'article de M. *de Chauvelin*.

Le connoissant beaucoup, je puis démêler mieux qu'un autre ce qui le regarde. Il pousse l'amour du bien public et le devoir du citoyen jusqu'au fanatisme. Il étoit accoutumé à écrire au cardinal sur l'état des affaires, et il m'a dit qu'en mars il lui avoit écrit et signé des vérités dures, mais essentielles. Arrivé à sa campagne, il aura vu l'état où les affaires du dedans sont plongées, et à quelles misères le peuple est réduit; il est capable de cette folie, d'avoir dit au cardinal qu'il étoit temps qu'il se retirât des affaires, et que tous les ministres le trompoient. Cette lettre impertinente, montrée au roi par le cardinal, aura été cause de sa perte.

—En effet, *Pecquet* avoit envoyé au cardinal un mémoire signé de lui où il prouve que tout le système que l'on suit depuis 1734 est funeste et ruineux pour la France, tant au dedans qu'au dehors. Les ministres, auxquels ce mémoire a été communiqué, y ont vu leur condamnation; ils ont dit que ce système blâmé par *Pecquet* étoit celui particulier du cardinal, et le système regretté celui de M. *de Chauvelin*. On ajoute que *Pecquet* auroit critiqué quelques négociations d'Angleterre, et que *Bussy*, petit homme de bureau que l'on emploie en Angleterre, a dénoncé son ancien patron, avec lequel il est brouillé.

La connoissance que nous avons dudit sieur *Pecquet* se refusant à toute autre idée de criminalité, on peut en conclure que ceci fera le plus grand tort au ministère, et hâtera la crise qui doit le déplacer.

3 octobre 1740. — M. *de Muy*, sous-gouverneur du Dauphin [1], étant allé en promenade dans la forêt, son cheval l'a emporté. Il est tombé sur la tête et s'est dangereusement blessé. On l'a ramené de la chasse comme on a pu. Il est homme de robe, ci-devant conseiller à Aix, et ne sait pas bien monter à cheval.

4 octobre 1740. — Le roi s'est levé hier de très-grand matin, et est allé, avec mesdames *de Mailly* et *de Vintimille*, voir le rut des cerfs dans la forêt de Fontainebleau. Mais ils n'ont point *dagué* devant lui; on ne les a entendus que *bramer*. Voilà des passetemps royaux! Malheureusement il n'y a que trop à dire à cela. L'honneur de Sa Majesté en souffre tout le détriment possible. Lorsqu'on le voit à trente ans compté pour si peu de chose au monde, n'est-il pas permis à tout citoyen de gémir, quand nous aurions tant besoin de son intervention royale pour remédier aux maux extérieurs dont souffre le royaume!

1. Père du maréchal *de Muy*, ministre de la guerre sous Louis XVI.

— Il semble que le roi ne se regarde que comme un dauphin, et attende avec impatience la mort du cardinal-roi.

A présent on se rappelle ce mot échappé à l'abbé *Wittement*, sous-précepteur de Sa Majesté [1]. Cet abbé disoit qu'il existoit certain lien, certain nœud indissoluble, entre le roi et le cardinal, dont il résulteroit que Sa Majesté ne pourroit jamais le renvoyer, quelque envie qu'elle en eût.

L'abbé *Wittement* disoit encore que, s'il survivoit au cardinal, il diroit ce secret; mais il est mort avant lui. Ce n'étoit donc pas un mystère d'État bien profond, qu'il lui eût été permis de le révéler.

Quoi qu'il en soit, vu l'état des choses, on peut regarder cette nécessité comme un grand malheur.

— Une personne de ma connoissance disoit hier : « Dans les circonstances présentes, il faudroit une forte tête pour nous gouverner, et nous le sommes par un estomac. » Le cardinal se vante que cette partie, chez lui, est la mieux conservée, et fait présentement assaut avec *Flamarens*.

15 octobre 1740. — M. le duc d'Orléans est à Fontainebleau, furieux de tout ce qu'il voit. Il arrive de sa retraite, et grille d'y retourner. Il

1. L'abbé *Wittement*, sous-précepteur de Louis XV de 1715 à 1722, mourut le 27 août 1731, à Dormans, sa patrie. (*Dictionnaire de Moréri.*)

trouve l'indécence accrue, le cardinal plus tyran et plus imbécile que jamais; le roi gardant moins de convenance que jamais avec sa maîtresse, allant voir le rut des cerfs avec ses deux comtesses, tout en billebaude. « *C'est*, dit-il, *la cour du roi Pétaud* », et le comble de la misère, c'est que le roi ne paroît se soucier aucunement de son royaume, dans l'état affligeant et la misère inouïe où les peuples sont tombés. Chaque jour voit augmenter cette misère de quelque nouvel article. On n'y apporte que de foibles palliatifs, comme quelques vaisseaux de blé que l'on vient d'acheter très-chèrement en Hollande.

Le pain augmenta mercredi dernier à la halle de Paris de 2 liards. Comme on rapportoit cela au cardinal, il répondit *qu'il n'y comprenoit rien* : belle réponse de la part d'un conducteur de l'État. Par-dessus cela, le duc d'Orléans se trouve très-mal logé à Fontainebleau; il s'en est plaint au cardinal, qui a mal reçu ses doléances.

Ses propres affaires vont également contre son souhait. Après s'être cru assuré de madame *Henriette* pour M. le duc de Chartres, il voit qu'on la lui refuse tout à fait; et cela par mauvaise humeur du cardinal contre lui et contre sa maison, même sans prétexte. Celui que l'on a pris de la prochaine mort de l'impératrice est ridicule[1] : l'impératrice se porte très-bien. Le cardinal en cherche d'autres, mais il n'en trouve pas. Enfin, il a persuadé au roi de refuser Madame, après

1. On disoit que, si l'impératrice mouroit, l'Empereur se remarieroit avec madame *Henriette*.

l'avoir accordée, et avoir de longue main favorisé sa recherche.

31 octobre 1740. — Voici un des plus grands événemens qui pût arriver dans le reste de la consommation des siècles. L'Empereur est mort subitement le 19 de ce mois, à midi [1]. Indigestion, goutte remontée. Il a passé à l'heure où l'on s'y attendoit le moins. On a d'abord caché cette nouvelle à la cour. On a vu grande émotion à Fontainebleau, et le cardinal fort triste. Le roi a paru tel aussi, quoique l'événement fût bien favorable. Mais il suffit, pour expliquer cette tristesse, que le roi soit embarrassé pour se servir encore du cardinal *de Fleury*. *Oh quantum impar labori!* Comment une vieille tête foible et incertaine pourra-t-elle se démêler de tant d'intérêts compliqués ? Elle succombera d'abord, seulement de l'excès d'un travail nouveau. Il faut envoyer de nouvelles instructions à tous les ambassadeurs, écouter tant de gens, se mettre en tête de tant de nouveaux droits, un travail pressé, une négociation serrée. Il n'y a force humaine qui y puisse tenir à quatre-vingt-sept ans.

D'ailleurs, comment se fiera-t-on pour des partis suivis à un homme de cet âge ? Il faut un plan général et de longue haleine. Voilà tout à coup la base de système du cardinal écroulée par ses fondemens. Il avoit établi la durée de la paix et l'empire de la France dans ses négociations extérieures sur notre amitié intime avec ce prince, car il avoit besoin de nous pour les

1. Les historiens le font mourir le 20.

affaires de sa succession, et cette succession est plus embrouillée que jamais. Il y auroit folie de la part du grand-duc (de Toscane) à se proposer à la fois pour successeur des propres héréditaires de l'Empereur et de la dignité impériale.

... Si nous ne profitons pas de si belles conjonctures, jamais elles ne se présenteront de nouveau. Mais il faut de l'argent, et nous sommes bien pauvres. Ainsi, ne nous embarquons pas en de folles entreprises.

6 novembre 1740. — Un subdélégué de mon frère, ayant découvert un grand amas de blé dans l'élection de Paris, l'a mandé à mon frère, son intendant. Celui-ci a ordonné sur-le-champ qu'on prît le blé, qu'on le vendît au marché, et qu'on en donnât l'argent aux pauvres. A l'instant, le subdélégué a reçu des lettres de reproches et d'injures de la part de M. *Orry*, contrôleur général, avec menaces de ressentiment. Ces amas-là se font par ordres secrets. Pareille chose est arrivée dans plusieurs *départemens*, et on en parle de reste. Peut-on imaginer que le gouvernement veuille gagner dans une pareille détresse? Non; mais c'est l'avarice publique qui cause de telles opérations. Le ministère craint qu'il ne lui en coûte trop pour les blés qu'il fait venir de l'étranger, et il a résolu de soutenir le pain à cinq sous d'ici à la prochaine récolte par tout le royaume; car, avec tout ce qu'on dit qu'il vient de blés à Paris par la rivière, il reste au même taux et augmente plutôt qu'il ne diminue.

La misère est effroyable en plusieurs provinces du royaume. L'abbesse de *Jouarre* m'a dit hier que dans son canton, en Brie, on n'a pas de quoi ensemencer les terres.

14 novembre 1740. — Seroit-il encore possible, comme je l'ai cru, que le roi fût capable de déclarer au 1er janvier au cardinal qu'il veut gouverner par lui-même, puisque tout va si mal entre ses mains, et, que pour colorer cette démarche, Sa Majesté ait affecté de répéter tous les sots propos du cardinal ?

En voici quelques-uns : A la chasse quelqu'un lui dit, tandis qu'il étoit dans sa calèche, peu après la mort de l'empereur : « Mais, Sire, nous allons avoir la guerre. » Le roi répondit : « Oh ! quand un grand roi ne veut pas avoir la guerre, il ne l'a pas. » — « Mais, lui dit-on, Votre Majesté est garante de la Pragmatique. » Sa Majesté répondit : « Nous sommes plusieurs puissances qui l'avons garantie, et nous nous en tirerons comme nous pourrons. » — « Mais, poursuivit-on, le grand-duc ne pourroit être élu empereur. » — Le roi répondit : « *Ma foi ce sera qui voudra, hormis que ce dût être un protestant, car alors je n'entendrois pas raillerie.* »

Je ne saurois croire sur cela autre chose sinon que le roi attrape tout le monde, et cherche à faire tomber le cardinal dans le mépris, en répétant ses propres paroles. Mais quand finira cette comédie ?

Le cardinal, en attendant, se déclare immortel. Il rajeunit; il ne radote plus. Il venoit ci-devant de Fontainebleau à Issy en deux jours; avant-hier il alla tout d'un trait de Fontainebleau déjeuner à Issy, et déroba cette marche au peuple, qui l'attendoit dans les faubourgs de Paris, et à Villejuif, où il devoit coucher dans le séminaire de Saint-Nicolas.

Avant le voyage de Fontainebleau, le cardinal passant dans sa chaise, du séminaire d'Issy, où il travaille et mange, à la maison du maréchal *d'Estrées*, dans le même village, où il couche, on tira un coup de fusil dans sa chaise à porteur, dont les glaces furent cassées. Il arriva chez lui plus mort que vif. Mais on a caché cela fort soigneusement.

Les *Noailles* sont en ce moment fort occupés. Comme M. *de Charost* se meurt, il s'agit de sa place de chef du conseil royal, et d'une place de ministre au conseil d'État à cette occasion. Le maréchal *de Noailles* remue ciel et terre pour les obtenir. Il a enfourné l'affaire des bâtards pour faire régler le rang de M. *de Penthièvre* avant de le marier, et cela lui retombera sur le corps. Son fils, le duc *d'Ayen*, fait, par ses conseils, l'amoureux de madame de *Vintimille*, sœur de madame de *Mailly*. Elle cherche à supplanter sa sœur, et toutes les confidences du roi sont à elle. On ne sait ce qui en sera. Moi, je crois que le roi les joue tous. M. le duc *de Châtillon* se dispose à demander aussi la place de chef du conseil royal; il aura le cardinal pour lui. Mais le duc *de la Rochefoucault* a parole du roi, et nous verrons comment cela se passera. C'est encore une bonne lance à rompre du roi au cardinal, comme lorsque Sa Majesté fit *Breteuil* ministre de la guerre.

22 novembre 1740. — M. le Dauphin est

charmant, et son gouverneur, M. *de Châtillon*, le plus sot des hommes. Voici un joli tour de sa part : Il y a quelques jours, M. *de Châtillon* alla à Paris. M. le Dauphin devoit lui écrire. On lui donna une plume et du papier, et M. *de Muy* s'endormit. M. le Dauphin s'avisa d'écrire une grande feuille de nouvelles, et il contrefit l'écriture de M. *de Châtillon*. Les nouvelles étoient fabriquées à merveille. Il rendoit un compte exact de la mort de la czarine, des événemens qui se préparoient à sa cour, des alliances de la Suède, etc. Il passa dans le caveau où se tiennent les deux gentilshommes de la manche, et leur fit part de cette feuille de nouvelles. Ils crurent de bonne foi que c'étoit une lettre de M. *de Châtillon*, et gardèrent un grand secret. Au retour du gouverneur, on lui a montré cette lettre. Il a froncé le sourcil. Il a dit qu'il étoit horrible que le M. le Dauphin fit le nouvelliste et contrefit les écritures, que cela étoit punissable. Il monta chez le roi, auquel il fit sa plainte. Le roi ne sut que dire. Pour M. le cardinal, il prit assez bien la chose ; il dit à M. le Dauphin que l'auteur du *Mercure galant* alloit quitter, et qu'il lui procureroit cette place.

24 novembre 1740. — On prétend que M. le duc *de Richelieu* a mis à mal madame *de Flavacourt*, la première beauté de la cour[1]. Il l'a animée ; elle parle davantage ; elle lorgne beaucoup ; elle a peu d'esprit. Elle se piquoit depuis

1. On sait que les Mémoires de Richelieu eux-mêmes justifient madame *de Flavacourt*.

longtemps d'une grande aversion pour son mari. Le petit duc *d'Agénois* a pris madame *de la Tournelle*. Voilà ce qu'on appelle des bonnes fortunes.

Hier M. *de Richelieu* donna un grand souper à sa petite maison, par delà la barrière de Vaugirard. Tout y est décoré avec la plus galante obscénité. Les lambris surtout ont, au milieu de chaque panneau, des figures fort immodestes en bas relief. Le beau du début de ce souper étoit de voir la vieille duchesse *de Brancas* vouloir voir ces figures, mettre ses lunettes, et avec une bouche pincée les considérer froidement, pendant que M. *de Richelieu* tenoit la bougie et les lui expliquoit.

4 décembre 1740. — Tout est en état d'angoisse dans l'intérieur du royaume. Le mal s'accroît; les financiers ne veulent plus rien avancer. Ils disent certes une bonne raison, c'est qu'ils voient une grande instabilité dans le ministère des finances; que M. *Orry* ne peut rester en place : il est trop flétri et trop haï.

Je sais que mon frère a des prétentions pour cette place de contrôleur général. Les plus gros financiers le demandent pour leur ministre, disant qu'ils donneront leur bien de bon cœur quand ils verront un homme si aimable en place. J'ai toujours dit que mon frère a le *vol des vieillards*; il a aussi celui des financiers, et nul n'a plus que lui le don de charmer. Ce seroit comme d'être élu empereur par l'armée, ou grand visir par les janissaires. De son côté mon frère s'en défend; il dit qu'on lui offre cette place, et qu'il la refuse. J'avoue que je serois fâché pour lui de la lui voir obtenir par l'insolent suffrage de gens qu'on ne peut conduire que comme des marchands usuriers, par le profit. Il faudroit leur proposer de bons marchés, comme de renouveler le bail des fermes pour six ans à compter de cette année, changer la liste des sous-fermiers, où M. *Fagon* n'a mis que des croquants, pour n'y mettre que de bonnes bourses et des gens raisonnables. En un mot il faut faire flèche de tout bois, et trouver à tout prix de l'argent pour passer le temps présent, ce qui est difficile.

Qu'on songe seulement que, si le duc de Lorraine réussit à être empereur au moyen de la ligue générale qui se forme contre nous, il voudra entretenir cette ligue qui l'aura élevé à cette dignité, et déclarera la guerre à la France, pour frapper l'ennemi au cœur. Il nous redemandera la Lorraine, et Naples à l'Espagne. Voilà l'état où nous nous trouvons réduits, après avoir été si haut il y a trois ans.

20 décembre. — Le comte *de Belle-Isle* a été nommé seul pour aller en ambassade à la diète de Francfort pour l'élection de l'empereur. On a dit que c'étoit mettre les intérêts de la paix dans les mains de l'homme de France qui désire le plus la guerre; et avec d'autant plus de raison pour lui, qui a tant d'ambition, qu'au premier coup de canon il devoit être fait maréchal de France. Et puis, ce n'est pas encore suffisant pour une ambition comme la sienne; il lui faut encore la gloire des conquêtes, et être fait *maréchal duc*. Cet homme-là va donc plutôt intriguer que

pacifier en Allemagne. On a admiré depuis peu combien son crédit s'est accru à la cour. Cela vient de ce qu'il s'est formé un système sur les affaires d'Allemagne. Il a des matériaux de tous côtés pour son système, et l'esprit fort ardent. Il mange peu, dort peu, pense beaucoup, qualités rares en France. D'un seul mot qu'il dit, il impose au petit peuple des ministres. Il y a donc apparence que l'on va bientôt entrer en intelligence avec la Bavière, et que nous aurons la guerre. Quel malheureux pays que celui-ci!

27 décembre 1740. — La démarche du roi de Prusse passe toute intelligence politique. Il envoie cinquante mille hommes en Silésie, avec le manifeste qu'on voit dans les nouvelles. On attendoit qui léveroit le premier la crête. Bavière osoit à peine, étant si peu en forces. On croyoit que Prusse agiroit tout à fait sous les influences d'Angleterre et de Hollande, et concourroit à l'intégrité des pays héréditaires. Voilà que c'est Prusse qui marche la première, et avec quelles forces! Des politiques disent encore que cette invasion ne tend qu'à s'assurer de Juliers et de Bergh, pour avoir cette monnoie de change, qui lui assure mieux ses prétentions que toutes les paroles autrichiennes. Il a raison. Mais croit-on qu'il rende aisément cinquante pour deux? car il y a ce rapport entre la Silésie et les duchés. Il a de plus un pacte de famille pour avoir l'Ostfrise, et l'on dit qu'il est en marché avec la Suède pour Stralsund. Voilà donc une terrible puissance qui s'élève en Allemagne.

27 décembre 1740. — Quelque malheur qui arrive, on dit aujourd'hui un bon mot, une pointe, une platitude, et voilà le peuple françois qui rit de tout. Que notre chère nation est aimable! La rivière de Seine est débordée, Paris est inondé, les campagnes perdues. Sur cela, l'on dit que la rivière se porte mieux, qu'elle est *hors de son lit;* qu'elle est *hors de condition*, car elle est sur le pavé; qu'elle est *en condition*, au contraire, car elle est entrée chez le roi au Louvre; qu'elle va avoir des feuilles, car elle est *en sève*, c'est-à-dire au village de Sève, etc. Ce goût des platitudes et des jeux de mots a extrêmement gagné la nation depuis quelque temps. Un nommé *du Parquet*, gentilhomme de M. le duc d'Orléans, y excelle, et semble avoir donné le ton, ce qui est un grand honneur. Cela tient lieu aujourd'hui des chansons d'autrefois sur chaque événement. Du temps de la jeunesse du feu roi, on appeloit cela *turlupinades*. Il en est beaucoup question dans Molière et autres satires des mœurs du temps.

C'est ainsi que l'on dit encore que M. *Orry* va faire un beau bâtiment, car chacun lui jette la pierre. L'autre jour, le roi allant à la chasse par un très-mauvais temps, on disoit devant Sa Majesté: « Qu'est-ce que le roi peut chasser par le temps qu'il fait? » — Quelqu'un répondit : « Sa majesté ne peut chasser que son contrôleur général. »

— Quand le roi a dit, en entendant annoncer la mort de l'empereur : « La France doit rester sur le *mont Paquotte* », *Souvré* [1] lui répondit :

1. Le marquis *de Souvré*, maître de la garderobe, étoi

« Sire, vous y serez mal logé, vos ancêtres n'y ont point bâti. »

30 décembre 1740 — *Barjac* [1] a dit ceci avant-hier à l'un de ses meilleurs amis. Cet ami trouvoit le cardinal fort changé, et radotant. *Barjac* dit que rien n'étoit plus vrai, qu'il n'en pouvoit plus, qu'il étoit à désirer qu'il se retirât promptement; que Son Éminence y songeoit bien aussi, mais qu'elle craignoit qu'*en ce cas le Chauvelin ne rentrât en place*, et qu'elle ne perdoit pas cet objet de vue; mais qu'il y avoit un moyen sûr pour l'empêcher, à quoi elle travailloit; que ce moyen étoit de renforcer le ministère actuel; que cependant cela n'étoit pas une chose aisée et n'avançoit point.

Il est vrai que, M. *Orry* étant raccommodé avec le cardinal, il paroît qu'il n'y aura pas de changement dans le ministère. On assure que c'est *Bachelier* lui-même qui soutient le contrôleur général.

Janvier 1741. — Le roi s'est mis subitement à faire de la tapisserie. Cette détermination a été prise tellement à l'improviste, que c'a été un chef-d'œuvre de courtisan de l'avoir satisfaite avec cette promptitude. On eut recours à M. *de Gesvres*, dont cette occupation est la capitale. Le courrier qui alla de Versailles à Paris chercher ce qu'il

François *Letellier de Louvois*, lieutenant général en 1748, chevalier des ordres, mort en octobre 1754.

1. Premier valet de chambre du cardinal. *Barjac* laissa la réputation d'un homme bienfaisant et plein de vertus. Sa vie a été écrite en ce sens par un de ses admirateurs.

falloit, métier, laine, aiguilles, ne mit que deux heures un quart à aller et venir : voilà qui va bien rehausser le crédit de M. *de Gesvres*, sujet de triomphe également pour le cardinal, comme montrant à quel point sa présence est nécessaire au royaume.

— Comme il est reçu de ne pas manquer une occasion de dire quelque platitude, quelqu'un a dit au roi : « Sire, le feu roi n'entreprenoit jamais deux siéges à la fois, et voilà que Votre Majesté en commence quatre. » (Voulant parler des siéges de tapisserie.)

Pour ma part, je suis convaincu que ce désintéressement des affaires générales n'est qu'apparent, et que l'on y doit plutôt chercher une satire secrète du peu de part que le premier ministre laisse au roi dans le gouvernement de son royaume.

3 janvier 1741. — On ne sait pas dans le public combien le roi influe secrètement sur les décisions principales du gouvernement. Mais ce secret est bien gardé; le tout ne se passe qu'entre Sa Majesté et le sieur *Bachelier*. Non que je veuille dire par là que Sa Majesté combine et arrange les choses à sa propre tête; mais M. *Chauvelin*, et quelque autre que je sais [1], lui envoient des mémoires sur chaque affaire principale.

1. Il est difficile de démêler ce qu'il y a de vrai dans ce rôle attribué au sieur *Bachelier*. Le marquis *d'Argenson* pourroit avoir été bien loin dans sa crédulité et sa confiance. Il indique quelque part un nommé H. ou *Hogue* comme son intermédiaire avec *Bachelier*.

Ces mémoires sont remis par le sieur *Bachelier*. Le roi les lit et étudie avec application, pour faire ce qu'il appelle la *barbe au cardinal*, tout en conservant devant Son Éminence l'apparence de la plus complète subordination. Jamais Sa Majesté n'a mieux feint l'indolence et la soumission totale, tandis qu'au fond il joue le vieux cardinal.

Ainsi *Bachelier* a réconcilié M. *Chauvelin* avec les *Belle-Isle*. On se servira de ceux-ci dès que le gouvernement changera. *Belle-Isle* va à la diète de Francfort avec des instructions secrètes. C'est de Bourges que part la véritable influence qui ne tardera pas à diriger les affaires.

7 janvier 1741. — Je n'ai jamais vu de petite ville de province aussi tracassière que l'est aujourd'hui le Palais-Royal. C'est un séjour de médisances, de calomnies, de redites, de tracasseries et de détestables passions. L'altesse royale (la duchesse d'Orléans douairière) y est comme une reine détrônée. Après quelques années de son veuvage, elle a perdu toute autorité sur son fils. Elle gémit, elle enrage. Le fils est jaloux de conserver son indépendance, et la mère est alerte à regagner sa domination. Elle a de l'esprit, surtout beaucoup d'esprit de femme. Il faut s'en méfier. Je puis assurer qu'elle y joint de la mauvaise foi, malgré sa prétendue dévotion. Elle ment souvent au saint Esprit, rend mauvais témoignage à ceux à qui elle sait en mériter un bon, entretient des haines et des mépris injustes. Elle-même est irréconciliable dans toutes ses aversions et dans les passions qui noircissent le cœur, témoin sa rancune horrible contre madame

de Modène, sa fille. Enfin l'on voit plus que jamais deux partis parmi la noblesse qui habite le palais Royal : ceux et celles du fils, ceux et celles de la mère. On les distingue, on les montre au doigt, et l'auguste princesse entretient cette division avec soin.

Le fils, en n'employant que le silence, se fait assez bien instruire de tout, et montre de la fermeté en ne nommant aux places que des gens à lui.

Voici la liste de quelques-uns des plus influens des deux partis :

A la mère étoient mon frère (pour moi je suis certainement au fils), madame *de Clermont*, madame *de Pons*, madame *de Graville*, M. *Baille*, M. *de Montbrun*, M. *de Machault*, M. et madame *de la Rivière*. Madame *de Lorges* est bonne femme; on ne la compte pour rien. Au fils sont les *Conflans*, madame *de Bourdeilles*, les *Duguesclin*, les *Balleroy*.

Mais la mère a grand besoin de se mêler de tout, et des moindres bagatelles. Cela fait que, du milieu de ses hauteurs, elle descend pour vous prier d'une niaiserie. Elle y emploie même de l'art et de la souplesse.

17 janvier 1741. — Le roi et madame *de Mailly* se sont brouillés comme des enfans. Tout le monde a pris goût à la tapisserie. Madame *de Mailly* elle-même s'en occupe ; elle y mettoit tant d'attention, qu'elle ne répondit point au roi, qui lui parloit et l'interrogeoit. Enfin le roi, impatient, la menaça; puis, tirant un couteau de sa poche, il coupa la tapisserie en quatre. Querelle horrible, brouillerie! Enfin, il a fallu les raccom-

moder, et pour cela il a été imaginé une partie extraordinaire, et dont on parle beaucoup : c'est que le roi a été souper en ville, c'est-à-dire chez madame *de Mailly*, dans sa petite chambre. Elle a emprunté un cuisinier, et a donné un assez joli souper à son amant. Il n'y avoit que cinq à six convives.

19 janvier. — Le roi fait des nœuds présentement avec les dames de sa société intime. Il commence à se lasser de la tapisserie. Mais moi je crois qu'il affecte l'ennui de l'usurpation du cardinal, qu'il tolère avec patience et vertu jusqu'au bout.

— On a remarqué que la nouvelle *pretintaille* de quadrille[1] intitulée le *médiateur* a été instituée en dérision de ce que le cardinal prétend être le médiateur universel de l'Europe; mais on ne voit pas que cela va à la satire la plus cruelle : car, en accomplissant cette médiation, le roi n'est plus qu'une *fiche*.

29 janvier 1741. — Le roi est d'une familiarité et assiduité chez madame la comtesse *de Toulouse*[2] qui passe à l'excès. Il y va des deux et trois

1. Jeu de cartes.

2. Madame *de Pardaillan Gondrin*, sœur du maréchal de Noailles et remariée au comte de Toulouse, étoit la mère du duc *d'Épernon*, du marquis *d'Antin* et du duc *de Penthièvre*.

Marie-Victoire-Sophie de Noailles, née le 6 mai 1688, veuve de son second mari depuis 1737, avoit donc alors cinquante-deux ans, mais elle étoit bien conservée. Le siècle étoit méchant, et les veuves plus exposées que d'autres en-

fois par jour. Il y soupe entre cinq et six personnes, et y parle des affaires politiques. On croit que cela devient trop fort pour que le cardinal n'y mette pas bientôt opposition. On y reçut l'autre jour des nouvelles de la flotte du marquis *d'Antin*, et de son arrivée à la Martinique. Le roi ne manqua pas le lendemain à son lever de débiter ces nouvelles, et cita les lettres de madame la comtesse. Il ajouta naturellement que M. *de Maurepas* n'en étoit pas encore informé; cependant il l'étoit depuis deux jours, mais n'en avoit rendu compte qu'au cardinal, qui avoit absolument négligé d'en parler au roi.

Triste situation d'un roi comme le nôtre, dont la constante douceur prête aux apparences de la foiblesse la plus complète, et le discrédite à chaque instant!

30 janvier 1741. — Le roi a dit encore tout à l'heure ceci de fort curieux. *Fontanieu*, qui a la garde des meubles et qui est conseiller d'État, étant venu à Versailles pour le conseil, le roi lui a dit : « Que venez-vous faire ici? *les ministres n'y sont pas.* » Pour moi, je crois que le roi se divertit à tout cela, qu'il veut éprouver les courtisans des ministres, et ceux qui n'espèrent pas en lui; qu'il se complaît dans cette pusilla-

core à la médisance. « Comment supposer que le cœur d'une femme ne soit pas occupé? » dit le prince *de Montbarey* dans ses *Mémoires*.

La maréchale *d'Estrées*, dame du palais de la dauphine, dont il est aussi souvent question, étoit également *Noailles*. Lucie-Félicité, veuve de Victor-Marie, maréchal duc d'Estrées, mort sans enfans en 1737; elle mourut elle-même en 1745.

nimité et cette obéissance sous le cardinal, qui, au bout du compte, n'est le maître qu'autant que le roi le veut bien. Il ne veut pas, dit-il, *poignarder ce vieux prêtre.*

M. le duc d'Orléans a beaucoup raisonné avec le cardinal en particulier sur les affaires d'Allemagne. Ce prince m'a dit que pour sûr le cardinal n'avoit aucun plan fixe; qu'il lui a conseillé de s'en faire donner un par M. *de Belle-Isle*, mais que cela ne serviroit à rien, le cardinal ne voulant jamais adopter les idées des autres, que cependant il est incapable, aussi bien que M. *Amelot*, de rien imaginer.

D'un autre côté, l'Espagne nous tourmente pour donner passage à ses troupes, pour aller en Italie; et si nous cédons à cette demande, les Hollandois et les Anglois ont déclaré qu'ils regarderoient cela comme une déclaration de guerre de notre part. Le pauvre cardinal est au pied du mur. Il ne saura jamais prendre un parti décisif sur rien, tant son esprit est borné et son humeur infinie.

10 février 1741. — Madame *de Mailly* est malade avec des pertes de sang, crue grosse, puis blessée, dit-on, enrhumée et fort changée; de sorte que le roi ne sort jamais de Versailles.

On dit que M. *de Mailly*, son époux, refuse d'être duc, qu'il dit avec bon sens et honneur qu'il n'a que faire de tout cela; qu'il est bien comme il est, n'ayant point d'enfans qu'il sache; qu'il a quitté le service, et ainsi n'a point mérité d'être duc.

Le cardinal se porte à merveille; mais rabougri et ne sachant ce qu'il dit les trois quarts du temps. Les affaires d'Allemagne se brouillent à l'aide de nos petites finesses et de nos perfidies.

13 février 1741. — *Sur M. de Bellisle.* — Le roi vient de nommer sept maréchaux de France, qui, avec sept qu'il y a déjà tout grouillans, font quatorze. Le roi de la fête est M. *de Belle-Isle*, dont on présume de si grandes choses, quoiqu'il n'ait encore fait que bien peu pour la guerre.

Il n'a servi, durant toute la guerre de 1701, que comme capitaine de dragons. Il eut au siége de Lille un bon coup de fusil tout au travers de la poitrine. Il eut ensuite une commission de colonel réformé. Pendant la régence, il fut en faveur. Il eut la permission d'acheter la charge de mestre de camp général des dragons, ce qui donne le rang de brigadier. Il alla comme volontaire à notre petite guerre d'Espagne de 1719, et fut blessé légèrement au talon. Ensuite, il a commandé de beaux camps en pleine paix. Il s'est montré homme de cour, homme de cabinet et de grand travail. Il a un frère sensé et pesant, le chevalier *de Belle-Isle*. Sans ce frère, il seroit un fou; sans lui, son frère seroit un homme ordinaire.

A notre guerre de 1733, M. *de Belle-Isle* commanda la petite armée de Moselle, et chacun étoit enchanté d'y servir, d'autant qu'on étoit bien pourvu de tout, et qu'on ne voyoit pas l'ennemi. Il prit Trarbach en le pétardant. Il parut à Philisbourg à deux tranchées, et y hasarda l'attaque d'un ouvrage qui n'étoit pas mûre, mais qui réussit par bonheur.

Enfin commandant les trois évêchés, lieutenant général, cordon bleu, neveu de feu madame *de Lévis*, la bonne amie du cardinal, nommé plénipotentiaire à Francfort, on vient encore de lui donner le bâton de maréchal de France, à cinquante-quatre ans.

Tels sont ses hauts faits de guerre dans ces temps où la bonne volonté est si rare chez notre nation, où l'on ne veut que la fin de l'ambition sans les moyens.

Cet homme a été trouvé grand, et peut l'être en effet. On le présume tel; mais on ne récompense en lui que le mérite à venir.

Si ce pauvre M. *Fouquet*, son aïeul, pouvoit savoir cela dans l'autre monde, quelle joie, quelle surprise pour lui, qui fut si ambitieux et si malheureux!

M. *de Maillebois* peut en dire autant de feu son père, M. *Desmarets*, qui n'étoit pas gentilhomme. Si *Maillebois* avoit voulu étudier, il eût été mis dans la robe, et seroit tout au plus intendant de province. Le voilà maréchal de France!

MM. *d'Avaray* et *de Guerchy* se sont plaints amèrement, et avec raison, de n'être pas compris dans cette promotion.

Aussi fait-on cette plaisanterie. On assure que le cardinal a dit, pour s'excuser : « Que voulez-vous de plus? J'ai fait la dernière promotion des chevaliers de l'ordre pour le militaire; il étoit juste que je fisse cette promotion des maréchaux de France pour la cour : on ne peut satisfaire tout le monde à la fois. »

12 mars 1741. — *Santé du cardinal.* — J'ai vu

ce soir sortir le cardinal de chez le roi. Il avoit l'air d'un jeune fou, d'un petit évaporé. Il portoit au vent; ses cheveux en désordre s'écartoient. Il rioit à l'assemblée; mais il rapetisse d'un jour à l'autre. De sa belle taille de cinq pieds sept pouces qu'il avoit, il lui reste à peine aujourd'hui celle de cinq pieds trois pouces. De plus il s'arque les jambes, comme un cheval usé. Il est cagneux, et fléchit surtout extrêmement les genoux en marchant. Il trotte, il coule en fendant la presse, il donne des coups de tête et s'applaudit de tout. Il est surprenant ce qu'il fait de besogne de sa façon; c'est-à-dire s'occupant dans la journée sans rien entreprendre qui dérive d'un plan et de principes certains.

La tête tourne à M. *Amelot* dans le courant des affaires étrangères : *impar oneri*. Il se perd à entendre continuellement parler au cardinal, à être chargé de mille choses à la fois et à n'en pouvoir exécuter aucune avec intelligence; à la fin la présence d'esprit manque, l'attention s'use et se détend.

On parle de nommer l'évêque de Langres coadjuteur à l'archevêque de Paris[1]. On dit que celui-ci a déjà donné son consentement, et que cela se traite en cour de Rome. L'évêque de Langres, *Montmorin*, est persécuteur de bonne foi, croyant qu'il est nécessaire au salut de rompre toute communion avec les appelans de la bulle. Il en a donné des preuves signalées à Langres,

1. *De Vintimille du Luc*, grand oncle du mari de madame de Vintimille.
L'archevêque *de Vintimille* mourut en 1746.

en recherchant sur ces sentimens des laïcs mourants, même des artisans.

3 avril 1741. — Quelqu'un qui a été dans la confidence du cardinal m'a conté une nouvelle preuve de lésinerie et de manque de parole de Son Éminence. On sait qu'il a existé une loi *pragmatique* en Espagne qui défendoit les dorures et les galons. La reine fit passer cette loi, qui fit grand tort à nos manufactures, pour nous punir du renvoi de l'infante, en 1724.

En janvier 1739, notre gouvernement fit offre de huit cent mille livres à quelqu'un en crédit qui obtiendroit la révocation de cette loi. La nourrice de la reine d'Espagne s'en chargea. Le cardinal traita avec elle, par l'entremise de *Perrichon*, prévot des marchands de Lyon. Lettre de Son Éminence à ce magistrat pour l'y autoriser. La nourrice fit si bien, que la révocation eut lieu. Elle envoie un homme de confiance à *Perrichon*, demander la somme promise. *Perrichon* renvoie l'homme à Paris ; on lui fait des difficultés.

Perrichon vient lui-même trouver M. *Orry*, contrôleur général, par qui la négociation avoit passé. *Orry*, d'accord avec le cardinal, répond que, dès qu'on a ce qu'on demande, on ne tiendra point la promesse. Et le pauvre ambassadeur de la nourrice de la reine d'Espagne retourne à Madrid les mains vides. Là on le prend pour un insigne fripon. Il a beau jurer ses grands dieux, il est mis au cachot, et y reste huit mois, sans que le cardinal songeât aucunement à l'assister, à le disculper, à le dédommager.

12 avril 1741. — Son Éminence prend jalousie des dames qui ont la faveur du roi. Il s'irrite des discours qu'elles tiennent sur son compte et sur les affaires. Ceci n'est remarquable qu'en ce que cela pourroit le porter à quitter le ministère un de ces jours, et certes il l'eût fait depuis longtemps, s'il n'eût craint le retour de M. *de Chauvelin*; mais la seule apparence de ce retour a augmenté l'obstination du vieux cardinal à ne point se dessaisir du gouvernement. Voilà le nœud de tout ceci.

L'autre jour M. le duc *d'Ayen* vient demander diverses choses au cardinal sur le fait des voyages du roi. Son Éminence lui répond, non en riant, mais très-sérieusement: « Eh! Monsieur, n'avez-vous pas des amies qui le savent bien mieux que moi? » Voulant parler de madame *de Vintimille*.

Il est certain que le voyage de Compiègne, retardé jusqu'au mois d'août, est arrangé tout juste après les couches de madame *de Vintimille*. Ce voyage doit durer trois mois, et l'on a déclaré qu'il n'y auroit pas de Fontainebleau. Voilà le peu de choses à quoi tiennent de grands événemens, et de cela le cardinal n'en a pas su mot.

Madame *de Mailly* a eu quelques petites jalousies avec sa sœur. L'autre jour, elle soutenoit qu'elle étoit encore moins sèche et plus blanche que sa sœur : « Ne pariez pas, lui répondit brusquement le roi, vous perdriez. »

19 avril 1741. — M. le duc *d'Orléans* m'a dit qu'ayant eu conversation avec M. *de Maurepas*, celui-ci ne lui avoit pas caché que nous étions tellement liés avec l'Espagne, que nous permet-

trions bientôt aux troupes espagnoles de traverser le Roussillon et le Languedoc, pour passer en Italie. « Alors, lui ai-je dit, vous allez voir se reformer la grande alliance contre la maison de France.—Aussi, m'a-t-il répondu, je suis fort aise d'être tranquille à Sainte-Geneviève pendant ce temps là, et j'y-retourne la semaine prochaine. »

On se plaint plus que jamais de la malhabileté du cardinal, qui laisse toute l'Europe s'armer à la fois contre nous, sans augmenter nos troupes le moins du monde. Les ministres ne peuvent le déterminer que bien lentement à ce qui demanderoit une exécution prompte. Le dedans du royaume est atteint d'une disette d'argent universelle. Les plus riches marchands de bois, avec lesquels nous sommes en marché pour la maison du duc d'*Orléans*, nous manquent de parole, et sont hors d'état de payer en argent aux échéances.

2 mai 1741.—Je viens de Marly. On m'a dit que l'appétit manque au premier ministre, quoiqu'il s'y efforce, que ses plaisanteries sont plus lentes et plus tristes. Cependant le roi affecte plus que jamais de le laisser le maître.

Le jour que l'on apprit le combat de quatre vaisseaux françois contre six anglois près de la Martinique, le roi annonça cette nouvelle à ceux qui étoient à Choisy. Madame *de Mailly*, avec une étourderie affectée, s'écria : « Nous laisserons-nous donner ainsi cent coups de bâton sans nous venger ? » Elle répéta cent fois cette plaisanterie, le criant devant toute la cour. Le roi, présent, ne disoit mot.

5 mai 1741. — Quelques-uns de ceux qui se mêlent de donner des avis secrets sur les affaires avertissent sourdement le roi et le cardinal du danger qu'il y auroit à laisser le roi de Prusse devenir trop puissant. Ayant, dit-on, la Silésie, le Brandebourg, les États du Rhin, surtout Wesel et la Haute-Gueldre, voilà un prince protestant beaucoup trop puissant. Il relèvera le parti protestant d'Allemagne, qui tomboit en dissolution, et nous le trouverons contraire à nos intérêts politiques et religieux. Il est impossible qu'il ne se mêle pas quelque intérêt de conscience, quelque préjugé d'éducation, dans la politique des souverains. Les puissances protestantes d'Europe ne peuvent donc voir qu'avec un plaisir secret l'agrandissement d'une puissance de leur opinion. Mais, d'autre part, si notre intérêt est dans l'affoiblissement de la puissance autrichienne, peu nous importe qui en profite, du moment que cette puissance rivale soit brisée et morcelée.

11 mai 1741. — On m'a dit que, le cardinal étant l'autre jour de fort mauvaise humeur, quelqu'un lui avoit dit du bien de moi, faisant semblant d'ignorer son aigreur injuste à mon égard; que tout à coup il fit une sortie sur ma personne, surtout n'oubliant pas ma prétendue invasion de la place de la maison d'Orléans sur mon frère, et termina ainsi : « Enfin, pour tout dire, *c'est le digne ami de Voltaire, et Voltaire son digne ami.* »

Quelqu'un qui vouloit entrer alors pour affaires fut conseillé par *Duparc* de remettre à une autre fois; que le cardinal étoit tout en mouvement et en grande colère.

22 mai 1741. — *Entretien du duc de Chartres avec le cardinal de Fleury.* — M. le duc de Chartres a eu, en présence de *Balleroy*, cet entretien avec le cardinal *de Fleury* à son départ de Marly. Le jeune prince s'est résumé en ces termes : « Monsieur, j'ai à vous remercier des soins que vous vous êtes donnés depuis peu pour me marier. » — Le cardinal a d'abord rougi, étonné d'entendre le prince entamer cette affaire. Il a dit ensuite : « Oui, Monseigneur, j'ai pensé que, dans la circonstance actuelle des affaires, il y auroit de la difficulté à s'allier si ouvertement avec la Bavière; mais il y a d'autres princesses en Allemagne. Il y a trois princesses de *Sultzbach*, dont la seconde est fort bien et très-vive. » — Le duc de Chartres : « Monsieur, il y a un autre établissement ici qui feroit tous mes vœux et tous mes désirs. » — Le cardinal a rougi de nouveau, a été embarrassé, et a été six minutes sans répondre. Enfin il a dit : « Monseigneur, de quoi voulez-vous parler ? » — Le duc a repris spirituellement et avec hauteur : « Monsieur, ce n'est pas répondre, c'est m'entendre. »

Le cardinal a cru devoir répliquer : « Mais, Monseigneur, j'en ai parlé à M. le duc d'Orléans, et le roi s'en est occupé. »

Sur cela, M. le duc a dit : « Monsieur, je pars jeudi pour Flandre. »

Honnêteté du même prince envers le sieur Bachelier. — M. le duc de Chartres, ayant fait déjà plusieurs politesses au sieur *Bachelier* en diverses occasions, l'a trouvé à l'écart à Marly, et lui a dit : « Je sais, Monsieur, que vous cherchez à me rendre service, et vous prie de continuer. » *Bachelier* a répondu : « Monseigneur, je serois trop heureux d'y pouvoir jamais réussir » ; et il s'est enfui.

25 mai 1741. Nous allons donc faire la guerre contre le Pragmatique, que nous avons garantie, et pourquoi cela ? Tout le monde s'est écrié qu'il falloit saisir cette occasion pour briser le colosse de la grandeur autrichienne. A la bonne heure, si c'est pour avancer la félicité du monde, pour délivrer l'Allemagne d'une puissance injuste et tyrannique, qui fomentoit partout la dissension, qui visoit à l'agrandissement de la Russie, au changement du gouvernement de Pologne pour en profiter. Procurons donc le bonheur et l'égalité à l'Allemagne, mais ne nous abusons pas. La maison de France ne sera pas plus grande pour cela. Les Allemands, bien gouvernés par leurs princes particuliers, s'entendant mieux qu'aujourd'hui sur leurs intérêts communs, formeront une barrière plus insurmontable à notre ambition que ne le feront jamais les empereurs d'Autriche.

Mais tels ne sont pas nos desseins ; ils sont bien autrement coupables. Le grand raisonnement que l'on fait en France, c'est de dire que, si le grand-duc devient empereur, avec toute la puissance que lui promet la Pragmatique, il nous attaquera le lendemain et nous accablera. C'est ainsi que depuis longtemps notre ambition françoise se déguise en précaution. Nous n'avons réellement rien à craindre, surtout depuis notre alliance avec l'Espagne, ni même auparavant. A quelque degré de puissance que parvînt la nouvelle maison d'Autriche, elle n'osera jamais redemander ni l'Alsace, ni le pays Messin. Nous nous ferons respecter, surtout dès que nous le prendrons sur le ton qui nous convient, que nous serons toujours prêts à armer et à demander justice; mais ce ne sera pas en affichant des prétentions injustes, comme le fit Louis XIV après la paix de Nimègue.

Enfin, qu'on calcule ce qu'une nouvelle guerre d'ambition et d'inquiétude va causer de mal au dedans, on trouvera que jamais l'empereur ne sauroit nous en faire autant, avec toute la puissance que nous lui supposons.

— On vient de déclarer l'augmentation des troupes de dix hommes par compagnie d'infanterie; celle de cavalerie et dragons va paroître.

4 juin 1741. — Voici un terrible événement, et qui n'est que trop confirmé de toutes parts : *Carthagène*, en Amérique, pris par les Anglois. Sans doute les Espagnols ont retiré bien avant dans les terres tout ce qu'ils ont pu sauver de leurs richesses; mais les Anglois ont brûlé ou pris six galères, ils ont pris six autres vaisseaux de guerre.

Voilà donc cette nation qui voudroit conquérir le monde. Elle tente actuellement l'invasion de l'Italie, et les petits insulaires anglois enlèvent à l'Espagne ses anciens et riches domaines.

Les Espagnols crient avec raison contre nous;

ils disent que c'est notre secours qui leur a attiré soixante-dix vaisseaux anglois, au lieu de trente qu'ils avoient sur les bras; qu'il ne falloit pas envoyer la flotte de M. *d'Antin*, ou ne pas la retirer comme nous l'avons fait. M. *de Campo-Florido* s'exprime ainsi devant le monde.

Déjà l'alarme est excessive. Les actions de notre Compagnie des Indes déclinent à vue d'œil. Elles étoient hier à 1,600. Lyon a 30 millions dans le commerce de Cadix, et la France y a plus de 60 millions. On est menacé de banqueroutes de tous côtés.

— On a voulu considérer comme une marque de crédit la grâce qu'a obtenue le cardinal de la charge de premier gentilhomme de la chambre pour son neveu, M. le duc *de Fleury*. Il a été préféré aux maisons de *la Trémouille*, *d'Orléans et de Condé*, qui toutes demandoient cette charge en qualité de parens. Le cardinal a fait jouer tous ses ressorts pour y parvenir. Il a dit et fait dire à nos ministres que tout étoit perdu si l'on ne donnoit pas cette charge à son neveu, que les étrangers ni les financiers ne vouloient plus se fier à lui, qu'ils le regardoient comme discrédité depuis qu'on savoit que le roi avoit donné le régiment des gardes et le gouvernement au duc *de Gramont* malgré lui. Il a même mis le marché à la main au roi, et offert sa retraite.

Chacun s'est piqué de ne point aller faire des complimens au duc de *Fleury* sur cette nouvelle faveur. Tout ce qui appartient aux maisons d'Orléans, de Condé, de la Trémouille, de Bouillon, de Montmorency, a affecté de s'en abstenir, et cela compose la meilleure partie de la cour.

Comment peut-on croire par là rendre du crédit aux affaires? Quelque grâce que l'on accorde au cardinal, on ne lui ôtera pas son grand sujet de discrédit, qui est son âge de 88 ans. La seule véritable manière de mettre les affaires en crédit seroit d'accepter sa démission, de le remplacer par un ministère durable et qui offrît des garanties de stabilité.

10 juin 1741.—*Comment le duc de Fleury*[1] *a été nommé à la charge de gentilhomme de la chambre.* —Le roi avoit donné parole à madame de *Mailly* et autres dames de sa société de donner la charge de premier gentilhomme en *custodi nos* à M. de Luxembourg, jusqu'à ce que le petit *la Trémouille* fût en état de l'exercer. Le cardinal lui fit demander cette charge avec une ardeur, et même une hauteur, insupportable. L'éminence avoit cru cela un coup de partie, après avoir perdu le régiment des gardes. Il fit dire au roi qu'il n'avoit plus qu'à se retirer, dès que l'on savoit dans le monde que Sa Majesté disposoit sans lui, et malgré lui, des grandes charges de la cour. Or, le roi a résolu de laisser le cardinal gouverner l'État jusqu'à la fin de ses vieux jours; il en a trop fait pour y renoncer. Aussi cela devient le gros canon dont se sert Son Éminence à la dernière extrémité.

1. Le dernier duc *de Fleury* de la maison fondée par le cardinal mourut pair de la restauration en 1815; la duchesse, séparée durant l'émigration de son mari, reprit son nom de famille: madame *Aimée de Coigny*. C'est à elle qu'André Chénier avoit adressé l'épître si touchante de la *Jeune captive*.

Le roi resta jusqu'à trois heures du matin chez madame *de Mailly*, comme un furieux et un désespéré. Enfin madame *de Mailly*, lui dit : « Sire, vous êtes dans un état trop violent. Eh bien, nous vous rendons votre parole. Faites ce que vous voudrez pour votre cardinal. » Sur cela, avant de se coucher, le roi écrivit la lettre au cardinal, qu'il remit le matin au duc *de Fleury*, en présence de tout ce qui étoit à son lever. C'étoit déclarer qu'il donnoit la charge.

23 juin 1741. — Le cardinal a eu une foiblesse avant-hier en travaillant. Il survint du monde dans le moment. Il se réveilla, fit effort, se releva, eut une sueur froide, dit qu'il faisoit chaud. Les assistans et les flatteurs dirent qu'on étouffoit, quoique le jour fût froid. On ouvrit une fenêtre. Il y alla et s'essuya. *Barjac* fit retirer le monde. *Bouillac* se trouvoit là ; il resta enfermé une demi-heure avec Son Éminence, et le fit revenir avec le vinaigre des quatre voleurs.

M. *de Breteuil* a fait passer une grâce qui m'intéressoit un peu, en prenant son temps pendant que le cardinal dormoit en travaillant avec le roi. Quoi ! dormir devant le roi !

25 juin. — Le cardinal a encore eu une foiblesse mercredi à Issy, outre celle qu'il eut lundi à Versailles. C'est ainsi qu'il finira ses *malheureux* jours. Je dis malheureux, car chaque jour il est plus mal avec l'État et avec le public.

Cependant hier, jour de sa naissance, il est entré dans sa quatre-vingt-neuvième année, et a fait la fanfaronnade de dire la messe à sa chapelle.

Juin 1741. — *Réflexions sur le commerce des Indes occidentales.* — La soif de l'or dépeuple le monde, plonge dans la fainéantise ceux qui y restent. C'est une chimère que d'avoir tout sans rien faire, et d'assouvir par là ses passions à coups sûrs. La découverte des Indes a réalisé cette chimère. Philippe II se crut un dieu maître des foudres. Le ciel l'en a puni par la foiblesse et le dépeuplement de ses États. Le même malheur se répand nécessairement sur toutes les nations qui veulent participer au commerce des Indes occidentales. Voyez la situation du Portugal! Que de combats ces Indes nous ont déjà causés depuis le commencement de ce siècle! Mais tel n'est point l'intérêt du commerce.

Oublions ce malheureux or; ne le regardons que comme *les cédules mortes des denrées utiles.* Nous en aurons toujours assez pour nos échanges. Ne cherchons pas à avoir quelque chose pour rien, ou pour peu de choses, Dieu le défend. Voilà pourtant où on met l'essence du commerce. On a vu quelque temps les Hollandois faire de grands profits de commerce. L'impatience françoise les envie, mais cela ne peut durer longtemps. Les vrais profits du commerce se font pied à pied, et c'est ce qu'il faut enseigner aux peuples. C'est cependant ce qui fait tant de jaloux à l'Espagne; sans les beaux yeux de sa cassette, nous ne la regarderions que comme une puissance très-indifférente.

C'est ce que je dis l'autre jour de la guerre présente à un homme qui peut beaucoup dans les délibérations.

6 juillet 1741. — Il subsiste une bonne tracasserie entre madame la duchesse mère et M. le comte *de Charolois*, son fils. Elle vouloit forcer son fils à la faire admettre dans la tutelle de M. le prince *de Condé*. On a fait une assemblée de parens, et chacun envoie son vœu séparément. M. le duc d'Orléans m'a consulté sur le sien. Je l'ai confirmé dans le dessein où il étoit d'opiner pour le fils, ce qu'il a fait avec éloges. Il est vrai que M. *de Charolois* vit avec une femme qu'il a enlevée à son mari; mais on pourroit le comparer au grand Condé, qui avoit toujours besoin d'une occupation forte comme la guerre, et qui, hors de cela, étoit fougueux et tramoit contre l'État. M. le duc d'Orléans me dit, à ce sujet, qu'on ne pouvoit confier les secrets de l'État à un fou [1].

14 juillet 1741. — Le maréchal *de Belle-Isle* joue un des plus grands rôles qu'un homme ait jamais joués, sans avoir rendu d'autres services jusqu'ici que des détails multipliés, suivis de démarches, et vie laborieuse.

Ce n'est ni un esprit supérieur, ni un homme d'imagination : c'est un esprit juste, précis, grave, s'exprimant avec netteté et avec force. Ses succès viennent de ce que toute sa maison est une machine bien montée. Son frère, avec du sens, de la sagesse, de l'activité, lui est extrêmement subordonné et dévoué. Il le soulage de

1. On sait qu'il l'étoit un peu lui-même.

tout détail. Il y a encore avec lui un M. *du Plessis*, qu'il a pris dans son régiment de dragons, fort attaché à lui. Il fait grand usage de ces seconds, de sorte que, n'ayant à songer ni à sa maison ni à ses correspondances, il porte tous ses soins aux grandes affaires, et y avance beaucoup. Et dans quel temps s'avise-t-il ainsi de travailler et d'avoir du mérite? Dans un temps où personne n'en a. Voilà ce qui fait et qui fera un grand homme de M. *de Belle-Isle*.

On peut dire qu'il sauve l'État, aujourd'hui que le roi laisse tout faire au vieux cardinal, qui ne peut et ne veut rien faire. Mais n'est-il pas dangereux de donner sa confiance à un homme aussi entreprenant? M. *de Belle-Isle*, sans titre, gouverne tout. Il conduit seul toutes les affaires d'Allemagne. Il vient de décider l'augmentation de l'infanterie. Enfin il vient de déterminer à faire marcher nos vingt-cinq mille hommes en Bavière. Tout cela est conduit dans le plus grand secret.

Son arrivée à Versailles a été un triomphe. Il a eu l'affectation de ne passer chez lui à Paris, ni en allant, ni en revenant. Il a changé de chevaux au *Pont-Tournant*. Autre plus grande singularité: il n'a parlé au cardinal seul qu'un quart d'heure au plus; il a été enfermé trois heures avec M. *de Breteuil* (ministre de la guerre), et non moins avec les autres ministres. Cela montre que le cardinal ne se mêle que très-peu des affaires de la guerre, et renvoie ces détails aux sous-ministres. M. *de Belle-Isle* dicte tout cela, et conduit entièrement le ministère. Il dirige le système général que l'on a adopté. On est heureux d'avoir rencontré en lui un homme de mérite, d'activité, de hardiesse surtout, dans un temps aussi pauvre en hommes de génie.

14 juillet 1741. — M. le duc *d'Orléans* avoit été convoqué pour le conseil mercredi 12 juillet; M. *Amelot* étoit venu pour insister afin qu'il s'y trouvât. Nous avons été très-surpris, lorsque mercredi, étant à dîner, l'huissier vint l'avertir que le conseil alloit s'assembler; Son Altesse Sérénissime, sans se lever de table, répondit tout haut: « Monsieur, *le roi m'a dispensé d'y aller*. » Il est évident que c'est la dévotion qui le détourne d'opiner sur les affaires de la guerre, qu'il craint de répondre de tout le sang qui va se verser.

La cardinal a le dévoiement, et s'affoiblit à vue d'œil, de corps et d'esprit. Les courtisans le méprisent avec affectation.

18 juillet 1741. — Le cardinal est plus jaloux que jamais de gouverner. Il restreint toute l'entreprise d'Allemagne avec une lésinerie qui fera tout manquer. Il en sera comme de l'affaire de Dantzig, où l'on finit par envoyer trois bataillons. C'est ce qui fait que M. *de Belle-Isle* reste plus longtemps qu'il n'avoit dit, et rien ne se décide.

On a dit à M. le duc *de Chartres* qu'il n'iroit pas avec les *polissons* en Bavière, mais qu'un prince du sang devoit aller à *l'armée dorée*. Il y aura donc une armée dorée. Ce sera en Flandre, où doit aller la maison du roi. Tout étoit hier en combustion à Versailles pour demander à servir, et pour savoir son sort. Cela ne se saura qu'après le départ du roi.

Je suis persuadé que, dans ses momens de réflexions sensées, le cardinal a dit déjà qu'il s'est mépris sur le choix de M. *de Belle-Isle*, qu'il s'est livré au plus grand des boutefeux politiques, qui mène la bande et qui s'entend avec tous les autres.

23 juillet 1741. — Les plus grands partisans du cardinal n'ont plus qu'un mot à la bouche; c'est qu'on lui force la main en toutes choses. Toute cette guerre se fait, disent-ils, sans lui. On ne sait où est le pouvoir, me disoit l'autre jour un petit ambitieux; il n'existe pas un homme auquel on puisse s'adresser et donner au besoin cinquante mille écus pour obtenir le poste qu'on désire.

Le cardinal s'est retranché derrière M. *Orry*, le seul ministre qui lui soit demeuré fidèle. Par lui il multiplie les difficultés pour la guerre; mais le roi a répondu qu'absolument il falloit trouver de l'argent.

M. *de Belle-Isle* crie que, sous M. *Orry*, les finances ne suffiront jamais aux entreprises militaires et politiques; il diffère son départ jusqu'à ce qu'il ait obtenu son changement. On dit dans Paris que M. *de Bercy* prépare déjà son portefeuille, et espère être au moins directeur des finances; s'il n'obtient pas la première place, il se contente de la seconde.

24 juillet 1741. — *Intérêts de la maison d'Orléans*. — J'ai eu à peu près cette conversation, hier, avec M. le duc d'Orléans :

« Au milieu de toutes vos pratiques de méditation et de dévotion, Monseigneur, n'êtes-vous pas touché du malheur qui menaceroit le royaume s'il venoit à perdre M. le Dauphin? L'extinction des deux branches de la maison d'Autriche, depuis le commencement du siècle, ne fait-elle pas trembler pour notre maison de France? Le seul moyen d'éviter un sort pareil, c'est de faire de M. le duc de Chartres un duc d'Anjou, de le montrer à l'Europe hautement comme substitué à la race de Louis XV. J'ai beaucoup fréquenté les étrangers, ai-je ajouté, pendant que j'étois destiné à l'ambassade de Portugal, et je puis vous assurer, Monseigneur, que leur vœu à tous étoit que le duc de Chartres épousât Madame, et que la branche d'Orléans fût destinée au trône en cas d'extinction de la race royale. »

Le duc d'Orléans m'a répondu qu'en ce moment le cardinal étoit porté pour la branche d'Espagne; que, si M. le Dauphin venoit à manquer, ce seroit certainement celle-ci qui succéderoit au trône, et nous mettroit toute l'Europe à dos. Cependant la maison d'Orléans auroit aussi des partisans, et il seroit à craindre que le royaume de France ne se divisât en deux; ce que les étrangers, envieux de notre puissance, favoriseroient sans doute.

On ne devroit jamais perdre de vue cette maxime de conduite de la France avec l'Espagne: être amie de cette couronne, mais la tenir toujours dans cette subordination où doit être un cadet avec un aîné; qu'elle ne nous forçât jamais la main en rien, même dans les occasions où nous en avons le plus besoin, comme les tarifs, priviléges et exercices du commerce; et surtout que cette considération ne nous fît pas dissimuler le projet de faire succéder la maison d'Orléans à la branche régnante, seul moyen de conserver la paix interne et externe. Mais le cardinal, par pusillanimité, penche toujours vers cette basse complaisance qui naît de la crainte et tend à l'intérêt sordide.

6 août 1741. — La faveur de la comtesse *de Toulouse* est toujours très-grande. Sa Majesté a pris l'habitude de descendre quatre à cinq fois par jour dans l'appartement de madame la comtesse *de Toulouse*, qui est celui de madame *de Montespan*. Madame la comtesse de Toulouse est aujourd'hui la maq..... des amours du roi. Madame *de Mailly* est à portée de son appartement. La bonne princesse se prête aux délices, aux jouissances du roi, prête son lit, son canapé, son fauteuil. Cependant elle est dévote et sans rouge; elle passe des deux heures à l'église, à lire avec une petite bougie dans un confessionnal.

Cette faveur inquiète à la fois le cardinal et *Bachelier*. Le cardinal est furieux depuis que le comte *de Gramont* a été placé malgré lui. La comtesse est à la tête du parti *Noailles*, qui est d'autant plus dangereux qu'il est plus actif et abonde en gens d'esprit et d'imagination.

Ces partis de cour ont pour objet de placer ou de déplacer un premier ministre, c'est là le fond de leurs travaux. Le parti *Noailles*, *Rohan*, dévot, veut placer le cardinal *de Tencin*, et éloigner M. *de Chauvelin*. Mais je suis persuadé que ces femmes y avancent peu, et que Sa Majesté saura se détacher de leur influence et écouter les conseils de la raison.

Néanmoins *Bachelier*, qui y va de bonne foi, s'alarme de la durée et de l'intimité de la faveur de la comtesse de Toulouse ; il dit que le cardinal a manqué le coup pour l'éloigner et l'exiler. La faveur de *Mademoiselle* a passé parce qu'elle donnoit à prendre sur elle par son indécence, ses mœurs, ses fureurs ; mais la comtesse est décente en tout, fait la dévote, se conduit bien, et est commode à cause de son logement, quand le roi est à Versailles. *Bachelier* dit encore que le fond du tempérament du roi le porte à la dévotion ; que, s'il avoit jamais quatre accès de fièvre, il enverroit promener sa maîtresse et garderoit ses amies. Que seroit-ce si la comtesse *de Toulouse* pensoit à elle-même, en retenant Sa Majesté dans ses filets ? Elle est encore assez fraîche et a de l'embonpoint. Ce seroit un assaisonnement au plaisir que la dévotion.

Bachelier ne prévoit pas encore ce coup-là ; mais ce brave homme, violent dans ses passions et son amitié, jette feu et flammes contre cette dame. Je crains qu'il ne s'aveugle et n'agisse mal.

La situation des finances est déplorable. Le roi est obligé, faute d'argent, de renoncer aux voyages de Fontainebleau, de Compiègne, de Choisy, même à celui de la Muette. On n'a jamais vu d'exemple de pareille pénurie, ni comment on ose commencer une guerre durable et coûteuse sous de tels auspices. Le receveur général *Michel*, qui passoit pour un des plus riches, vient de déclarer sa faillite.

Le contrôleur général (*Orry*) demande à force à se retirer. Alors que deviendra le cardinal? Car le contrôleur général est l'âme du ministère, et l'on pourra lui en substituer un autre moins agréable à Son Éminence.

Le maréchal de *Maillebois* produit pour les finances M. *de Bercy*, son beau-frère. Il s'unit pour cela avec M. *de Breteuil*, qui est jaloux de *Séchelles*. Ainsi M. de Breteuil pousse *Bercy* au ministère. On le vante pour posséder les ressources *de Desmarets* dans la circonstance présente.

Bachelier s'est bien ouvert sur son amitié pour M. *de Chauvelin*; il a dit que deux grands hommes comme MM. *Chauvelin* et *Belle-Isle* étoient faits pour s'entendre et pour être amis. Mais le cardinal est présentement enragé contre *Belle-Isle*, et le déteste; il se voit trompé en ce que le général a porté la gloire de l'État plus loin qu'il ne vouloit; il est jaloux de la réputation dont jouit M. *de Belle-Isle*. Celui-ci a peu vu le cardinal à Versailles. Le roi a donné plusieurs coups de collier en faveur des projets de M. *de Belle-Isle*, et les a fait prévaloir.

8 août 1741.—M. *Orry* a dit à deux intendans que je connois qu'on établiroit un nouveau dixième le 10 octobre prochain. Il espère en tirer davantage que lorsqu'on établit ce nouvel impôt en 1733. Alors, a-t-il dit, on y mit trop de douceur; on passa à trop bon marché les abonnemens des maisons *d'Orléans* et de *Condé*. Cependant rien n'est plus vrai, le royaume est plus pauvre aujourd'hui qu'en 1709, quand M. *Desmarets* imposa le dixième. Ce ministre

sensé se garda bien de l'imposer à toute rigueur en ces temps désastreux; il se contenta de tirer dix millions de ce qui en eût valu trente à un homme moins habile. Il effraya les ennemis de la France, qui y virent de grandes ressources, et n'acheva pas la ruine des particuliers, comme on va le faire.

La circulaire de M. *Orry* aux intendans n'est qu'un tissu de duretés inouies. Ce sera une espèce de taxe des gens aisés; on présumera ce que vous avez ou devez avoir de revenu. On ne cherche que les gens les plus durs, pour les placer comme directeurs de *dixièmes* dans les provinces. On prétend tirer cinquante millions de ce dixième, tandis que celui de 1734 et 1735 n'a produit que trente millions. On n'accordera que peu ou point de gratifications sur les tailles cette année, en sorte que les tailles iront à quatre ou cinq millions de plus que les années précédentes. Comment nos provinces supporteront-elles ces charges! Tout sera ruine, épuisement, banqueroute, misère.

Mademoiselle *de Sens* est dans les terres de M. *de Langeron*[1], son amant, en Berry, où elle fait ses couches. Elle a été saignée plusieurs fois, et elle se meurt.

9 août 1741. — Voici deux nouvelles banqueroutes, *Castagnier* et *Villette*, gendre du trésorier général des guerres. *Lallemand de Betz* alloit en faire autant; on l'a étayé de 200,000 livres à propos. Tous ces gens d'affaires vont man-

1. On les disoit mariés secrètement.

quer ainsi de suite. Le ministre des finances ne sait plus où il en est. On a trouvé un moyen de diminuer le crédit de la comtesse *de Toulouse* : ce sera de donner un autre appartement à madame *de Mailly*, proche les entresols du roi. Le maréchal *de Coigny* a été lui offrir celui de madame *de Matignon*. Par là, on n'aura plus besoin de l'appartement de madame la comtesse, si sainte et si dévote, pour servir de théâtre aux scènes amoureuses.

11 août. — Grande aventure à la cour : Madame *de Vintimille* tombée malade à Choisy, la fièvre seulement. Le roi est venu passer deux jours à Versailles ; il y reçoit quatre courriers par jour de la sœur de sa maîtresse. Il est retourné jeudi au soir à Choisy ; il y passe trois jours. Malgré ses promesses au cardinal, les voyages à Choisy vont aller leur train. Il ne feroit pas cela pour la reine.

12 août. — Mademoiselle *de Clermont*, princesse du sang, surintendante de la maison de la reine, mourut hier, à huit heures, sans sacrements. Les médecins la dirent hors d'affaires ; elle se para, fit des cocardes pour ses amis qui vont à la guerre, puis elle mourut subitement. Le cardinal veut retrancher sa charge, ce qui épargnera 100,000 livres à l'État.

13 août. — Madame *de Vintimille* est à l'extrémité à Choisy. Le roi n'abandonne pas un instant madame *de Mailly*, sa sœur, qui est au désespoir de perdre une si bonne sœur. Selon d'autres,

c'est une des plus méchantes femmes qu'on ait jamais vues, et, pour se perfectionner encore, elle avoit pris le duc *d'Ayen* pour amant. Ce seroit une grande perte pour les *Noailles*.

18 août 1741. — Il est certain que tout se prépare pour l'entrée de nos armées en Allemagne, et pour déclarer la guerre à l'Angleterre. On flatte le roi des entreprises et du règne le plus glorieux. Sa Majesté a impatience de parvenir à ce moment; elle est, pour ainsi dire, pressée par la faim. On lui défend les voyages hors de Versailles, à cause de la dépense. Les voyages de Choisy sont plus irréguliers; la santé de madame *de Vintimille* en est le seul motif, elle est hors d'affaires. On ne prêche que misère au roi, partout on lui en montre les preuves.

21 août. — Le roi a toutes sortes d'attentions pour madame *de Vintimille*, et plus que si c'étoit sa maîtresse déclarée. On croit que sa santé est meilleure, et qu'elle se tirera d'un état de grossesse où elle a cru elle-même qu'elle mourroit. On n'a cependant pas encore senti son enfant remuer; mais la fièvre a diminué. Le roi est retourné la voir à Choisy. Enfin elle arriva mardi en triomphe à Versailles, dans une litière et avec une nombreuse escorte. Elle a pris, dit-on, de l'ascendant sur l'esprit du roi, de manière à inspirer de la jalousie à sa sœur. Cependant, je crois le roi trop doux et trop peu enclin au libertinage pour être tombé dans une infidélité de cette espèce, pour avoir passé de la sœur à la sœur, avec aussi peu d'attraits de plaisir. Mais

leurs corps peuvent être exempts de jalousie, et leurs cœurs être justement jaloux. La supériorité de madame *de Vintimille*, comme on la dépeint, doit éclipser la pauvre *Mailly*, qui n'est qu'une bonne femme à cœur tendre et à propos communs. La fortune de madame *de Vintimille* est l'ouvrage du roi; il peut se complaire dans son ouvrage, et c'est sans doute un des plus grands attraits pour lui.

Ce qui me répugne en elle est une réputation de méchanceté. De la méchanceté de langue on peut passer à celle d'esprit, puis à celle de cœur. Un bon roi ne devroit aimer que de bonnes gens.

22 août 1741. — M. *de Wassenaer* tient les plus mauvais propos, et cela au milieu de Paris. Quand on lui a dit que le 15 août les troupes françoises devoient avoir passé le Rhin, il a répliqué : « Est-ce donc pour manquer impuné» ment à leur parole que les François se sont » mis sous la protection de la Vierge? »

En effet, que pouvons-nous répondre à ce reproche? Pourquoi avoir signé la Pragmatique avec cet air d'amitié et de garantie, pour y manquer si ouvertement? Nous devions conserver les États de la reine de Hongrie, et nous allons la dépouiller : car, enfin, que vont faire autre chose nos troupes en Allemagne?

4 septembre 1741. — Le roi a donné à madame la comtesse de Toulouse la maison *de Luciennes*, qu'avoit mademoiselle *de Clermont*, et lui a retiré *Buc*. Cela prouve que le crédit de la comtesse

augmente au lieu de diminuer, comme on l'avoit pensé. La voilà donc jouant de plus en plus le rôle de complaisante. Luciennes est à la commodité du roi quand il est à Marly, comme l'appartement de la comtesse à Versailles. Le roi va faire plusieurs voyages à Rambouillet. Les actions et le crédit de cette auguste dame paroissent donc bien aller. Il est vrai qu'il faut des amusemens à ce prince, d'ailleurs assez désœuvré, et qui ne paroît pas jusqu'ici aimer les affaires.

Hier au soir, le roi, revenant du salut, au milieu de vingt-cinq personnes, s'est mis à répéter tout ce que le cardinal lui avoit appris de nouvelles de la veille, parlant à tort et à travers, au scandale de ceux qui l'aiment et voudroient qu'il mît plus de réflexions dans sa conduite. Il dit donc que le combat de M. *de Caylus* contre quatre vaisseaux anglois s'étoit fort bien passé de notre part, que les Anglois n'étoient pas braves sur mer, que les Hollandois l'étoient davantage; il dit que le roi de Prusse et le comte *de Neipberg* étoient en présence; que le roi de Prusse auroit bien fait de nous attendre, mais qu'il avoit voulu aller vertement et par lui-même en cette affaire, parce que l'on avoit mal parlé de *son hardiesse* à l'affaire de *Mollwitz*.

Dans ces discours, il y a insulte indécente à nos ennemis, indiscrétion sur nos vues secrètes, et médisance de notre meilleur ami.

5 septembre 1741. — Madame *de Vintimille*, sœur bien aimée de la sultane favorite, est enfin accouchée avec succès, quoiqu'on craignît tant pour sa santé. Elle a donné un garçon à sa fa-

mille, et à l'instant M. l'archevêque de Paris, son oncle, est venu le bénir.

M. *du Luc*, son beau-père, en a fait autant, quoique ci-devant ils ne parlassent pas de cette grossesse dans la famille *du Luc*, et que M. *de Vintimille*, son époux, ait dit partout qu'il n'avoit aucune part à cet enfant.

C'est *la Peyronnie* qui a fait les fonctions d'accoucheur. Le roi va voir l'accouchée quatre à cinq fois par jour; on l'a logé dans l'appartement du *cardinal de Rohan*, grand aumônier de France.

Voilà le roi au moins pour six semaines à Versailles, à soigner ladite dame en couches. Il y aura cependant quelques voyages à Rambouillet, ce qui chagrine également le cardinal et *Bachelier*, comme tout ce qui augmente le crédit de la comtesse *de Toulouse*.

10 septembre 1741. — Madame *de Vintimille* mouroit hier, à 7 heures du matin, étant heureusement accouchée depuis huit jours. Il lui a pris la maladie que l'on nomme *fièvre milliaire* en Piémont, qui est commune en ce pays, et dont la reine de Sardaigne est morte il y a deux mois. On ne connoissoit pas cette maladie en France. Le mot provient de ce que la peau présente une quantité innombrable de boutons, gros comme des grains de millet. Cela prend plutôt aux femmes en couches qu'à d'autres.

A juger de l'affliction du roi par les soins qu'il s'est donnés durant la maladie, il en doit être inconsolable. On attribue ces soins extraordinaires à l'amour, et à une infidélité condamnable d'une sœur à l'autre. Mais que le monde est méchant! La seule amitié de Sa Majesté pour la défunte a pu produire ces soins. Je crois qu'ils ne proviennent que de son amour pour madame *de Mailly* : c'étoient les deux sœurs les plus unies qu'on ait jamais vues, et le roi sentoit quelle seroit la douleur de sa maîtresse en perdant sa sœur.

Quelle apparence qu'elles fussent restées amies en se disputant un cœur si illustre et si précieux! Madame *de Vintimille* avoit les plus grandes obligations à sa sœur. Elle étoit laide, et sa réputation étoit depuis longtemps douteuse. Notre maître est si fidèle à l'amitié, si homme d'habitude, qu'on ne peut ajouter foi à ce bruit pour peu qu'on réfléchisse; mais on ne veut croire que ce qui est mal.

Madame *de Mailly* est bonne femme, d'humeur douce et peu entreprenante; mais sa sœur conduisoit le roi beaucoup plus loin. Elle avoit l'esprit fort, d'une vaste étendue; elle étoit emportée et entreprenante. Au fond, elle étoit restée fidèle à ses engagemens avec le parti de M. *Chauvelin*, et s'étoit déclarée hautement contre le cardinal; mais elle s'y prenoit peu adroitement, et elle l'attaquoit trop de front[1].

11 septembre.—Le roi a été dans une affliction épouvantable à la mort de madame *de Vintimille*;

1. Les Mémoires du président *Hénault* (page 268) accusent madame *de Vintimille* d'avoir reçu 200,000 livres pour faire réussir les plans militaires de M. *de Belle-Isle*. On répugne à croire cette imputation. Mesdemoiselles *de Nesle* appartenoient à un sang illustre et chevaleresque; elles différoient de ces favorites vulgaires qui leur succédèrent, et n'avoient pas besoin de motifs aussi vils pour conseiller au roi de tenter la gloire et la fortune.

il sanglottoit, il étouffoit. Le cardinal n'a pas osé lui parler; enfin il est venu le prêcher sur les foiblesses humaines : il a été assez mal reçu. Sa Majesté, n'y pouvant tenir, est partie hier au soir, à onze heures, avec madame *de Mailly*, le duc *d'Ayen*, le duc *de Villeroy*, et est allée coucher à Saint-Léger. On ne sait plus quand Sa Majesté reviendra à Versailles.

Cette amitié du roi pour la défunte ressemble trop, dit-on, à de l'amour. Cependant madame *de Mailly* prenoit cela en bonne part; elle a une douleur plus sourde.

12 septembre 1741. — Le roi ordonna le matin, peu après la mort de madame *de Vintimille*, qu'on moulât son visage en cire, quelque laid qu'il fût. Comme elle avoit passé dans une convulsion, elle étoit restée la bouche ouverte et le menton pendant; il fallut deux personnes fortes pour lui tenir le menton en prenant son empreinte. Quelque chose que l'on en dise, je pense que ce n'est que de l'affliction de sa maîtresse que le roi est si touché. Dans ce maudit siècle, on tourne toutes les vertus en vices, comme les vices en vertus. La sensibilité et le bon cœur du roi lui font prêter un caractère détestable qu'il ne mérite pas. Le dernier trait que je viens de rapporter marque une douleur de femme. Madame *de Mailly* a cru se consoler en ayant toujours devant elle l'effigie de sa sœur, et c'est de cela que le roi est pénétré, et non d'un amour incestueux qui marqueroit une grande insensibilité de cœur : le roi a le meilleur cœur du monde.

J'ai pourtant entendu ce matin émettre une autre opinion, par un personnage triste et fâcheux : il prétend que madame *de Mailly*, ne pouvant avoir des enfans du roi, lui avoit donné sa sœur pour en avoir de lui, espérant se l'attacher par cette progéniture royale, comme Sara donna Agar à Abraham. Quelle folie!

— Quand le roi fut si fort plongé dans la douleur, il resta dans son lit samedi jusqu'à quatre heures. Le cardinal entra et ne fut qu'un moment; le roi ne put lui parler, il étouffoit et sanglottoit. La reine voulut entrer, et on lui refusa la porte. Le roi se leva enfin à quatre heures, et descendit chez la comtesse *de Toulouse*, d'où il partit à cinq heures, sans gardes et sans flambeaux, pour aller à *Saint-Léger*.

16 septembre 1741. — Madame *de Vintimille* étoit la meilleure amie du roi. Elle avoit de l'esprit, l'amusoit, remplissoit les vides et les intervalles de la conversation de madame *de Mailly*; elle se piquoit d'un grand attachement pour le roi : voilà la cause des larmes du monarque. Mademoiselle *de Montcavrel* [1], dernière sœur de madame *de Mailly*, vient d'arriver à la cour; on prétend l'admettre dans l'intimité, mais ce n'est qu'une babillarde.

Madame *de Vintimille* se piquoit, dit-on, de devenir une seconde madame *de Maintenon*, une amie solide, et qui sût donner des conseils au roi uniquement pour son bien. Elle devoit pro-

1. La duchesse *de Lauraguais*, mariée seulement en janvier 1742.

poser un ministère nouveau, les uns disent M. *Chauvelin* et le cardinal *de Tencin*, selon d'autres M. *de Belle-Isle* pour les affaires étrangères, et mon frère pour les finances.

M. le duc *d'Orléans* a des momens d'impatience pour marier son fils, parce que ce retard suspend ses projets de retraite. Il dit que M. *de Balleroi* et moi le tenons le bec dans l'eau; que peu lui importe à qui son fils se marie, à mademoiselle *de Conti* ou à mademoiselle *de Matignon*, pourvu que ce soit à une demoiselle et qu'il se marie. Cependant il se lie avec le cardinal, et il est à craindre qu'il nous bâcle quelque mariage d'Allemagne, dont le roi sera mécontent sans s'y opposer formellement. Nous faisons l'impossible pour que ce prince ne se marie pas avant que Madame ne soit mariée à quelque autre; alors il se mariera dès le lendemain.

19 septembre. — J'ai eu hier une longue conversation avec M. *Bachelier*, premier valet de chambre du roi, duquel j'ai déduit ailleurs le crédit et la confiance particulière de son maître.

Il s'agissoit du mariage de M. le duc *de Chartres*. Nous avons reçu des nouvelles de Bavière par lesquelles on nous presse de faire demander par le cardinal la seconde princesse de Bavière en mariage. Je devois prendre l'avis de *Bachelier*, c'est-à-dire celui du roi, au sujet de cette négociation. *Bachelier* est d'avis que l'on retarde encore de deux mois, si cela est possible; mais l'embarras est qu'on est quasi pris au mot sur cette affaire, nouée sur le peu d'espérance que l'on avoit alors d'obtenir Madame de France. *Bachelier* opine donc pour que l'on gagne encore quelques mois, afin de savoir la véritable volonté de Sa Majesté, ses idées étant encore fort cachées. *Bachelier*, d'ailleurs, est fort réservé en tout ce qu'il dit, et ne parle jamais de M. *Chauvelin*. J'ai bien reconnu en tout ceci l'application d'un mot qui me fut dit à Compiègne : *Gardons-nous de vouloir pénétrer*.

25 octobre 1741. — La faveur de la comtesse *de Toulouse* paroît diminuer. La maréchale *d'Estrées* s'est retirée à la campagne pour quelque temps. Madame la comtesse *de Toulouse* est restée à *Saint-Léger*. En son absence, le roi soupe dans son appartement en partie carrée ; ce qui marque que c'est plus l'appartement qui lui plaisoit que sa personne. *Mademoiselle* a été admise de nouveau aux parties de la Muette. Enfin on a pratiqué pour madame *de Mailly* un joli petit appartement proche des cabinets du roi, où elle se tient tout le jour dès qu'elle est habillée. Il y a un petit cuisinier qui lui fait à dîner et à souper. Peu de personnes y sont admises : les deux frères *Noailles*, M. *de Meuse* et M. *de Bordage*.

Tous soupers de cabinets sont désormais rompus ; ce qui est une épargne. C'est madame *de Vintimille* qui en a dégoûté le roi, en lui prouvant que *Lazure* voloit son vin de Champagne. Le roi ne fait plus de listes de soupers ; il dit à l'oreille de ceux qu'il veut inviter : « Vous soupez ce soir avec moi. »

Madame *de Mailly* va à présent très-souvent

en calèche découverte avec le roi. On prévoit que Sa Majesté pourra tourner à la dévotion. Madame *de Mailly* va tous les matins entendre la messe sur la tombe de sa pauvre sœur, madame *de Vintimille*. Le roi, donnant dernièrement l'aumône, fit dire au pauvre à qui il donnoit : « Qu'il demande à Dieu sa miséricorde pour moi, j'en ai grand besoin. » On craint que tout ceci ne tourne bientôt à dire son bréviaire avec madame *de Mailly*.

29 octobre 1741. — On est si injuste, qu'on blâme le roi d'être pensif quand il voit la pénurie de son royaume. On le blâme encore d'être économe quand la situation des affaires lui prêche l'économie sur les plus petites choses. Avant-hier il se mit à table chez madame *de Mailly*. Il n'y avoit qu'elle de femme, le duc *de Gramont*, M. *de Meuse* et le comte *de Noailles*. Le roi ne mangea qu'un morceau, but un coup, puis il tomba dans une mélancolie noire, dans la tristesse, dans tout ce qui avoit l'air de vapeurs. Jamais on ne l'en put faire sortir, quelle que fût la gaieté des convives.

Enfin il a de quoi penser, et de reste, dans l'état où est le royaume, l'impossibilité d'en sortir sous le cardinal, et le vœu qu'il a fait de toujours garder le cardinal jusqu'à sa mort.

Quand le roi s'arrangea pour donner à madame *de Mailly* un petit appartement où elle se tînt tout le jour avec sa petite société, qu'il lui donna un petit cuisinier pour lui faire un petit dîner et un petit souper, le roi demanda combien coûteroit chacun de ces articles. On lui prêche chaque jour l'économie, et il se la prêche à lui-même.

Enfin l'on raconte que M. *de Nesle*, père de madame *de Mailly*, a perdu son procès, par lequel il demandoit à ses créanciers d'augmenter sa pension alimentaire de 24.000 à 40.000 livres, attendu qu'une partie de ses dettes étoit déjà payée. Il a été jugé qu'il devoit demeurer réduit à 24.000 livres, afin de payer ses créanciers, qui perdroient tout à sa mort. Le roi a été consterné de ce jugement; il ne cesse de s'en chagriner. Pourquoi, dit-on, prend-il si fort la chose à cœur? Que ne remédie-t-il au plus tôt par 15.000 livres de pension à ce déficit de M. *de Nesle?* C'est un sujet de chagrin bien facile à éviter pour un roi. On induit de là qu'il a de la petitesse dans l'esprit, qu'il est porté naturellement à la tristesse, à la mélancolie, aux vapeurs. Mais, tant que vivra le cardinal, le roi n'osera prendre sur lui un don tel que celui qu'il s'agit de faire à M. *de Nesle* : Son Éminence lui feroit trop mauvaise mine. M. *Orry* est très-malade, et, à cette occasion, le cardinal fait publiquement des louanges extraordinaires de ce très-médiocre ministre.

2 novembre 1741. — L'insomnie du cardinal continue. *Barjac* dit qu'il ne sait plus que faire de son maître. Cependant hier matin, jour de la Toussaint, il avoit l'air apprêté, et pénétra ainsi au lever du roi avec l'air le plus radieux. Il se ménage beaucoup sur le manger, et va aller à Issy pour deux jours. Il n'y aura pas pris, dit-on, deux gobelets des eaux de *Vals*, qui lui sont si salutaires, qu'il reviendra d'abord à l'âge de seize

ans. Le contrôleur général va, de son côté, passer quelques jours à Bercy. Peut-être ne sont-ils plus en état de revenir à Versailles.

On a reçu avis que l'escadre de M. *de Court* a effectivement tourné du côté de Barcelone; qu'on y embarque à force des troupes espagnoles pour les transporter en Italie; que M. *de Court*, se joignant à la flotte espagnole, va les escorter. Par là nous serons plus forts que l'amiral *Haddok*, et nous nous passerons du roi de Sardaigne pour entrer en Italie.

8 novembre 1741. — Nos affaires d'Allemagne ne vont plus aussi bien. Le roi de Prusse fait son traité avec la reine de Hongrie. On lui cède *Neiss* et les deux tiers de la Silésie, au moyen de quoi il reste neutre, et le comte *de Neipberg* pourra s'opposer plus facilement à nos progrès et à ceux des Bavarois. M. *de Belle-Isle* a plus de feu que de prudence; il présentoit toutes ses opérations comme simples et aisées. Il est vrai qu'il demandoit notre armement dès le mois de mai, et que trois mois de retard ont augmenté les difficultés.

Nous n'avons pas à craindre d'être dépouillés: nous ne demandons rien pour nous, et sommes auxiliaires partout; mais nous avons à redouter la honte de revenir sur nos pas, et la ruine de nos finances, qui mine toutes nos ressources.

— L'embarquement des Espagnols est composé de quatorze mille hommes, y compris la cavalerie. Il y a déjà quelques bâtimens relâchés sur la côte de France. Six ou sept vaisseaux de guerre leur serviront d'escorte. Nous ne voulons encore paroître en rien dans cette guerre d'Italie ; nos troupes n'y sont que comme auxiliaires. Avec cette marotte nous conquerrons le monde, mais nous nous ruinerons en bons marchés.

9 novembre 1741. — M. le duc *de Richelieu*, qui est à présent favori du roi, et des petits soupers chez madame *de Mailly*, dit que Sa Majesté est plongée dans une tristesse continuelle. Il dit un bien infini du caractère de Sa Majesté. Il nous disoit tout à l'heure que c'est grand dommage qu'un si bon caractère ait été gâté par l'éducation, qu'il a beaucoup d'esprit, qu'il est doux; mais qu'on lui a persuadé de se défier de tout le monde; que sa sensibilité étoit extrême, ainsi qu'il a paru à la mort de madame *de Vintimille*.

21 novembre 1741.—La mort de madame *de Vintimille* ramène le roi à la dévotion. Dans la petite société où il vit, on parle dévotion et spiritualité. Le roi dit quelquefois à M. *de Meuse*[1] : « A votre âge (il a près de soixante ans), vous pouvez être surpris par la mort. » On y parle de lectures spirituelles. Le roi en viendra à vivre avec madame *de Mailly* comme M. le duc vivoit, dit-on, avec madame *d'Egmont*, comme une amie, sans presque d'habitation charnelle, si ce n'est par accident, de quoi l'on va se confesser bien vite. Mais M. le duc étoit avancé en âge par rapport à Sa Majesté, et de mauvaise santé. Ainsi ce projet de conti-

1. Henri-Louis *de Choiseul*, marquis *de Meuse*, lieutenant général, chevalier des ordres, mourut le 11 avril 1754, à soixante-dix-sept ans.

nence n'aura probablement pas de suite ; mais on voit par là combien le roi est sensible. Il a un cœur qui parle ; combien peu de ses sujets en ont aujourd'hui ! Il est reconnoissant de l'attachement sincère qu'on lui témoigne ; il aime les bons cœurs. Il est peut-être né pour faire les délices du monde. Il est bilieux et colère, dit-on, mais il se réprime dans le moment.

On prétend qu'il a l'esprit tourné aux petites choses : madame *de Vintimille* avoit beaucoup gagné dans son esprit en lui faisant les comptes de ses soupers dans les cabinets ; mais il faut considérer qu'il ne s'est encore occupé que des petits détails, et qu'il pourra prendre le même goût aux grandes affaires.

— Le duc d'Orléans s'est perdu dans l'esprit et le cœur du roi depuis qu'il a quitté le conseil d'État. On voit clairement que c'est par les conseils des *Noailles*, et par pique contre le roi, qui n'a pas voulu écouter ses avis, dans la crainte de quelque sermon contre ses maîtresses.

25 novembre 1741. — M. *de Belle-Isle* est à la tête des troupes saxonnes ; il est généralissime, avec une patente et une épée enrichie de diamans que lui a envoyée le roi de Pologne.

Les Espagnols ont quarante mille hommes en Italie ; l'infant *Don Philippe* traverse le Languedoc pour en aller prendre le commandement. M. *de Richelieu* part pour l'aller recevoir.

10 décembre 1741. — L'armée combinée de France, Bavière et Saxe, a pris *Prague* par escalade. Tout s'y est passé avec une honnêteté sur-

prenante, après que l'assaut eut réussi : on a pris le gouverneur dans son lit; les dames revenoient d'un grand bal. Nous n'avons pas perdu un seul François; les Saxons ont perdu six hommes. L'électeur de Bavière a dépêché ici M. *de Tavannes*, colonel dans son armée, lequel avoit été condamné en France à perdre la tête pour avoir enlevé la demoiselle *de Brun*, quoique de son consentement. Il a dit que M. *de Belle-Isle* étoit actuellement à la tête de l'armée, qu'il n'avoit pas été aussi mal qu'on l'a dit, que tout son mal a été un rhumatisme, et surtout un grand épuisement, car, travaillant beaucoup, il est obligé de manger peu, à cause de son ancienne blessure à la poitrine.

12 décembre.—Le marechal *de Belle-Isle* est arrivé à Prague, mais dans un tel état d'épuisement qu'il ne peut se tenir sur ses jambes. Il ne peut commander l'armée, et se réduit à la négociation, quoique son amour-propre et sa réputation voulussent qu'il y préférât la gloire militaire. Sur cela l'on envoie le maréchal *de Broglie* commander l'armée. C'est un trait de disgrâce, dit-on, ou du meilleur citoyen qui fût jamais. Ce qui lui a donné le plus de peine, ce sont les sottises de nos lieutenans généraux; il lui a fallu écrire lettres sur lettres pour les redresser, et en même temps suivre la négociation avec les princes d'Allemagne. Si nous n'avions pas pris Prague par escalade, nous étions au plus mal, et nous allions être écrasés.

Le roi est plus dissimulé que jamais, on n'y comprend rien; il se prête à tous les partis. On a tant dit dans le monde que son valet de chambre *Bachelier* avoit sa grande confiance, que tout le monde s'est adressé à lui; sur cela, tout passe par les mains de *Bachelier*, les prétentions des *Chauvelin*, des *Belle-Isle*, des *Tencin*. On ne sait plus pour qui le roi penche. Madame la comtesse *de Toulouse* est toute pour *Belle-Isle*; elle est presque brouillée avec ses neveux *Noailles*, qui ne se fient plus en elle.

16 décembre 1741. — On croit que le roi de Sardaigne va se jeter sur le Milanois, et qu'il a formé une ligue des princes italiens pour achever d'acquérir leur liberté, et exclure de chez eux les François et les Espagnols. Il y a longtemps que j'ai songé à cette ligue d'Italie, pour assurer la liberté du monde et pour rétablir l'équilibre dans ce pays, comme nous voulons le rétablir en Allemagne.

Le courage italien semble s'être conservé en Piémont, sous les étendards du roi de Sardaigne, et l'espoir de recouvrer leur liberté engagera tous les Italiens à prendre les armes. Il y a longtemps que j'ai fait des mémoires sur cette ligue, dont je pressois l'exécution. J'ai surtout désiré le rétablissement du gouvernement républicain à Florence. Mais quel rôle jouera la France en ceci? Laisser faire est tout ce que je demande, et ne point favoriser les folles prétentions des Espagnols. Que nous importe en effet cet agrandissement de l'Espagne, et qu'il faille, selon les désirs de la reine régnante, autant de têtes couronnées qu'elle a d'enfans! Quelle sottise! Que *Don Carlos* garde les deux Siciles, je le veux bien; mais quant aux autres États autrichiens, il nous est plus avantageux de les laisser partager entre les princes italiens, de même que nous laissons partager l'Allemagne entre les Allemands.

— L'électeur de Bavière a été couronné roi de Bohême : ainsi la voix de Bohême sera comptée à la diète d'élection, et rien ne manquera à la régularité de l'élection, qui se fera, dit-on, le 7.

— Le maréchal *de Broglie* est allé commander notre armée de Bohême, qui avoit grand besoin d'un chef. Les uns regardent cela comme une disgrâce de M. *de Belle-Isle*, les autres comme un trait d'excellent citoyen. Il s'est excusé sur sa santé, et se retranche aux fonctions honorables de négociateur à Francfort.

25 décembre 1741. — On dit plus que jamais que le roi va changer de maîtresse. Si cela étoit vrai, et que la pauvre madame *de Mailly* fût chassée, ce seroit la médiocrité de son esprit qui en seroit cause : c'est un véritable oison. Elle n'a pas su conserver ses premiers protecteurs. Madame *de Vintimille*, sa sœur, la gouvernoit absolument. Elle faisoit honte au roi du crédit de *Bachelier*. « Eh bien! Sire, lui disoit-elle, allez-vous encore dire cela à votre valet de chambre ? » On a insulté son cadavre avant qu'il fût enterré. Le peuple de Versailles montroit des transports de joie; il disoit qu'elle avoit empêché le roi de demeurer à Versailles, qu'elle avoit enlevé Sa

Majesté à sa sœur; que du moins la *Mailly* étoit une bonne femme, mais que celle-là étoit méchante et vindicative. On l'a transportée morte, avec un simple linceul sur le corps, du château à l'hôtel de *Villeroi*. Là les domestiques la laissèrent et allèrent boire. Le peuple monta et s'en saisit; on lui jeta des pétards sur le corps; on lui fit toutes sortes d'indignes traitemens, qui montrent peu de respect pour le roi et de la barbarie.

26 décembre 1741. — Il est grand bruit de ressources en finances, de créer de nouveaux présidens en charge au grand conseil, ce qui seroit une affaire de trois millions net.

Mais un meilleur article, selon moi, est une refonte des monnoies, avec décri des anciennes espèces, et augmentation des nouvelles. Plût à Dieu qu'on y fût déjà, et ce seroit le cas de dire : A quelque chose malheur est bon. Il y a longtemps que j'ai fait la découverte que tous les maux du dedans venoient de la malheureuse inquiétude et de la fausse science qui poussèrent, après la mort du régent, à diminuer les monnoies : depuis cela, les débiteurs se sont trouvés insolvables, et les contribuables accablés. Le besoin extrême d'argent que va avoir le ministère (toujours stupide sur les vues générales et droites depuis M. *Colbert*) le portera à faire cette augmentation si désirable. Il cherchera des emprunts faciles et des recouvremens aisés, et les y trouvera avec un gros bénéfice de refonte.

— Notre conduite avec l'Espagne devroit être de ne la craindre ni ne la braver. Mais il faudroit pour cela une fermeté, une supériorité de vues, que je suis loin de trouver dans notre ministère. On a fait tout le contraire depuis la mort de Louis XIV; on l'a insultée, et aujourd'hui on la craint. Soit stupidité, soit mauvaise foi, nous affectons de redouter nos voisins, quoiqu'en réalité ils aient plus à redouter de notre puissance que nous de la leur. L'Espagne et les Indes ont besoin de nos fabriques; elles prendront beaucoup de nos produits, si nous les travaillons bien. Laissons faire. Sans nous embarrasser de l'Espagne, déclarons que la branche *d'Orléans* est appelée à la succession de la couronne. Refusons d'entrer dans les querelles déraisonnables de cette puissance, surtout dans ses conquêtes italiques. C'est déjà une grande faute d'y avoir établi *Don Carlos;* nous allons doubler cette faute en formant un nouvel État pour *Don Philippe.* Plût à Dieu que nous n'eussions travaillé que pour laisser l'Italie aux Italiens, et en exclure François, Allemands et Espagnols! Jamais nous ne lui aurions rendu un meilleur service. Cessons de mettre notre gloire dans la perte et le dommage des autres nations, et persuadons-nous que nous serons plus heureux quand nos voisins le seront davantage.

21 janvier 1742. — Il y a longtemps que je n'ai écrit l'état des choses. Elles ont beaucoup varié. Le François, extrême dans ses espérances, extrême dans son désespoir, a cru nos armées perdues en Bohême, et le comte *de Neipsberg* prêt à nous réduire à l'aumône et à la captivité; on a dit le corps de M. *de Ségur* perdu sans res-

sources. Aujourd'hui tout a changé de face depuis deux jours : nous avons des vivres ; l'armée de Prusse avance pour prendre les Autrichiens par derrière ; enfin tout va pour le mieux. Le cardinal dit pis que pendre du *Belle-Isle*, il veut le perdre ; il prône le *Broglie*, qu'il lui a substitué pour commander l'armée. Mais Son Éminence ne portera pas loin sa rancune : la viande lui est interdite pour toujours ; il subsiste, mais s'affoiblit, la raison s'en va, et ce régime ne lui procurera qu'une agonie plus douce.

10 mars 1742. — J'ai interrompu longtemps mon journal, quoique la matière des anecdotes soit plus abondante que jamais. L'arrivée de M. *de Belle-Isle* à Versailles a été un grand spectacle ; on y a vu tout ce que peut la basse jalousie. Ce général est un grand homme, dans un siècle où les hommes sont si petits ; je ne lui connois qu'un défaut, mais dont les suites sont immenses : c'est d'aller trop loin, trop au très-grand. Il lui faut un modérateur, et je crois qu'un égal lui conviendroit mieux qu'un supérieur gênant et despotique, qui le repousse, lui montre de la défiance, le punit et le traverse en cent propositions. Ce n'est certes pas dans le cardinal qu'il a trouvé un modérateur confiant et habile. Celui-ci s'est d'abord laissé séduire par son éloquence et ses grandes qualités ; mais, dès qu'il lui a vu un esprit indépendant, et surtout aimé du roi, il l'a pris dans une aversion épouvantable. Voilà précisément où en étoit M. *Chauvelin* en 1736, quelques mois avant sa disgrâce. Les ministres sont dévorés de ja-

lousie, et le pauvre *Breteuil* entraîné par le torrent déchaîné par le *Maurepas*.

M. *de Belle-Isle*, arrivant lundi soir, comptoit voir le cardinal et en être bien reçu. Certes, il le méritoit. Il venoit de mettre la couronne impériale sur la tête de l'électeur de Bavière, aussi gratuitement que lui-même avoit été fait maréchal de France par le roi. Il a concilié les plus grands et les plus difficiles intérêts en Allemagne. Il se disculpe entièrement des fautes qu'ont faites nos généraux, et surtout le général *Terring*. Il est aimé de trois rois, nos alliés, et tout son crime est qu'ils ne veulent pas agir sans lui. Cependant le cardinal avoit résolu sa disgrâce. Il envoya dire à sept heures au cardinal qu'il arrivoit, et qu'il vouloit le voir. Le cardinal répondit qu'ils étoient las tous deux, et qu'il eût à se reposer.

Le lendemain il fut reçu, mais très-froidement. L'entrevue n'a pas été d'une minute et demie. M. *de Belle-Isle* descendit ensuite au lever du roi. Sa Majesté l'a reçu avec la même froideur, et lui a à peine adressé quelques paroles.

Le cardinal ne sait plus un mot de ce qu'il fait. Cependant ce seroit le moment de voir en grand, et très en grand. Le roi de Prusse agiroit vertement, s'il avoit avec lui M. *de Belle-Isle*. On laisse avec lui un général qu'il déteste (*Broglie*), au risque de tout perdre. Mais M. *de Belle-Isle* est habile, il ne se laissera pas accabler sans une belle défense; peut-être portera-t-il le roi à éloigner enfin son vieux prêtre, et à changer totalement un ministère si foible et si odieux.

15 mars 1742. — Ç'a été le plus beau coup de théâtre possible, quand M. *de Belle-Isle*, au milieu de sa disgrâce apparente, a été créé duc héréditaire. On ne parloit pour lui que de Bastille; il disoit lui-même : « Qu'on fasse de moi ce qu'on voudra. On m'a vilipendé partout à plaisir, et surtout nos ministres; on m'a déshonoré et discrédité, tant au dedans qu'au dehors du royaume : je ne suis plus propre à servir le roi avec crédit et confiance. » Cependant, le roi, qui a fait tout ceci sans le cardinal, et contre la volonté de celui-ci, a beaucoup insisté sur le besoin qu'avoient aujourd'hui les affaires d'Allemagne de M. *de Belle-Isle*, disant qu'il avoit mis le grappin sur les princes allemands, et c'est pour le ravoir, pour l'engager seulement à aller en ambassade extraordinaire près de l'empereur, qu'on l'a créé duc héréditaire *de Vernon*.

Le cardinal, dans une conversation particulière avec le duc de Chartres et M. *de Balleroi*, a tenu à peu près ce discours : « *Nous ne pouvions nous passer de lui; il falloit bien le renvoyer là-bas.* » Ceci a déconcerté tous nos Fleuristes, Broglistes, Tencinistes, etc.

— J'avois ménagé une entrevue de M. *de Belle-Isle* avec le duc d'Orléans. J'ai reçu une lettre du prince, qui veut que je la lui évite, étant mécontent de tout, et surtout de ce qu'on l'a engagé à faire un équipage pour son fils, pour lui déclarer ensuite qu'il ne servira pas, à cause du cérémonial.

Son Altesse ajoute qu'elle est accoutumée à souffrir patiemment les injures.

30 juin 1742. — On vient d'apprendre que le roi de Prusse a signé un traité de paix particulier avec la reine de Hongrie. Il garde la haute et basse Silésie, avec quelques échanges pris en Bohême ; il rembourse les Anglois et Hollandois des sommes par eux prêtées à l'Autriche et hypothéquées sur la Silésie ; au moyen de quoi il obtient leur garantie, ce qui ne veut dire que leur plein consentement ; car fait-on assigner en garantie ? Quelle est la puissance qui courroit aux armes pour l'exécution de ses promesses de garantie ? Voilà la mode introduite et reçue parmi les alliés de se séparer et de faire leur affaire meilleure en concluant le traité des premiers. C'est ainsi que les Anglois se séparèrent de la grande alliance en 1711, et en tirèrent de grands avantages. Nous avons suivi ce funeste exemple en 1735, et y avons gagné la Lorraine. Enfin voici la même opération terminée par le roi de Prusse, mais en une bien plus odieuse circonstance, puisqu'il nous laisse tous dans un si terrible embarras, nos armées au milieu de l'Allemagne, vaincues et affamées, l'empereur dépouillé de ses états héréditaires, son empire et ses biens également en danger.

Tout est à la merci des puissances maritimes, qui ont poussé les choses à cette conclusion, tandis que les Anglois se sont emparés du commerce universel d'Amérique, et regorgent des richesses de ce pays, ce qui étoit le but où ils tendoient.

Et nous, France, seule capable aujourd'hui de résister à ce torrent, nous voilà épuisée et hors d'état de réprimer les Anglois, même en nous joignant à l'Espagne.

Les tentatives espagnoles sur l'Italie nous ont plus nui en Allemagne que les armées de *Kevenhuller* et du prince *Charles*. C'est ce qui a attiré contre nous les subsides de l'Angleterre, la défiance de Prusse et de Saxe. Au lieu de cela, il faudroit échauffer la Sardaigne d'un concours sincère pour la conquête du Milanois, partager convenablement l'Italie, *Toscane en république*, Parme au duc de Modène, Mantoue aux Vénitiens. L'Espagne y gagneroit encore l'affermissement de Don Carlos sur le trône des Deux-Siciles, et l'expulsion d'une rivale qui le lui eût tôt ou tard disputé. N'est-ce pas tout profit pour elle?

27 août 1742. — Hier soir, le cardinal *Tencin* et mon frère furent déclarés ministres d'État. D'abord on avoit parlé d'une déroute totale du cardinal *de Fleury* et de ses partisans, et du triomphe de M. *Chauvelin*.

Le cardinal *de Tencin* avoit eu ordre de s'arrêter à Lyon, et de retourner promptement à Rome. On avoit accordé au président *Chauvelin* des lettres de vétérance, à M. *de Monconseil* permission de vendre son régiment, en gardant son inspection. Madame *de Monconseil*, amie du garde des sceaux, avoit un appartement aux Tuileries[1]. Tout alloit au mieux pour les amis de M. *Chauvelin*.

1. *Guinot de Monconseil*, ancienne famille de Saintonge. M. *de Monconseil*, lieutenant général et militaire distingué, mourut en 1782, à sa terre de *Tesson*, près Saintes, où il fut inhumé. Il laissa deux filles, madame de *la Tour du Pin Gouvernet* et madame la princesse *d'Hénin*. Madame *de Monconseil*, leur mère, étoit de son nom *Rioult de Curzay*.

Tout à coup, les lettres de vétérance ont été retirées, sur les remontrances des présidens à mortier. Le maréchal *de Noailles* a été déclaré général de notre armée de Flandre à la place du maréchal de *Coigny*, et M. *Bignon*, intendant de Soissons, déclaré intendant de cette armée, au préjudice de M. *Chauvelin*, intendant d'Amiens, beaucoup plus capable et plus anciennement en place.

Le cardinal *de Fleury* a toujours employé comme gros canon de demander ardemment au roi sa retraite quand Sa Majesté ne veut pas se conformer à ses désirs; il a employé le même argument dans cette circonstance, et avec le même succès.

— Il paroît que le cardinal avoit besoin d'avocats au conseil, où son éloquence et son suffrage étoient insuffisans dans les délibérations, surtout depuis que M. *Orry* s'est rangé du côté de M. *de Belle-Isle*. Il a donc voulu se créer des défenseurs et des appuis dans ses intentions pacifiques.

4 septembre. — Les *Noailles* sont furieux de la nouvelle promotion de ministres; le maréchal en meurt de jalousie; la vieille maréchale n'en cache pas son chagrin; madame la comtesse *de Toulouse* crie comme un aigle. C'est un point de réunion entre ce parti des grands seigneurs et les amis de MM. *de Belle-Isle* et *de Chauvelin*. On se perd dans toutes ces intrigues.

30 septembre 1742. — La position actuelle des nouveaux ministres est celle-ci : Mon frère est beaucoup plus intime avec le cardinal *de*

Fleury que le cardinal *de Tencin*. Celui-ci, adroit et prudent, se trouve assez élevé pour ne pas vouloir jouer sa disgrâce contre la chimère d'une élévation ultérieure et impraticable : il est cardinal, archevêque de Lyon, très-riche, et de plus ministre. Il regarde comme impossible d'acquérir une autorité complète sur la personne du roi et sur les affaires en général. A peine est-il connu du roi, comment le gouverner ? Il faut se connoître avant de s'aimer. Toute son ambition doit donc se borner à rester ce qu'il est, à conserver le poste honorable dont il vient d'être revêtu ; et il ne peut le conserver qu'en s'attachant uniquement à la fortune chancelante du cardinal *de Fleury*. Le cardinal *de Fleury*, foible d'esprit et âgé de quatre-vingt-dix ans, n'a qu'une passion au monde, mais elle est fort vive : c'est d'assurer la disgrâce de M. *Chauvelin*, et de l'éloigner pour toujours des affaires. Jamais il ne quittera le pouvoir qu'en mourant, et les deux nouveaux ministres qu'il a élevés ne sont destinés à autre chose qu'à hériter après lui du poste de M. *Chauvelin*, et à le tranquilliser pour toujours contre le retour de son ennemi.

Le cardinal *de Tencin* a conservé un fond de ressentiment contre M. *Chauvelin*, qui a longtemps porté obstacle à son cardinalat, disant avec raison que c'est un indigne sujet pour les dignités de l'Église. Mais le cardinal *de Tencin*, plus fin qu'on ne pensoit, a depuis cherché des voies de réconciliation ; il a fait sa cour à *Bachelier* : par ce moyen, il espère se conserver à la mort du cardinal, et quelque changement qui arrive, dans la direction des affaires.

Quand le cardinal *de Tencin* apprit sa promotion au ministère, il ne vouloit pas venir d'abord, s'informant premièrement des circonstances de sa nomination, et ce ne fut qu'après avoir mieux connu le terrain qu'il s'achemina. Mon frère croyoit être nommé seul à la place de M. *Orry*, et l'eût été si ce dernier, déjà brouillé avec le cardinal, n'eût été soutenu par Sa Majesté.

13 octobre 1742. — Ce qui met aujourd'hui le royaume sur le penchant de sa ruine, c'est la passion mal déguisée du cardinal pour la paix. Il ne sait vouloir que mal à propos. Il a recueilli de ses lectures qu'il falloit être en négociation perpétuelle.

Mais voilà ce qui en résulte : aucun allié ne se fie à nous, de peur d'être abandonné d'un instant à l'autre. Tout le monde nous a quittés, chacun se joint à nos ennemis : Prusse, Saxe, Angleterre, et bientôt Hollande. Reste le seul empereur, qui se sent méprisé du cardinal, et qui par lui-même n'est qu'un roi Jacques ou un roi Stanislas.

J'ai vu à quel point le cardinal, fils d'un marchand de laine, se pique de mépris pour S. M. impériale. Je vins à Issy lui parler au sujet du mariage du duc de Chartres avec la fille de l'empereur. Il y avoit quatre ou cinq personnes dans la chambre. Plus je parlois bas, plus le vieux cardinal répondoit haut, en s'exprimant ainsi : « *Ce pauvre empereur, ce chétif, ce misérable empereur!* »

23 octobre 1742. — Les ministres à département sont toujours jaloux des deux nouveaux

ministres d'État, et s'opposent à toutes leurs propositions. Leur rôle ne diffère en rien de ce qu'étoient les maréchaux de *Tallard* et *d'Estrées*, courtisans oisifs et n'ayant rien à faire que d'assister aux conseils.

Le contrôleur général a parlé hautement contre le projet de tenir le conseil chez le cardinal *de Tencin*; il a dit que, si le cardinal s'absentoit, lui et ses collègues auroient l'honneur de travailler avec le roi; ce qu'ils font aussi.

Le cardinal s'affoiblit, maigrit tous les jours, n'a plus qu'un souffle de vie.

Il a encore reparlé au roi de M. *Chauvelin*; il a dit qu'il mettroit bien sous ses pieds son aversion particulière, s'il croyoit que le service du garde des sceaux pût être encore utile aux affaires de Sa Majesté, mais qu'il y avoit un article sur lequel il croyoit tout perdu si on le rappeloit, c'est la religion, M. *Chauvelin* étant le patron des jansénistes. Rien de si futile que cette crainte. M. *Chauvelin* et ses partisans ne professent qu'un tolérantisme sage, qui vise à éteindre tous les partis, et non à en faire prospérer un seul. M. *Chauvelin* ramènetoit la paix et la liberté de conscience, tandis que le cardinal se laisse aller aux conseils de prêtres perfides et ambitieux, et déjà la persécution augmente depuis que le cardinal *de Tencin* est entré au ministère.

5 novembre 1742. — Grande nouvelle! Le roi a congédié madame *de Mailly*, pour prendre sa sœur madame *de la Tournelle*. Cela s'est passé avec une dureté inconcevable de la part du roi très-chrétien. C'est la sœur qui fait chasser la

sœur; elle exige son exil, et cette troisième sœur, prise pour maîtresse, fait croire à bien des gens que la seconde, madame *de Vintimille*, y a passé. Pour moi, j'avois toujours soutenu que l'extrême sensibilité du roi à la mort de madame *de Vintimille* étoit un sentiment louable envers la sœur de son amie, dont il avoit lui-même fait le mariage; mais adieu la vertueuse sensibilité! Il trompoit donc sa maîtresse, et avoit engagé madame *de Vintimille* à l'ingratitude.

On assure que, si elle avoit vécu, le roi alloit renvoyer madame *de Mailly* et le cardinal. Il regarde l'enfant qu'elle a laissé comme son fils; on le lui amène souvent secrètement dans son cabinet. Tout cela est donc éclairci. Qui a la troisième sœur doit avoir eu la seconde, surtout d'après les apparences sur lesquelles on avoit bien voulu s'aveugler : car tout cela dénote chez le roi un caractère de prince, c'est-à-dire l'insensibilité, et quelque chose qui tient plus aux Savoyards qu'aux Bourbons.

Il convoitoit madame *de la Tournelle* dès avant la mort de madame *de Mazarin*, et peu après avoir perdu madame *de Vintimille*. Mais madame *de Mazarin* lui étoit odieuse : c'étoit elle qui la première avoit appris à la reine ses amours avec madame *de Mailly*, et avoit attiré à celle-ci honte et déshonneur; elle avoit tenu un conseil, dont étoit le cardinal *de Tencin*, pour disposer les choses en cas d'une régence.

Le roi ne pouvoit donc se résoudre à perdre madame *de la Tournelle*, dont la *Mazarin* étoit comme la mère et la bienfaitrice; mais, sitôt après la mort de madame *de Mazarin*, il a été sérieusement question de l'avoir. D'abord le roi lui a écrit une lettre de consolation, où il y avoit du tendre et de l'affecté. Elle répondit une lettre surprenante de style; M. *de Richelieu*, qui étoit son conseil, l'avoit dictée. La nuit suivante, le roi alla la voir bien déguisé, avec une redingote et une perruque carrée, et dans une chaise bleue. Sa Majesté y resta jusqu'à quatre heures du matin, et là il fut question du marché de cette belle dame et de ses conditions.

En fière p. et bien conseillée, elle a voulu être maîtresse déclarée, et sur le pied de madame *de Montespan*. Elle a l'avantage d'être reçue, ce qui y met plus d'honnêteté. Elle a demandé à avoir un bel appartement, et digne de sa place. Elle ne veut point, comme sa sœur, aller souper et coucher dans les petits appartemens en cachette. Elle veut que le roi vienne hautement tenir sa cour dans les siens, qu'il y soupe avec la même publicité; que quand elle aura besoin d'argent, elle puisse en envoyer demander sur ses billets au trésor royal; qu'au bout de l'an elle ait des *lettres de duchesse* vérifiées au parlement; que si elle devient grosse, ce soit publiquement et sans se cacher, et que ses enfans soient légitimés.

Le roi a d'abord été effrayé de ces conditions. On ignore de combien elles ont été modifiées depuis; mais enfin la conclusion est arrivée. J'oubliois de dire que la condition la plus essentielle a été que la pauvre madame *de Mailly* fût chassée, et exilée à quatre lieues de la cour. Ce qu'il y eut de plus mal, c'est qu'on engagea peu à peu madame *de Mailly* à se défaire de sa charge de dame du palais ; que cela s'est fait avec une astuce inexprimable.

On lui a persuadé, par amour pour ses sœurs, de faire pour elles tout ce qui dépendoit de son crédit : d'abord, de céder sa place à madame *de Flavacourt*; ensuite, madame *de Villars* ayant été faite dame d'atours, de procurer la place de dame du palais à madame *de la Tournelle*. Toute la difficulté étoit que feu M. *de la Tournelle* n'étoit pas un homme de condition suffisante [1], et qu'il y avoit inconvenance à la faire monter dans les carrosses du roi. Cependant la faveur secrète du roi l'a emporté pour cet honneur. Madame *de Mailly* avoit parole pour être dame d'atours de madame la Dauphine, elle en a demandé le brevet et les appointemens ; mais le cardinal l'a emporté sur cette promesse solennelle, en représentant que toutes les dames qui avoient pareille promesse pour la future maison de madame la Dauphine en demanderoient autant, et elle fut refusée.

Madame *de Mailly* est la franchise même ; elle est douée d'un bon cœur. Elle est tendre pour ses amis et ses parents, et n'a fait de mal à personne. Le jargon et le naïf lui tiennent lieu d'esprit. Elle a avoué n'avoir cédé au roi qu'à cause de la gêne où elle étoit, et l'avoir eu deux mois sans l'aimer, mais qu'après cela son amour a toujours été en augmentant ; que la crainte de blesser son amant est la cause de l'extrême dés-

1. Jean-Louis, marquis de *la Tournelle*, mort à vingt-deux ans, le 23 novembre 1740 ; il descendoit d'une famille ancienne, mais ayant tenu au parlement de Bourgogne.

intéressement dont elle est aujourd'hui victime : car elle est sans fortune, et laisse à Paris de grosses dettes, que la seule envie de plaire au roi lui a fait contracter.

Madame *de la Tournelle* a quarante mille livres de rentes, tant de dot que lui a constituée M. le duc, qui s'est cru son père, que de son défunt mari, qui lui a laissé tous ses biens en mourant, étant mariée en pays de droit écrit. Elle a plus d'esprit que madame *de Mailly;* mais elle est fort intéressée, et capable de donner dans les mauvais conseils des méchans de la cour, qu'elle préférera aux avis des honnêtes gens.

Madame *de Mailly* avoit mis sa sœur des parties de la Muette et de Choisy. Là elle s'aperçut de quelque chose; elle en étoit furieuse. Elle fut mal reçue : elle se radoucit, et elle pleura. Le roi lui dit durement : « *Tu m'ennuies, j'aime ta sœur.* » Sa Majesté a refusé de payer ses dettes; mais on pense que le cardinal est secrètement chargé de les payer, et que, suivant son habitude, il rabattra sur les mémoires. Bientôt tout le monde s'aperçut de ses pleurs. Elle délogea de l'appartement vert où elle voyoit le roi, et vint loger dans son appartement de Versailles. Elle eut ordre de partir un samedi, et vint coucher à Paris, à l'hôtel de Toulouse, où l'on meubla bien vite l'appartement de M. *de Penthièvre.* Elle part demain pour *Nesle,* chez son père, en Picardie.

Tout le monde la regrette à Versailles. On n'en peut parler tout haut, mais on craint beaucoup du caractère du roi. Certes les mœurs et l'honnêteté publique souffriront beaucoup d'un tel exemple. Le cardinal en triomphe, et croit n'avoir plus rien à craindre ; sa cour en est resplendissante ; il croit avoir culbuté son ennemie, l'amie de M. *Chauvelin*. Le cardinal *de Tencin* se vante d'avoir eu part à cette indigne entreprise : il étoit ami de feu madame *de Mazarin*.

22 novembre. — C'est M. *de Richelieu* qui a arrangé la quitterie du roi et de madame *de Mailly*. Le roi l'a mandé ici de l'armée de Flandre, beaucoup plus tôt qu'il n'eût fait sans cela. Il est avocat consultant sur tout, *professore di pazzia*. — M. *de Contades* vient d'arriver pour être ici l'avocat de M. *de Maillebois*, et plaider les raisons qu'il a eues de ne point attaquer les ennemis, et quitter la partie en Bohême comme il a fait. Le roi l'a très-mal reçu et lui a très-mal parlé.

27 novembre 1742. — Les amours du roi et de madame *de la Tournelle* sont publiques par l'opinion, mais extrêmement décentes et secrètes à l'extérieur. Le roi ne va chez elle que la nuit ; il ne soupe avec elle qu'à la Muette et à Choisy. On ne la voit ni haussée ni baissée de son avénement à la couronne, mais fort embellie et satisfaite. C'est une femme habile, d'une conduite suivie et intéressée. On lui a cru jusqu'ici trois affaires, M. *de la Trémouille*, M. *de Soubise* et M. *d'Agénois*. Le premier la séduisit par ses charmes ; M. *de Soubise* par intérêt et par vues : elle avoit besoin de lui pour intéresser en sa faveur la maison *de Rohan* et madame *de Tallard*, dans la vue d'entrer un jour chez madame la Dauphine. Elle a eu M. *d'Agénois* pour se procurer les conseils de M. *de Richelieu*, son cousin.

M. *de Richelieu* est dans la grande faveur du roi; c'est un autre M. *Dangeau*, qui compose les lettres respectives de la maîtresse et de l'amant.

La reine n'a su si elle se fâcheroit ou non. L'autre jour elle étoit chez madame *de Villars*, avec madame *de la Tournelle* et madame *de Montauban*, qui me l'a redit. On parla du mauvais état de nos affaires en Allemagne. La reine s'écria que ça alloit être bien pis *par la colère du ciel*. Madame *de la Tournelle* demanda ce que cela vouloit dire. Madame *de Montauban* gronda fort la reine. Elle lui avoit déjà débité ses conseils, et la reine avoit promis de se bien conduire au sujet des nouvelles amours. Cependant, encore le soir, elle congédia madame *de la Tournelle*, qui devoit passer la soirée avec Sa Majesté, étant de semaine. Mais depuis cela elle lui a fait assez bonne mine, à l'ordinaire.

On assure que madame la princesse *de Conti* a conduit cette affaire-là. Elle conseille et conduit, par l'organe de mademoiselle *de la Roche sur Yon*, qu'elle instruit, et elle affecte de son côté de se tenir à l'écart. C'est elle qui la première a fait instruire la reine de ces amours, pour faire penser qu'elle n'y avoit aucune part. Madame *de Mailly* a été renvoyée plus durement qu'une fille de l'opéra. Le samedi, à diner, le roi lui dit qu'il ne vouloit pas qu'elle couchât à Versailles. Elle devoit cependant y revenir le lundi; il y eut quantité de missives et de courriers ce jour-là. Madame *de la Tournelle* exigea impérieusement que sa sœur ne revînt jamais à Versailles, tant qu'elle seroit maîtresse du roi, et l'affaire s'est consommée dans la nuit de mercredi à jeudi.

9 janvier 1743. — Mon frère, qui vient d'être nommé *ministre de la guerre*, a eu une longue conversation avec moi sur nos intérêts de famille.

Il m'a promis que, dès que mon fils seroit maître des requêtes, il le feroit beaucoup travailler dans ses bureaux, qu'il lui feroit *courir les frontières*, enfin qu'il lui prépareroit la survivance de sa place, et qu'il falloit qu'il devînt quelque jour secrétaire d'État. Il m'a dit que M. *Amelot* ne pouvoit garder longtemps la place de secrétaire d'État des étrangers; qu'on songeoit à donner cette place au cardinal *de Tencin*. A quoi j'ai répondu : « Mais ce choix ne confirmeroit-il pas dans la mauvaise opinion que l'on a de la France à l'étranger? La France ne passe-t-elle pas déjà, et de reste, pour être souple, artificieuse, habile, dextre, en un mot pour se conduire par les principes, les pratiques et les qualités où excelle ce prélat? C'est la naïveté, la vérité, qui manquent aujourd'hui à notre réputation, et notre conduite a suffisamment donné lieu à la mauvaise opinion que l'on a de nous. » J'ai ajouté : « Croyez-moi, je vous serois plus utile que lui dans cette place; je pourrois vous aider par les endroits qui peuvent vous manquer. Ce qui me manque de ce qu'a le cardinal *de Tencin* par excellence est justement ce qui nuit aujourd'hui aux affaires. Ma petite vérité, ma petite naïveté, dont j'ai même quelque réputation, serviroient à nos affaires, et faute de ces qualités tout le monde nous attaque, parce que personne aujourd'hui n'a confiance dans la France. »

9 janvier 1743. — *La Bruyère* dit que, le jour

où un homme est nommé ministre, il se trouve tant de gens de ses parens qui ne l'étoient pas auparavant. Je me suis trouvé comme cela avec mon frère : nous étions brouillés ; il m'a fait quelque avance, et je m'y suis rendu facile. Sa place de ministre de la guerre lui donnant beaucoup plus d'éclat et de raison que ci-devant, ce qui peut être dit en bien ou en mal est commun à nous deux [1].

17 janvier 1743. — Le roi est enfin allé visiter le cardinal, qui est à l'agonie. Sa Majesté n'y est restée qu'un moment, onze minutes, m'a-t-on dit. On tremble généralement que le roi n'ait donné sa parole de prendre le cardinal *de Tencin* pour premier ministre.

30 janvier 1743. — M. le cardinal *de Fleury* mourut enfin hier à midi. On n'avoit jamais vu d'agonie si comique, par toutes les chansons, épigrammes et démonstrations qui se faisoient jusque dans l'antichambre, et même la chambre

1. On lit dans les *Mémoires de Maurepas* : « Quand le sieur *d'Argenson l'aîné* fut nommé secrétaire d'État, il venoit de se réconcilier avec son frère ; mais ce ne fut pas pour longtemps. »

On pourroit donc ainsi classer leurs relations réciproques : Amis de leur jeunesse jusqu'en 1740, époque de l'entrée du marquis d'Argenson au service de la maison d'Orléans ; brouillés de 1740 à 43 ; réconciliés et assez unis depuis 1743 jusque et même après la sortie de l'aîné du ministère ; désunis de nouveau à compter de cette époque, sauf quelques réconciliations un peu tardives vers la fin de la vie de l'aîné.

Amis, jaloux ou rivaux ; indifférens jamais ! Ces détails domestiques, cachés aux intéressés, ignorés à juste titre des contemporains, doivent donc revivre après cent années : soit !

du mourant, sur lui et sur M. *Cassegrain*, son directeur.

— Dès que la mort du cardinal fut annoncée au roi, Sa Majesté dit : « Messieurs, me voilà donc *premier ministre*. » A l'instant il demanda l'ancien évêque de *Mirepoix*, précepteur du Dauphin, et lui donna la feuille des bénéfices, qui compose un ministère des principales affaires de l'Église. On ne pouvoit choisir un plus honnête homme.

Le cardinal *de Tencin* et tous ceux de son parti ont eu ce qu'on appelle un *pied de nez*. Voilà leur crédit tombé, et l'on ne parle plus que de renvoyer cette éminence gouverner son diocèse de Lyon.

A chaque instant, la réputation du roi se rétablit, et bientôt elle éclatera comme celle d'Henri IV, tant l'opinion françoise chemine vite. Tout le monde applaudit aux premières parties du début. Que sera-ce s'il survient encore quelques bons choix d'honnêtes gens, à la place de ceux qui sont odieux? Que sera-ce si l'on nous donne une prompte paix?

— La direction des affaires étrangères, les négociations continuelles, ne sont pas autre chose dans un État que ce que l'intrigue est aux particuliers. Chacun peut vivre chez soi, s'occuper de ses affaires intérieures et de son bonheur, sans être en commerce d'affaires avec les courtisans. Vivez en société, communiquez-vous par la joie et les services : voilà le commerce des nations, comme celui des particuliers.

Mais se lier de vengeance, d'attaque et d'ambition, voilà les négociations qui font la guerre et ruinent les États, sous prétexte de les élever et de les agrandir.

2 avril 1743. — Quelquefois on se croit au moment de la paix; d'autres fois on diroit que le feu est caché sous la cendre, et que l'orage le plus destructif gronde sur nos têtes. On parle d'une armée formidable sortie de Prusse, et qui doit fondre subitement sur quelque partie de l'Europe. Le roi de Prusse a dit qu'avant le 15 de ce mois on verroit un grand événement. Ce prince n'a ni foi ni loi, et se moque de la foi comme de la religion. Quand on lui disoit que l'empereur ménageoit ses nouvelles conquêtes, il répondoit qu'à ce compte on gagneroit le royaume des cieux, et non celui de la terre. On sait encore qu'il a dit souvent que la maison de Bourbon est trop puissante telle qu'elle est, et qu'il faut la diviser ou la diminuer. M. *de Belle-Isle* m'a dit depuis peu que le but auquel tendent ces gens-là n'est pas d'ôter la Bavière à l'empereur, mais de nous enlever la Lorraine et l'Alsace, pour s'indemniser et nous affoiblir. Il a paru depuis peu en Angleterre un grosse brochure contenant un détail de toutes les perfidies de la France, depuis le commencement de ce siècle. Les citations paroissent justes. On en conclut qu'il faut nous attaquer de toutes parts, et par un concert unanime de toute l'Europe.

Cette ligue se composeroit d'Angleterre, Hollande, Sardaigne, Prusse, Russie, Danemarck, Saxe, Pologne, enfin de tout l'empire, auquel se joindroit l'empereur, avec lequel la paix se feroit à cette condition. Il auroit, pour excuse à notre égard, sa foiblesse, devant avoir désormais très-peu de voix au chapitre.

Nous manquons d'hommes, d'argent, de généraux et de conseil; nous sommes découragés, nous demandons la paix. Nos meilleures troupes sont détruites par la mortalité et les mauvaises mesures de nos généraux; nous les recrutons avec efforts. Nous abandonnons l'armée délaissée. Nous voilà réduits à la plus triste défensive, et pour tout général le maréchal *de Noailles*. Nos généraux et nos conseils n'ont été nommés depuis peu que par la basse faction de la garderobe du cardinal.

L'Espagne n'est pas moins ruinée que nous, privée de tout commerce avec Cadix, et n'attrapant que par subtilité quelques voitures d'or. Don Carlos sera dépouillé incessamment des Deux-Siciles. Voilà ce qu'assurent avec fanfaronnade nos ennemis, disant, comme d'autres Jonas : « *Dans trente jours Ninive périra.* »

4 avril 1743. — Il est triste que le début du règne, ou le moment qui l'a précédé, aient été marqués par deux traits de dureté que l'on a peine à s'expliquer : l'un le renvoi de madame de Mailly, la sécheresse et le peu de générosité avec lesquels a été réglée la fortune de cette femme misérable, et maintenant l'aggravation d'exil de M. *Chauvelin*.

Voici, sur ce dernier chef, ce que j'en apprends par M. de B. (*Belle-Isle*).

Le roi reçut le paquet de M. *Chauvelin* qui vient de causer son nouvel exil à Issoire, il le reçut, dis-je, d'un bas valet, lequel l'avoit reçu d'un des premiers domestiques du roi, et l'on ne saura jamais quel est cet homme. Le roi dit qu'il ne le dira jamais, et si l'on parle à M. *Chauvelin* de cette aventure, il répond : « De grâce, ne m'en parlez pas. » On sait qu'il y avoit dans ce paquet : 1° une lettre d'envoi en quatre lignes, où M. *Chauvelin* mettoit à la fin : « Vous savez, Monsieur, les sentimens avec lesquels, etc. » ;

2° Une grande et belle lettre au roi, écrite récemment de Bourges, et qui toucha fort Sa Majesté ;

3° Un grand mémoire, daté de Grosbois, et qui traitoit de la guerre de 1734 et de la paix de 1735, où étoient exposées toutes les fautes du cardinal, et ce qu'avoit fait M. *de Chauvelin* pour les réparer : c'est sur quoi le roi a dit que *c'étoient tous faits faux* ;

4° Un mémoire plus secret et cacheté séparément, avec un talisman qui rappeloit à Sa Majesté toute la correspondance secrète qui s'étoit passée depuis : car il est certain que le roi a eu et beaucoup de correspondances secrètes avec M. *Chauvelin*, et il sembleroit par l'événement que cette liaison n'avoit été ourdie que pour induire celui-ci en erreur, et le faire tomber dans un piége.

Le roi reçut donc ce paquet à minuit, et lut les mémoires jusqu'à deux heures. Le lendemain, au sortir du conseil, il les donna à lire à M. *de Maurepas*, et dit à ce ministre de lui en rendre compte. Au bout d'un quart d'heure, Sa Majesté les envoya redemander à M. *de Maurepas*, se repentant de lui avoir donné à lire le mémoire secret. M. *de Maurepas* revint, et en homme d'esprit dit au roi n'avoir eu le temps de lire que le grand mémoire, et n'avoir pas eu le temps de lire le mémoire secret. Le roi reprit l'un et l'autre, et ordonna l'exil à Issoire.

Ces jours-ci, Sa Majesté vient de commuer cet exil en celui de Riom, ville plus commode et plus agréable. Il a bien répété que c'étoit à cause de la santé de madame *Chauvelin*, et qu'on ne devoit pas regarder cela comme une grâce faite au mari. On ne sauroit rien proposer seulement pour le fils de M. *Chauvelin* : le roi l'avoit dans une aversion insupportable étant petit garçon, à cause que, sans lui avoir été présenté, il ne bougeoit pas de la chasse avec Sa Majesté, où il se comportoit en petit polisson.

Il résulte de ces faits que le roi se montre dur et insensible, qu'il choisit et rejette ses ministres suivant de petites préventions, qu'il a une mutinerie d'enfant, que son amour-propre le met ridiculement en garde contre le qu'en-dira-t-on d'être gouverné. Il a été prévenu contre un air d'empire qu'avoit pris, a-t-il cru, M. *Chauvelin*, comme ancien et habile ministre. Il a cru de la honte à avoir disgracié cet homme-là par obéissance au cardinal. C'est ce qui soutient la mémoire du cardinal. Le roi ne veut pas passer pour avoir été gouverné par son précepteur ; il veut qu'on croie qu'il a toujours agi avec liberté et avec choix. Cependant, on ne lui a vu nulle sensibilité à la mort du cardinal, nulle marque de tendresse, sinon forcée et de commande. Il n'aime que le mystère inutile, marque de petitesse. Si l'on disoit dans le public qu'il va battre les ennemis sur le Rhin, c'en seroit assez pour qu'il tournât ses pas du côté de la Normandie. C'est ainsi qu'il a toujours fait le contraire de ce qu'on attendoit de lui. L'annonce de la disgrâce de M. *de Belle-Isle* a fait celui-ci duc; l'annonce d'une grande faveur, au retour de Prague, a occasionné l'air de disgrâce pour lui et les siens. De même pour le *Chauvelin*. Malheureuse détermination pour le paroître, et non pour l'être.

26 mai. — Le roi a toujours un fond d'estime et de respect pour M. *Chauvelin;* mais Sa Majesté est trop piquée de la lettre qu'elle en a reçue à la mort du cardinal, où M. *de Chauvelin* lui rappeloit ses conversations particulières et de confiance; ce qui étoit choquer son amour-propre, manquer à la discrétion. Voilà le côté sensible de notre monarque; mais perdre la patrie devroit le toucher davantage.

9 avril 1743. — *Le maréchal de Noailles, ministre d'État.* La survenue du maréchal *de Noailles* dans le conseil rend la vie très-dure aux ministres. Ce n'est pas un premier ministre, mais c'est un inspecteur importun qui leur a été donné, lequel se mêle de tout, quoiqu'il ne soit maître de rien. On assure que cela a été inspiré au roi par M. *Orry*, ou par *Bachelier*.

Mon frère m'a dit que, quand un ministre parle au roi de quelque chose qui n'est pas de son département, Sa Majesté ne répond pas plus qu'un poisson : affectation qui les gêne, et qui fait qu'on ne sait ce que deviendront les *ministres du cardinal*, car enfin il n'a pas convenu à Sa Majesté qu'elle parût immédiatement, à la mort du premier ministre, sortir du joug d'un tyran qui la constituât trop en sottise. Au contraire, elle a voulu jouer la libre volonté, l'extrême confiance, la reconnoissance envers ce défunt ministre; elle a donné des biens à sa famille, elle a gardé ses gens en place, elle a infligé un surcroît de disgrâce à M. *Chauvelin*, afin d'éloigner toute idée de vouloir jamais le reprendre. Mais peut-on savoir si le roi ne patiente pas, en attendant l'exécution de quelque projet prémédité de longue main? Sa Majesté est d'une grande sécheresse avec ses ministres, et ne leur témoigne aucune confiance.

Le seul désir obstiné que le roi marque dans la présente guerre, c'est que don Philippe et sa fille l'Infante obtiennent une souveraineté en Italie, soit la Savoie, soit le duché de Parme; il n'y a rien, dit-on, que le roi ne soit prêt à faire pour cela.

— Le maréchal *de Noailles* a rendu au roi, quelques jours après la mort du cardinal, une lettre de Louis XIV, lettre très-longue et tout entière écrite par ce monarque, peu avant l'extrémité de la maladie dont il mourut. Cette lettre avoit été laissée à madame *de Maintenon*, pour être rendue par quelqu'un de sûr au roi, son petit-fils et successeur.

Louis XIV dit, dans cette lettre, qu'elle ne doit être remise à son petit-fils que quand il pourra l'entendre, quand il commencera à *gouverner réellement par lui-même*. Il dit qu'ayant longtemps gouverné, il peut donner à son successeur des avis tirés de sa profonde expérience; qu'il a fait plusieurs grandes choses, mais qu'il a fait aussi quantité de sottises; qu'il lui donne avis de s'appliquer principalement au choix des ministres; mais qu'il se garde bien de prendre jamais un premier ministre qui soit plus maître que lui-même; qu'il compose son conseil de plusieurs hommes habiles et ne craigne point la multitude; que même les *gens à imagination* y seroient utiles, pourvu qu'ils soient hommes de probité, comme pouvant faire naître des idées parmi lesquelles on n'aura qu'à choisir.

Cette dernière qualité ayant paru convenir au maréchal *de Noailles*, c'est, dit-on, la raison pour laquelle il a été admis au conseil.

19 mai 1743. — Le roi apporte au travail et à sa conduite avec ses ministres un dégoût et des désagrémens qui ne sont pas naturels; on ne peut concevoir que Sa Majesté soit tombée dans cette indifférence sur ce qu'il y a de plus capital pour son honneur et ses intérêts.

Le bruit court d'un changement total dans le ministère, surtout à l'égard de M. *Amelot*, que le roi, dit-on, ne veut plus entendre, ne le pouvant souffrir à cause de son bégaiement. On ne peut deviner encore ce que le roi médite; on dit que cela se saura au voyage *de Choisy*.

— On croit certain que M. *de Belle-Isle* va être du conseil, ce qui ne sera bon qu'à lui donner plus souvent l'occasion d'être avec le roi. C'est un homme de grand sens; mais il lui faut un caveçon, son esprit l'emporte. Qu'on ne parle plus de conseils pour gouverner le royaume, nous ne sommes pas faits pour cela. Les conseils, même composés de grands hommes, ont l'esprit petit; leur sagesse, s'ils en ont, n'est que médiocrité; ce n'est plus la prévoyance qui préside, c'est un bon sens négatif, qui consiste à ne pas faire de folies, et voilà tout. Mais les conseils sont utiles comme prétextes d'entretenir le roi de ses affaires. C'est ce que recherche M. *de Belle-Isle* [1].

7 juillet 1743. — La Cour de France est beaucoup plus ennemie du roi que ne le sont les Cours de Vienne et de Berlin, que le parlement d'Angleterre ou le Divan. C'est de la Cour que viennent les obstacles au bon ordre, et le dérangement des règles qui deviennent peu à peu des maux irrémédiables et mènent le royaume de la fièvre lente à la fièvre chaude et à la destruction. Les armées romaines du Bas-Empire n'étoient pas plus contraires à l'autorité et à la stabilité des empereurs : elles se portoient parfois à la violence et à la destruction des monarques; mais, chez nous, la Cour marche au même but par blandices et flatteries, on a ses ennemis dans ses amis. Ah! si l'on pouvoit avoir un roi qui n'ait point de cour, que cela vaudroit mieux! A défaut de cela, il faut des ministres anti-courtisans; c'est pourquoi l'on prend des robins, mais ce sont encore des robins courtisans.

Voici un exemple de condescendance et de foiblesse bien funestes : ce sont les gardes-françoises qui se sont si mal comportés sur le Mein, qu'ils ont déshonoré la nation. Ne faudroit-il pas en faire un exemple célèbre, casser cette mau-

1. M. *de Belle-Isle* n'entra au conseil qu'en 1756; la jalousie des ministres l'en avoit toujours écarté.

vaise cohorte prétorienne, du moins y faire de nouveaux arrangemens, en tenir une partie dans des bastions durant le cours de chaque année, les caserner à Paris, etc.? Mais non; le crédit de la maison *de Gramont*, à qui ce régiment vaut cent mille écus de rentes, conservera les choses telles qu'elles sont, et mettra obstacle à toute réforme de ce corps.

Mon frère a tous les talens nécessaires pour bien conduire la place qu'il occupe; mais élevé dans la Cour, et en connoissant toutes les révolutions, il est trop occupé du soin de s'y maintenir. Il faudroit que le roi lui dise : « Soyez tranquille, Monsieur, ne vous inquiétez pas; vous êtes inattaquable dans votre place, vous la conserverez. Ainsi ne cherchez pas vos appuis dans la Cour, ne vous mettez point en peine de vous faire des protecteurs. Allez en tout au bien de votre département. Choisissez les bons militaires dans les provinces et les garnisons; avancez-les suivant leur mérite. » Alors, avec cette tranquillité d'esprit, ce seroit le meilleur ministre de la guerre que nous ayons eu sous ce règne.

9 juillet 1743. — *Affaire de Dettingen.* — M. *de Gramont* est cause de l'échauffourée sur le Mein[1]. Il avoit la rage d'être fait maréchal de France. Cet accouchement précipité l'a porté à faire passer le ravin. Nos 10,000 hommes ayant passé le Mein, il n'y avoit qu'à attendre la départie de l'ennemi; nous le tenions comme dans

1. Le 27 juin.

une ratière. Un bois rétrécissoit la plaine sur la rivière; il eût fallu que les ennemis passassent dans ce bois, et voilà où l'on eût chargé leur arrière-garde, tandis que M. *de Vallière*, avec ses 26 pièces de canon, les eût accablés vis-à-vis de ce défilé. Au lieu de cela, le duc *de Gramont* et le duc *d'Harcourt* ont voulu, avec 10,000 hommes, avoir affaire à toute l'armée angloise. C'est horrible la quantité d'officiers tués que nous avons à regretter. M. *de Chérisy*, des gardes du corps, a crié comme un diable à ces deux généraux entêtés que l'on alloit avoir affaire à toute l'armée ennemie, qu'il voyoit des troupes rangées derrière leur arrière-garde.

Milord *Stairs* a dit à nos prisonniers : « Vous avez là un M. *de Vallière* qui mériteroit le bâton de maréchal de France mieux que personne. » M. *d'Aremberg* est bien blessé; il a écrit à sa femme qu'il avoit eu le plaisir de voir fuir cette belle et dorée maison du roi. Le roi d'Angleterre, durant le combat, s'est caché dans un clocher, d'où il a vu l'affaire à merveille.

16 juillet 1743. — Madame *de la Tournelle* ne se mêle d'aucune affaire du monde. Elle a pris en grippe M. *de Meuse :* le roi a la bonté d'aller tenir compagnie au petit *Meuse* dans ses cabinets, tête-à-tête et sans madame *de la Tournelle*. Messieurs *de Richelieu*, *de Luxembourg* et *de Mirepoix* viennent d'être faits lieutenans généraux, sans promotion particulière, faveur qui scandalise de rechef le militaire.

— Sa Majesté a envoyé chercher M. *de Coigny*, lequel a travaillé deux heures seul avec elle.

C'est pour lui donner le commandement de l'armée du maréchal *de Broglie* : celui-ci est tout à fait disgracié. Cette armée va se réunir sur le Haut-Rhin, en Haute-Alsace.

30 juillet 1743.— La plume tombe des mains, de tout ce que l'on voit arriver à notre France : *infandum renovare dolorem.* Déshonneur au dehors, quand le dedans est changé en un désert.

Le maréchal *de Broglie* a ramené ses troupes en abandonnant bagages et malades, qui ont été égorgés de sang froid par l'ennemi.

La témérité du duc *de Gramont* et l'hésitation du maréchal *de Noailles* ont causé notre désastre à *Dettingen.* Nous serons sans ressources et à la merci de nos ennemis, qui n'ont plus à mesurer notre destruction que sur leur désir.

J'ai vu hier avec douleur une lettre de M. *de la Ville*, qui conduit, sous M. *de Fénelon*, nos affaires de Hollande. Il écrit à un ami : « Vous n'avez plus de ressources que dans vos armes. » Quelles ressources, et combien peu en pouvons-nous espérer ?

Quel homme est-ce que notre roi ? Combien de contradictions en lui ? Sait-il quel est l'état de son royaume ? Il met le goût du mystère à la place de son objet. Il conserve le ministère du cardinal, qui est le produit de sa décrépitude, et en a tous les défauts, sans l'unité de vues.

Non, la *consanguinité* ne sauroit m'empêcher de dire qu'il n'y a jamais eu de si mauvais ministère que celui-ci, si peu affectionné pour l'État, même si désaffectionné, si joyeux des pertes publiques, si désireux de son petit bien particulier, si platement caustique, si dénué de ressources!

La révolution est certaine en cet état-ci. Il croule par ses fondemens. N'y a-t-il donc plus qu'à se détacher de la patrie, et à se préparer à passer sous d'autres maîtres, ou sous une autre forme de gouvernement?

30 juillet 1743. — Au retour de Choisy, un des valets de pied de Sa Majesté tomba de derrière sa calèche, et se fendit la tête. Le roi, au désespoir, s'écria : « Mon Dieu! mes malheurs ne finiront-ils donc jamais? »

13 août 1743. — Il n'y aura jamais de plus mauvais ministère en France que ne fut celui du cardinal *de Fleury* depuis la disgrâce de M. *Chauvelin*. Le cardinal s'est trouvé au-dessous de M. *de Chamillard*. Du moins celui-ci n'eût pas cherché de querelle, ou ne s'y fût pas laissé emporter, ou, cédant à force majeure, il eût conseillé au roi de prendre des ministres plus résolus.

Mais Son Éminence, en cédant aux projets de M. *de Belle-Isle* que vouloit le roi, les a contrecarrés perpétuellement et détruits, en perdant la France. Malice digne d'un fourbe et d'un ennemi de la patrie. Après lui, le roi continue en place ses sous-ministres, tout aussi peu faits pour leurs postes qu'il y en ait jamais eu. La petite régularité et la sagesse pédantesque se trouvent là où devroit être le génie (M. *Amelot*); la brutalité et un esprit borné, où devroient être la prévoyance et l'affabilité (*Orry*); du désordre et de l'esprit d'intrigue dans une charge d'un détail immense, et où il faudroit la plus grande assiduité (*mon frère*); le petit maître, l'esprit de bagatelle, là où devroient être les bons et profonds conseils (*Maurepas*); de la mollesse, de l'indécision, de la petitesse se mêlant au savoir profond, à l'intégrité reconnue, qui ont appelé M. *d'Aguesseau* à la première magistrature de l'État.

17 janvier 1744. — On a assemblé ce matin le parlement pour régistrer les nouvelles lettres patentes sur le don du duché de *Châteauroux* à madame *de la Tournelle*. Celles-ci donnent cette terre non-seulement à elle, mais aussi à ses enfans mâles, et déclarent qu'elle reviendra à la couronne faute d'hoirs mâles issus de cette belle veuve, ce qui annonce aux peuples qu'elle pourroit bien être grosse. Le préambule de ces lettres contient les motifs : les grands services rendus à la France par la maison *de Mailly*, l'attachement personnel de la dame et les services qu'elle rend à la reine, les vertus et qualités rares de cœur et d'esprit dont est douée ladite dame, etc. La compagnie a écouté gravement ces fleurettes que le monarque conte à sa maîtresse, et conclu à l'enregistrement. Depuis quinze jours couroit le bruit dans le public que le 15 de ce mois se déclareroit une grande nouvelle, que le roi l'avoit ainsi annoncé. Il paroît que ce sont ces lettres patentes qui constituent cette importante déclaration.

27 avril 1744. — M. *Amelot* a été congédié hier à minuit. M. *de Maurepas*, son ami, fut

chargé de l'expédition. Il s'en meurt de chagrin. Il a pris ses papiers les plus importans, et les a remis au roi. Le cardinal *de Tencin* a travaillé ce matin deux heures chez M. *de Maurepas*. On regarde cela comme une annonce de sa prochaine nomination au ministère des affaires étrangères. Mais ce soir, il est sûr que ce ne sera ni lui ni M. *de Chavigny*.

Voici ce que m'a dit mon frère : Le roi lui avoit dit hier qu'il auroit plus d'affaires qu'il ne pensoit durant la campagne. Ce matin, Sa Majesté lui a déclaré ce que c'étoit : c'est qu'il signera les dépêches des affaires étrangères. Mon frère lui a dit : « *Mais je ne les ferai pas?* » — Le roi a répondu : « Ce sera moi-même qui les composerai. »

On emmène *du Theil* à l'armée. Ce premier commis rédigera sans doute les dépêches. Le roi va commencer demain matin à donner audience aux ambassadeurs, à les écouter, à leur répondre ; ce qui fera grand bruit.

J'ai dit à mon frère : « Mais vous allez donc, pendant la campagne, jouer le rôle de premier ministre ? » Il m'a dit : « Croyez que ceci est la destruction du ministère ; que ce sont les cabinets, les *Noailles*, les *Richelieu*, la maîtresse, qui veulent nous détruire pour régner. »

M. *de Maurepas* va visiter les ports de mer pendant l'absence du roi, ce qui lui donnera l'air de disgrâce. On assure aussi que pendant ce temps-là le cardinal *de Tencin* va à son archevêché de Lyon.

2 mai 1744. — M. le comte de *Charolois* a

été faire à Sa Majesté de grandes remontrances sur ce qu'elle ne vouloit emmener personne de sa maison ni de sa bouche à l'armée. Il a dit au roi qu'il alloit donc manger la cuisine de cuisiniers étrangers non sermentés; que c'étoit au nom de ses propres sujets qu'il lui demandoit d'emmener sa maison. Enfin il lui a demandé la permission de l'accompagner, comme faisant les fonctions de grand-maître. Le roi lui dit qu'il avoit raison, et M. *de Charolois* suit le roi à l'armée.

Le prince *Charles* est déjà parti avec plusieurs fourgons.

— Le duc d'Orléans s'est laissé enlever son curé de Saint-Étienne-du-Mont, sous le prétexte de jansénisme. L'évêque de Mirepoix s'est moqué de lui. On a voulu en faire autant à M. *de Charolois*, mais il l'a pris autrement. Il a fait sonner le tocsin à Ecouen; les habitans assemblés, il leur a fait dresser procès-verbal comme quoi ils étoient satisfaits de ce pasteur. De là, il a été à l'archevêché, où il a tiré même attestation verbale de l'archevêque. Les grands vicaires politiques ont voulu dire quelque chose, il les a fait sortir de la chambre. De là il est allé directement au roi. Sa Majesté s'est trouvée ignorer les griefs contre le curé. Tout cela fait, il est monté chez l'évêque de Mirepoix, lequel s'est répandu en accusations contre le curé. M. *de Charolois* lui a donné un bon démenti, et lui a montré les attestations du peuple, de l'archevêque et du roi. Ainsi le curé est resté en place.

— Les ministres tremblent à la cour depuis

la disgrâce de M. *Amelot*. M. *Orry* fait mille bassesses pour être conservé; M. *de Maurepas* ne tient que faute de lui trouver un successeur, et mon frère paroît fort dégoûté de sa place.

3 mai 1744. — Le ministre de la guerre est parti hier à six heures du matin pour Flandre. Le roi a dû partir ce matin. On n'a point entendu le canon, le roi n'a point passé par Paris. On avoit fait arranger les chemins en droiture de la Muette au Bourget.

Tout suit à l'armée, le grand-maître, le chambellan, la cuisine, la bouche. Il n'y a que la maîtresse qui reste [1]. Les deux duchesses, c'est-à-dire mesdames *de Châteauroux* et *de Lauraguais*, allèrent *avant hier embrasser le ministre de la guerre, qui partoit*. Ces dames viennent aujourd'hui à Paris, pleurer; elles iront à l'opéra, et de là à Champs, chez M. *de la Vallière*.

— On est toujours sans secrétaire d'État des affaires étrangères, et l'on croit que cela durera quelque temps. M. *de Saint-Florentin* a écrit dans les provinces du département qu'avoit M. *Amelot* que l'on eût à s'adresser à lui. M. *du Theil*, premier commis des affaires étrangères, a déjà travaillé deux fois avec le roi. Mais, mardi dernier, c'étoit la plus grande pitié du monde à Versailles; les ambassadeurs ne savoient où aller dîner; ils allèrent à la table du grand-maître, du grand chambellan, etc.; ils ne trouvèrent personne.

1. Elle est partie quelques jours après.

On dit toutes sortes de sottises. On prétend que le maréchal *de Noailles* va être président du conseil, et *Chavigny* secrétaire d'État sous ses ordres; que M. *de Maurepas* sera chassé et exilé au milieu de sa course, allant à Toulon; que le duc de *Richelieu* sera déclaré intendant des mers et de la navigation, comme étoit le cardinal, et toutes sortes d'autres beaux arrangemens, dont je ne crois pas un mot.

On a arrêté aux promenades quantité de gens qui disoient de mauvaises nouvelles et parloient mal du roi. Les ministres restés à la cour ont eu, dit-on, de grandes explications avec le roi, et mis le marché à la main.

Quand M. *de Maurepas* annonça à M. *Amelot* sa disgrâce, il lui dit : « *Hodie tibi, cras mihi.* »

M. *Amelot* est fort affligé. Sa femme a beaucoup d'amies au Marais, qui la consolent par hantise et fréquentation.

5 mai 1744. — Le roi a soupé avant-hier à Péronne, chez son ministre de la guerre. Sa Majesté a couché à Valenciennes. Les deux duchesses sœurs (*Châteauroux* et *Lauraguais*) vont coucher à *Plaisance*, chez *Duvernay*, de là à Séchelles, qu'on meuble, puis à Lille, où M. *de Boufflers* leur a fait accommoder des maisons qui percent dans le gouvernement. Ainsi le roi procédera à ses soupers de cabinets à Lille comme à Versailles; il a l'air d'un homme d'habitude subjugué, plutôt que d'un homme de passions vives.

Quelqu'un de sage disoit cependant hier : Qu'est-ce donc que le roi a fait de blâmable ou d'insensé, depuis la mort du cardinal, *depuis qu'il règne?* 1° Il a résisté à la brigue et aux insinuations mêmes du cardinal, pour mettre *Tencin* à la tête des affaires de l'Église. Il a donné les bénéfices à l'évêque *de Mirepoix*, qui est un honnête homme.

2° Il a renvoyé une maîtresse laide, pour en prendre une plus jolie.

3° Il a étonné les ennemis par des actions d'audace, folles si vous voulez, mais qui ont fait faire des réflexions à nos voisins, et peuvent nous préparer la paix. Deux déclarations de guerre; tentative contre l'Angleterre; tentative contre la flotte angloise à Toulon; entreprises heureuses et valeureuses, sans espoir de réussir, du prince *de Conti* en Piémont.

4° Enfin, il a renvoyé M. *Amelot*, le plus nuisible des ministres par son peu d'étoffe, pour se servir en attendant de M. *du Theil*, le commis le plus sensé, le plus raisonnable, le plus honnête homme que j'aie encore vu. Cet homme, travaillant seul avec le roi, lui donnera quantité de principes dont le gouvernement se ressentira toute la vie du roi.

Que sait-on? Peut-être Sa Majesté achèvera-t-elle de pourvoir son conseil de meilleurs ministres, et des meilleurs du temps, en prenant, au retour de la campagne, M. *Chauvelin* pour secrétaire d'État des affaires étrangères.

— Le roi va recevoir une ambassade solennelle des Hollandois à Lille. Peut-être Sa Majesté y fera-t-elle seule la paix.

6 mai. — Le roi a écrit à madame de *Venta-*

dour une lettre d'adieu, belle, touchante et noblement tournée, même dévote. Il prie le dieu des armées de le soutenir, de bénir ses bonnes intentions.

Le chancelier de France reste, pour ainsi dire, régent du royaume, à la tête de tous les conseils, les conseils des finances et des dépêches se tenant chez lui, écrivant au roi pour rendre compte de tout à Sa Majesté. — La reine va rester bien seule, à Versailles, avec sa pauvre famille.

Le roi, en arrivant dimanche à Péronne, a travaillé dans son cabinet une heure, et a soupé à 8 heures.

10 mai 1744. — Le roi fait merveille à l'armée. Il s'applique, il se donne de grands mouvemens pour savoir et pour connoître, il parle à tout le monde. La joie est grande parmi les troupes, et parmi les peuples en Flandre. *Aurions-nous donc un roi?*

14 mai. — On a copie d'une lettre que le roi a écrite à M. le Dauphin en réponse à celui-ci, qui lui demandoit de le suivre à l'armée. Sa Majesté répond que la conservation de M. le Dauphin est trop précieuse jusqu'à ce qu'il soit marié; qu'après cela on lui promet de ne faire aucun voyage pareil sans l'y mener; que cependant on espère que dans la suite les guerres ne seront pas communes en France; qu'il doit apprendre à aimer les peuples, etc.

M. le duc *de Richelieu* est plus favori que jamais. On le regarde comme l'auteur de tout.

C'est lui qui a inspiré l'élévation du maréchal *de Noailles*, sûr de l'abaisser en retirant sa main. Par là il se fraye à lui-même un chemin au premier ministère. C'est lui qui a donné le généralat à M. le prince *de Conti*.

17 mai. — On sait à présent quelle sera l'ambassade des Hollandois, et quelle sera notre réponse. Ils doivent proposer une trève de deux mois, mais représenter que, suivant leur traité de 1678, ils doivent assister l'Angleterre. — A quoi le roi répondra qu'il n'a pas besoin de leur délai, et qu'il va attaquer les places de barrière.

On dit que l'investissement de *Menin* est commencé d'hier.

30 juin. — Le roi a commencé de se montrer à la tête de ses armées. Il faut convenir que cette conduite est de bon goût. Il sembloit avoir été en tutelle jusqu'à la mort du cardinal. A l'armée, il a paru attentif, brave, parlant à ses troupes, prudent, exact, laborieux, et surtout discret. On ne sait pas encore ce que couvre cette discrétion. Est-ce un changement de ministère qu'il prépare à son retour?

On prétend que c'est une tache à sa gloire d'avoir fait venir sa maîtresse à l'armée, en déshonorant des princesses et grandes dames qui l'y ont amenée. Convenons qu'il y a du préjugé à lui faire ce reproche. Pourquoi, en effet, se refuseroit-il des plaisirs qui ne font tort à personne? Les Flamands sont superstitieux. On leur a dit que le roi avoit eu les trois sœurs : ils se sont scandalisés de voir arriver celle-ci à Lille.

Deux heures après, le feu prit à un corps de caserne : ils dirent que c'étoit l'effet du feu céleste; des jeunes gens ivres allèrent le soir sous les fenêtres de la duchesse *de Châteauroux* chanter la chanson de madame *Anroux*, la retournant ainsi :

Belle Châteauroux,
Je deviendrai fou
Si je ne vous baise;
Belle Châteauroux, etc.

M. *de Richelieu* joue toujours son grand rôle de favori. Il est brouillé avec le maréchal *de Noailles*, et bien avec mon frère, qui est à couteaux tirés avec le maréchal *de Noailles*. Pour celui-ci, la tête lui tourne [1], il ne sait plus ce qu'il fait; il donne des ordres contradictoires, il envoie en prison, il prie Dieu, il enfante des systèmes politiques. On dit que, si les ennemis savoient cette insuffisance, ils auroient bon marché de nous.

•

31 juillet. — Le duc *de Richelieu* m'est venu voir pendant le moment qu'il a passé à Paris, se rendant de Flandre à Metz joindre le roi. Je lui ai dit que les succès de M. le prince *de Conti* ne sauroient être regardés que comme la conquête d'un traité avec le roi de Sardaigne. Il m'a répondu : « C'est la chose impossible; ce prince est comme son père, il ne démordra jamais de son parti d'opposition contre la France. Mais l'ex-

1. Le maréchal *de Noailles* commandoit l'armée du Bas-Rhin.

pédition du prince *de Conti* suffit pour prouver à l'Europe combien la France est puissante, qu'elle franchit les Alpes, que rien n'est à l'abri de son audace et de sa force. »

Je lui ai dit que, s'il alloit en Espagne demander l'infante, il ne falloit pas seulement en ramener une dauphine, mais encore la paix; qu'il pourroit déterminer la reine régnante à des conditions honnêtes et suffisantes pour *don Philippe.* Il m'a répondu que ce n'étoit pas à cela que tenoit la paix; que l'on ne pouvoit aujourd'hui refuser à l'Espagne ses prétentions sur l'Italie, puisque nous y étions vainqueurs de toutes parts; qu'en Allemagne nous allions battre le prince *Charles*, qu'il seroit assez fou pour nous attendre; que M. *de Coigny* avoit des camps retranchés pour y tenir en cas qu'il fût pressé; qu'après de tels succès, nous élèverions l'Empereur autant qu'il mérite de l'être. Il a tenu ces propos, pressé par sa vivacité ordinaire et par la multitude de choses qu'il a à faire avant son départ, entre lesquelles les aventures galantes tiennent la plus grande place. J'en ai connu assez pour m'assurer de leur sincérité, et que c'est de leur récit qu'il amuse le roi. On lui dit comme les maîtres de paume nous disent en nous voyant jouer, bien ou mal, que nous avons de très-belles dispositions, que c'est dommage que nous ne jouions pas davantage.

Considérons que le roi n'est entouré que de courtisans, dont toute la fortune roule sur la guerre. Toute l'armée, tous les gens à promotion, les favoris, le ministère de la guerre, prêchent cette fumée de gloire. Nul ne fait sentir les besoins de la paix, qui sont grands. On n'a pas voulu laisser approcher de la marche du roi le contrôleur général, qui connoît les maux du royaume et pourroit en rendre compte à Sa Majesté. Le roi ne voit autour de lui qu'abondance, applaudissement et satisfaction.

L'entêtement pour l'Espagne est surtout le grand point sur lequel s'appuient les courtisans obstinés qui nous gouvernent. L'Espagne, régie par une reine méchante et furibonde, ne peut nous procurer que de très-légers avantages de commerce. Elle a corrompu notre cour, et nous n'aurions aucuns maux à redouter si nous savions la braver un moment.

Nous n'avons aucun plan fixe. Si la guerre nous étoit contraire, nous sacrifierions deux provinces pour avoir la paix. Mais si nous obtenons quelques succès, alors la terre ne pourra plus nous porter; il nous faut les deux tiers de l'Allemagne pour l'Empereur, la moitié de l'Italie pour *don Philippe*, et rien pour nous.

3 août 1744. — La duchesse maîtresse (*de Châteauroux*) est tombée malade à Reims. On a cru que c'étoit une ébullition. Cela a retardé le séjour à Reims, au moyen de quoi il n'y en a pas eu à *Châlons*, où le roi n'a fait que coucher, et le cardinal *de Tencin* a eu brève audience de Sa Majesté.

Le roi, pendant la maladie de madame *de Châteauroux*, ne parloit d'autre chose sinon où on l'enterreroit et comment seroit son tombeau.

5 août. — Le roi se trouve maintenant à la

tête de trente mille hommes destinés à rejoindre l'armée du maréchal *de Coigny*, et M. le duc *d'Harcourt*, à la tête de dix-huit mille hommes, avant-coureur de Sa Majesté, se trouve sous *Phalsbourg*, coupé par le prince *Charles de Lorraine*.

Je crois que voilà le moment venu de remettre le maréchal *de Belle-Isle* à la tête des affaires. Il a, sur le maréchal *de Noailles*, l'avantage de l'éloquence et du correct dans les idées. Il connoît la Lorraine comme sa chambre. Il sera Nestor et Ulysse dans les armées combinées. Il y a scission entre les généraux; mais la présence du roi et du ministre de la guerre les décidera.

Le maréchal *de Noailles* achèvera de tomber de cette affaire.

La place de secrétaire d'État des affaires étrangères ne se donne pas. Cette interruption du ministère continue toujours. On disoit que c'étoit la haute faveur du maréchal de Noailles qui en étoit cause. Mon frère me dit en partant que c'étoit *le discrédit du ministère*, que les seigneurs et favoris l'emportoient sur les ministres dans l'esprit du roi. Ne se pourroit-il pas encore que cette place vacante fût réservée à M. *Chauvelin?* que Sa Majesté suivît son ancien plan, mais par des voies très-dissimulées et impénétrables?

— Le duc de Chartres, absorbé par l'amour de sa femme, qui le suit, et les conseils de sa belle-mère (la princesse *de Conti*) qui l'obsède, ne fait plus que piquer l'antichambre du roi, jouer le plus gros jeu du monde au passe dix, au trente et quarante, au quinze; à peine s'occupet-il de son service, qu'il suit très-peu. On corrompt sa jeunesse. Le Burrhus est écarté (*Balleroi*).

7 novembre. — On a eu nouvelle que le roi avoit nommé ministre des affaires étrangères M. *de Villeneuve*, conseiller d'État, et ci-devant ambassadeur près la cour ottomane. On lui a envoyé un courrier; mais on dit qu'il en est bien fâché et qu'il refuse. M. *de Villeneuve* a 71 ans; il est laid comme la bête, haut de trois pieds, mais gaillard, l'accent provençal. Il a gagné 80,000 livres de rentes en Turquie. C'est un habile homme, très-grand s'il est aussi bon négociateur que bon négociant.

10 novembre. — Le duc *de Châtillon*, gouverneur du Dauphin, et la duchesse sa femme, nommée dame d'honneur de la Dauphine, viennent d'être disgraciés. Aujourd'hui, à deux heures, ils sont partis de Versailles pour leur exil. C'est, dit-on, pour avoir mené le Dauphin de Verdun à Metz, malgré les ordres du roi, pendant la maladie, pour s'être enfermé alors des heures entières avec l'évêque de Soissons et le Dauphin, pour avoir toujours paru donner des leçons de mœurs à son pupille aux dépens du roi son père, comme en lui montrant les petits ponts de bois qui conduisoient du logement de madame *de Châteauroux* à celui du roi, etc.

M. *de Villeneuve* a été nommé du propre mouvement de Sa Majesté. Le roi porte la jalousie de son autorité à un point excessif. Il veut que de tels choix paroissent venir de lui-même, et qu'aucune cause étrangère n'y semble influer. Le bonhomme *Villeneuve* a 70 ans, des ardeurs d'urine et mal à la poitrine tous les hivers. Il ne sait lui-même s'il acceptera le ministère des affaires étrangères.

12 novembre 1744. — Autre gouverneur exilé; M. *de Balleroi*, ci-devant gouverneur de M. le duc de Chartres, aujourd'hui premier écuyer de M. le duc d'Orléans, après avoir fort bien commandé toutes les tranchées à Fribourg, a trouvé l'ordre de se rendre dans ses terres de Normandie, comme ayant déplu au roi par ses discours. Le roi appeloit cela *la cabale*, à Metz et à Fribourg. Il a dit qu'il ne vouloit point de *cabale* à sa cour. MM. *de la Rochefoucault*, *Bouillon*, *Fleury* et *Balleroi*, étoient tous les jours ensemble pour parler contre la reprise de madame *de Châteauroux*, et pour éloigner M. le duc *de Richelieu*. Le roi ne les appeloient que *ces Messieurs* : « Où sont ces Messieurs ? » « Que disent ces Messieurs ? » On attend de pareils coups contre les autres.

14 novembre. — Le roi arriva hier à Paris, où Sa Majesté séjourne quatre jours. On a peu crié *Vive le roi*. Le peuple l'a pleuré, l'a chanté, à sa maladie, à sa convalescence. Le bruit qui court qu'il reprendra la *Châteauroux* fait un mauvais effet; et un encore plus mauvais la disgrâce de MM. *de Châtillon* et *de Balleroi*, qui se sont mêlés d'approuver l'évêque de Soissons, disgrâce qui durera jusqu'à ce que le roi devienne dévot.

— Certes, l'assemblée des Tuileries m'a paru belle, l'assemblée des grands, et surtout des plus grandes dames de la cour, dans la galerie des Tuileries, pour voir arriver le roi, revenant vainqueur et conquérant de sa première campagne!

Les illuminations de la bonne ville ont été traversées par un vent continuel et considérable, qui a tout éteint au bout d'une heure.

15 novembre 1744.—M. *de Villeneuve* a fait ce matin la plus inouie action qu'on ait encore vue et qu'on verra. Il a prié le roi de l'excuser, et a allégué quantité de raisons pour ne point accepter la place de ministre et secrétaire d'État des affaires étrangères. Le roi lui a dit : « Monsieur, voilà des raisons qui ne sont que trop bonnes, *santé, âge, arrangemens.* » On est stupéfait; des gens fins y veulent trouver de mauvaises causes; des gens subtils prétendent que c'est une comédie. En même temps, on sollicite le retour de M. *de Chauvelin* à Paris par raison de santé, comme ayant une humeur tombée sur les jambes, la masse de sang appauvrie, etc., sur quoi il n'y a que les grands médecins de Paris à consulter. On auroit chargé M. *de Villeneuve*, grand comédien en politique, de jouer ce rôle, qui est honorable. Ne trouvant personne, on reprendroit M. *de Chauvelin.* Ainsi le roi tromperoit tout le monde, et feroit un bon choix.

— Mon fils a fait la harangue du scrutin de la ville, et a bien réussi. Le roi en a parlé gracieusement.

— Le duc d'Orléans est allé voir le duc *de Châtillon*, qui partoit pour son exil. Le roi en est très-mécontent, et regarde ce prince comme ne l'aimant pas sincèrement, surtout à cause de la sévérité de sa morale évangélique.

— Le roi a été dîner à l'hôtel-de-ville, ce qui s'est passé avec une grande magnificence. Le général *Schmettau*, qui est ici de la part du roi de Prusse, a mangé à la table où j'étois. Nous avons été trois heures à table. Le roi avoit un grand air de santé, et a mangé de tout. Après cela, Sa Majesté a été au salut aux *Grands Jésuites*, où la reine s'est rendue. A cause du cérémonial, il n'y avoit ni la reine ni les dames de la cour à l'hôtel-de-ville.

— Le vent a déchiré la décoration de l'arc triomphal préparé à Versailles.

Les anciens, avec leurs superstitions, y eussent vu un mauvais augure.

La pluie a beaucoup nui aux illuminations de la ville.

17 novembre. — Le roi s'est beaucoup diverti à voir les pères jésuites très-mouillés, quand ils l'ont reçu sur leur beau perron pour le salut, où Sa Majesté assista. Le roi resta lui-même longtemps à la pluie, pour considérer ces bons pères si mouillés.

— On assure que le roi a repris madame *de Châteauroux*, et que cette très-heureuse jouissance a recommencé dès la première nuit de son arrivée à Paris; que telle a été la vocation du séjour de Paris, que, sans une fluxion, cette belle duchesse eût reparu au cercle de la reine, à l'ordinaire; que les deux proscrits [1] lui ont été sacrifiés; que, sans cela, elle ne vouloit pas revoir le roi. L'amour est un furieux maître, pour renverser tous les obstacles.

18 novembre. — Mon frère m'a dit ce matin que le roi lui avoit longtemps parlé de ceux qui étoient capables de remplir le ministère des affaires étrangères, qui vaquoit depuis que M. *de Villeneuve* s'est excusé; que Sa Majesté s'étoit prononcée sur tous ceux du conseil qui pouvoient en être à portée; qu'il avoit été question de M. *Lenain*, intendant du Languedoc, et que tout le dernier dont il avoit été question étoit moi; que le roi avoit dit qu'on lui en avoit beaucoup parlé; que sur cela mon frère avoit répondu tout ce qui pouvoit me faire approuver pour ce choix [2]. A quoi Sa Majesté avoit gardé grand silence sur son option, ainsi que sur les autres.

Voici ensuite ce que mon frère m'a dit sur les vues de la paix, en cas que j'en fusse chargé; que lui la souhaitoit fort, voyant des difficultés innombrables pour la continuation de la guerre; que le roi la souhaitoit aussi; mais qu'elle ne se feroit jamais par le conseil; que ce seroit à moi à voir ce que je porterois au conseil et ce que j'en réserverois; que le conseil, sans être corrompu,

1. MM. *de Châtillon* et *de Balleroi*.

2. Sans ôter du mérite de cette nomination au comte *d'Argenson*, nous devons ajouter qu'à en croire le sieur *Ledran*, déjà cité, le valet de chambre *Bachelier* y avoit singulièrement influé; c'étoit lui qui disoit souvent au roi : « Sire, puisque M. le comte *d'Argenson* remplit si bien sa charge à votre satisfaction et à celle du royaume, pourquoi n'essaieriez-vous pas de son frère pour un poste semblable ? »

étoit rempli d'opinions fort extraordinaires sur l'élévation de la maison de Bavière, etc.; que quelques-uns aussi étoient trop affectionnés à l'Espagne, et poussoient trop loin les craintes du commerce de Cadix; qu'enfin la paix ne se feroit jamais par le conseil, mais par le roi seul. Que le ministère des affaires étrangères exigeoit le plus grand secret, tant à cause du goût du roi pour le mystère, que pour le bien de la chose. Enfin, il me dit que, pour la composition des bureaux, il y avoit un homme dont il falloit faire grand cas : c'étoit l'abbé *de la Ville;* ce que je pensois déjà comme lui.

Il m'ajouta que le maréchal *de Noailles* n'étoit qu'un fou, changeant d'avis à tous momens; que le maréchal *de Belle-Isle* étoit trop Bavarois et Prussien, et le cardinal *Tencin* un prêtre de médiocre talent et de grand manége; que le roi de Prusse visoit sincèrement à la paix, mais en sorte qu'il demeurât maître de l'empire; qu'il se conduisoit avec une grande profondeur politique, et qu'il avoit pour but de se mettre à la tête d'une ligue protestante.

— Effectivement, le roi m'a nommé ce soir ministre et secrétaire d'État des affaires étrangères.

21 septembre 1745. — La haine de toute l'Europe contre le roi de Prusse, et la crainte qu'a eue le conseil du roi de M. *de Belle-Isle*, ont couronné le grand-duc empereur.

28 septembre. — Dans le conseil du roi, la défiance, le soupçon, sont des passions fanatiques.

Chacun juge son prochain à son aune. J'ai mauvaise opinion des défiants et de ceux qui nient la vertu pure. Mes confrères sont les plus doux et les plus honnêtes scélérats que j'aie connus.

20 octobre. — Le roi ressemble au bon Dieu, qui voit tout, écoute et ne dit mot. Il est vrai qu'il sort quelquefois quelques coups de tonnerre, quelques influences; mais nul concert, nulle direction. Les causes secondes sont maîtresses et se combattent : de là trouble et confusion. M. le Dauphin est en même temps dissipé et homme de retraite.

30 octobre. — J'ai trouvé, en arrivant au ministère, notre royaume gouverné par une *politique de cuistre*. Nulle idée du grand ; on avoit horreur du juste; de la passion pour les soupçons, le penchant à la trahison, sous prétexte d'habileté.

On n'y savoit autre chose que dénier justice au duc *de Wirtemberg* dans son procès des neuf seigneuries de *Montbéliard*, afin de le conserver par la crainte; payer mal le Danemarck, afin de le garder par la peur de perdre ses deniers; faire mal la guerre, de peur de la finir trop tôt; frapper des coups lâches et mous aux Hollandois, pour éviter quelques pertes légères à nos marchands, etc.

— *Supériorité du ministère des affaires étrangères sur les autres.* — Voici la superexcellence de ma charge de ministre des affaires étrangères sur les autres départemens. Je leur dis : « Vous, vous conservez l'argent, vous la marine, vous les troupes, et moi la réputation de l'État, surtout sa réputation de probité et de bonne foi. En agissant ainsi, tout ira bien. Et s'il est vrai que ce soit le défaut de notre gouvernement que chacun tire à soi, ne prêchant que pour sa charge, et que sous un roi de médiocre sollicitude ce défaut puisse avoir ses dangers, je ferai comme les autres, je tirerai à ma plus grande et plus belle réputation; avec quoi je me passerai de tout le reste, troupes, vaisseaux royaux, et même argent, pour les affaires de dehors. »

De l'abus des conseils. — Les consultations sont bonnes pour le gouvernement d'un État; les conseils y sont pernicieux. J'appelle consultations quand un chef a sous lui de bons conseillers, qu'il consulte, avec autorité décisive de sa part et subordination de la part des conseillers; ce qu'on appelle voix consultative et non délibérative. Autrement les conseils d'égaux ne sont bons qu'à s'exciter mutuellement à la peur et à l'incertitude. Jamais il ne sortira que des œuvres très-médiocres d'une communauté de travailleurs au même ouvrage.

— Si j'étois favori du roi, ou seulement le plus accrédité de mes collègues, comme l'étoit *Maximilien de Sully* près d'Henri IV, je persuaderois à Sa Majesté de songer sérieusement pendant dix années à payer ses dettes, à améliorer ses Etats, moyennant quoi après dix ans il seroit le plus grand roi de la terre.

Je persuaderois encore à Sa Majesté de venir résider à Paris, en quoi il y auroit plus d'épargne. Elle habiteroit les *Tuileries* ou *le Louvre*, tels qu'ils sont, chassant les vendeurs du temple, les personnes qui n'y ont que faire, et à qui l'on a cependant donné des logemens, moyennant quelque indemnité.

Les ministres logeroient chez eux, à Paris, le plus près qu'il se pourroit du Louvre. Il leur seroit donné logement en argent, et leurs bureaux près de chez eux. Ils auroient chacun un cabinet au Louvre avec antichambre; on les y trouveroit à certaines heures, avant ou après le conseil.

On formeroit une commission pour statuer sur les retranchemens de dépenses à faire à la cour. Équipages de chasse à bas, écuries fort réduites; ne conserver qu'un seul équipage. Les gardes casernés, envoyés en garnison, ne servant que par détachement. Toutes les maisons royales bien entretenues, et surtout Versailles; des inspecteurs chargés de cet entretien, et changés tous les ans. Le roi iroit de temps en temps passer huit jours dans ses maisons de campagne : Fontainebleau, Versailles, Marly, la Muette, Choisy, Compiègne, en petit train, avec compagnie choisie, sans y mener ni ministres ni conseil.

Le roi conduiroit peu de suite dans ces voyages, y mèneroit la vie de *particulier*, qu'aime tant Louis XV.

Si l'on pouvoit, pendant ce temps, continuer les impôts pendant quelques années, les dixièmes, même le cinquième, que d'améliorations et de remboursemens! On feroit connoître tous les ans au public les progrès de l'acquittement des dettes et des charges de l'État. On rembourseroit les offices les plus onéreux et ceux dont la vénalité est la plus dangereuse. On taxeroit les financiers aux dettes de l'État. On permettroit de mettre en viager ce qui est en rentes perpétuelles.

On aliéneroit à perpétuité les domaines de la couronne, on en brûleroit les titres ; on permettroit le remboursement de toute féodalité des terres, et cent autres choses.

Mon système de démocratie. — *On hausseroit les espèces.* On établiroit une banque royale et fidèle, pour jouir de beaucoup de sommes sans intérêts.

Les dettes et charges supposées à deux milliards, rien de plus aisé que de les rembourser en dix ans. Cependant, en ce temps là, les droits et revenus du roi augmenteroient beaucoup par le bonheur des peuples, par l'abondance et la circulation que procureroient à l'État tous ces remboursemens.

Pendant ce temps, les troupes en milices, vaisseaux en chantier, etc.

FIN DU JOURNAL ANTÉRIEUR AU MINISTÈRE.

MINISTÈRE

DU

MARQUIS D'ARGENSON

ANNÉES 1744-1747

(La première partie seulement est écrite sous le nom de M. de C., l'un de ses secrétaires [1].)

CHAPITRE I.

MAXIMES.

La première vue que M. d'Argenson se proposa en entrant au ministère fut de rétablir cette réputation de bonne foi que n'auroit jamais dû

1. *Note de l'éditeur.* Il faut se rappeler, en lisant cette histoire, imprimée littéralement sur un *manuscrit arrêté*, ce qui en a été dit dans la préface. Ceci est un morceau soigné et étudié, sinon complet, bien différent en ce sens des notes qui fournissent matière au *Journal*. Du reste, les préventions de l'auteur n'y sont pas moins saillantes, dépassant fort souvent

abandonner notre nation. Selon lui, la couronne de France, aujourd'hui si grande, si arrondie, si favorablement située pour le commerce, doit préférer une bonne réputation à toutes acquisitions nouvelles. Elle ne doit plus viser qu'à une noble prépondérance en Europe, qui lui procurera repos et dignité. Toutes nos maximes politiques doivent se réduire aux plus strictes lois de la morale et de la générosité : relever les foibles, abaisser les tyrans, faire du bien, empêcher le mal, ne faire aux autres que ce que nous voudrions qui nous fût fait à nous-mêmes ; enfin, ne régner dans le monde civilisé que par la justice et les bienfaits. Il lui sembloit démontré que par une telle conduite la France parviendroit à une grandeur et une abondance dont il y eut jusqu'ici peu d'exemples dans l'univers.

Pénétré de ces maximes, M. d'Argenson ne les a peut-être pas assez dissimulées; il les porta jusqu'à l'exagération. Le siècle ni la nation n'y sont pas encore accoutumés. L'on prit facilement pour manque d'habileté ce qui n'étoit que le fruit de profondes réflexions. Cependant, il avoit pour excuse le besoin qu'avoit notre nation d'être, pour ainsi dire, *réhabilitée*. La guerre qu'il s'agit aujourd'hui de terminer vient d'infractions formelles à des traités obligatoires, à des garanties jurées; en effet, les acquisitions que

les limites du juste, comme en ce qui concerne son frère et le maréchal *de Noailles*. S'il en étoit autrement, cette œuvre cesseroit d'être personnelle. Même observation quant aux répétitions avec ce qui se rencontre ailleurs, et qui n'auroient pu être retranchées : l'auteur résume toutes ses pensées; il énonce les mêmes jugemens, et souvent dans les mêmes termes.

nous procura le traité de 1738 ne sont, aux yeux de l'Europe, que le prix de notre adhésion à la *Pragmatique Caroline.*

On a honte, en vérité, de plaider une aussi mauvaise cause que celle de notre aggression contre l'objet de notre garantie. Nous ne sommes point faits pour cette conduite fausse et subtile, ni pour des paroles mensongères; il faut les laisser à ces petits princes qui croient ne pouvoir se délivrer de l'oppression des grands que par des usurpations subtiles. Le cardinal *Mazarin* a malheureusement transplanté la duplicité italienne en France; mais notre terroir s'y refuse. Les jésuites, qui élèvent notre jeune noblesse, l'accréditent encore à la cour; mais des princes vertueux, comme furent *Louis XII* et *Henri le Grand*, comme désire l'être le roi régnant, comme le promettent les heureuses dispositions du Dauphin, de vrais rois françois, doivent toujours penser qu'ils élèveront mieux la grandeur nationale par la franchise que par la finesse. Toutes ces petites gens qui obsèdent le trône l'ébranlent, au lieu de l'affermir. M. d'Argenson n'avoit d'autre réponse, lorsqu'on l'avertissoit de la défection de quelqu'un de nos alliés, que celle-ci; *Le roi aime mieux être trompé que de tromper.* Et ce propos, dont il pratiquoit le sens à la lettre, a plus profité aux affaires que toutes les subtilités de *Machiavel*, de *Mazarin* ou des Jésuites. C'est la franchise qui nous a heureusement conservé de son temps les alliances de Prusse et d'Espagne, qui nous a acquis celles de Saxe et de Danemarck, et a maintenu la neutralité de l'empire dans une guerre contre l'Empereur, ce que M. d'Argenson regardoit avec raison comme un coup de maître.

Autre scandale pour nos courtisans : M. d'Argenson soutenoit qu'il n'y a point, ou qu'il y a peu de *mystères d'État*. Il prétendoit que, si l'on n'avoit que de bonnes vues, on pourroit *négocier tout haut;* qu'un État pouvoit se conduire comme un honnête homme dans le monde, qui, après avoir bien pourvu à sa sûreté et à ses affaires, augmente sa considération par l'utilité dont il est à ses concitoyens, et se rend arbitre de leurs différends, en n'évoquant que la justice et le bonheur parmi les hommes.

M. d'Argenson ne se cachoit pas de désirer ardemment le retour de la paix. Il disoit que le roi la souhaitoit plus que personne dans son royaume, que Sa Majesté ne la demandoit qu'à des conditions justes et raisonnables; mais que, si nos ennemis vouloient continuer la guerre, nous avions des moyens propres à les en faire repentir; et, l'effet ayant répondu à ces promesses, on commença à considérer beaucoup ce ministre dans les cours étrangères. On l'y connoissoit pour *honnête homme*, plutôt que pour un négociateur fin et délié. On disoit, chez les étrangers, qu'il ne lui manquoit que plus de crédit à la cour pour réussir davantage. Mais les envieux l'accusoient de malhabileté et d'indiscrétion. Jamais accusation n'a peut-être porté plus à faux que celle-là, car on ne peut estimer les causes que par leurs effets. Quand les plans politiques de M. d'Argenson ont été suivis, l'État s'en est bien trouvé. On a vu qu'ils étoient bons, et on les a loués depuis sa retraite du ministère. A l'égard du secret et du mystère, je n'ai jamais connu personne à qui il en coutât moins de le garder. Vrai et sincère, il aimoit à exposer les choses comme il les voyoit. Il parloit avec abondance de ce qui l'affectoit, et de ce qu'il vouloit persuader aux autres. Il lui en coûtoit beaucoup de *simuler;* mais il savoit taire ce qui eût détourné de la persuasion à laquelle il vouloit parvenir.

Malheureusement la cour est devenue le *Sénat de la nation;* l'orgueil de Louis XIV et son faste oriental ont été imités et enchéris par ses successeurs. Quoique simple et modeste de caractère, Louis XV a mis son honneur à ne point diminuer une étiquette ruineuse. On a fait de Versailles une capitale destinée à la cour, et tous ceux qui ont droit d'y résider ont part au crédit, c'est-à-dire à l'autorité du trône. La portion des courtisans la plus intrigante compose la société la plus intime du prince; c'est ce qu'on nomme aujourd'hui *les cabinets*. On n'y est pas reçu par le talent, encore moins par la vertu, mais par l'art de plaire. Peut-être que le mérite pourroit concilier l'amitié entre égaux; mais, d'esclave à maître, ce ne peuvent être que la flatterie et le mensonge adroit qui fassent fortune.

C'est précisément pour cela que la France n'a pas de *conseil d'État;* car il est pire d'en avoir un mauvais que de n'en avoir point du tout. Le conseil n'est composé que de courtisans, c'est l'elixir de ce qu'il y a de plus corrompu dans le monde. Sous les apparences de la politesse et d'une sagesse lente et circonspecte, tout y est fourberie, malice, ignorance. Le roi y est plus haï et plus méprisé des assesseurs qu'il ne le seroit des plus fanatiques républicains, et la patrie plus insultée que par tous les *conjurés de Catilina*. Au lieu de vieillards vénérables, pleins de candeur et de religion, dépositaires des saines maximes, vétérans et éprouvés par des emplois, mûrissant et dirigeant de grandes entreprises, on n'y trouve que des *petits maîtres*, ou de *vieux renards*, prétendant aux richesses et au crédit par les affaires de l'État, et occupés de s'entre-détruire pour s'élever.

Que l'on pèse bien toutes les circonstances du présent gouvernement françois, qu'on le compare à ceux de l'antiquité et des autres nations de l'Europe, on le trouvera neuf et singulier. On en est réduit à désirer un *premier ministre*, quel qu'il soit; comme, dans le gouvernement ottoman, un *vizir d'institution* sauve cet empire de la foiblesse de ses empereurs et de l'influence du sérail. Malheureusement cette foiblesse et cette influence détournant le prince de ce remède, il n'a pas la force de se donner un maître. On lui vante sa capacité pour abuser de sa foiblesse.

Nous vivons ici sous une oligarchie tyrannique assistée d'un *hexumvirat*. Cinq ou six ministres absolus ont sous eux quelques chefs de départemens qui n'ont que le rang et l'autorité de commis. Indépendans entre eux, esclaves de leurs ministres, après quelques mois de travail ils se dégoûtent de cette servitude et se reposent de tout sur d'autres commis, qui, n'ayant pas d'honneur à acquérir, ne visent qu'aux richesses et n'y peuvent parvenir que par la corruption. Les chefs *abhorrent la commune, l'on détruit toute la corporation, et les intérêts du public, loin d'être stipulés et défendus, ne sont pas seulement connus.*

La cour, les favoris et favorites contrebalancent le pouvoir des ministres. Ceux-ci craignent jusqu'aux moindres valets; ils ne peuvent rien réformer sans orages de cour. Cependant, c'est à cette espèce de *puissance publique* que l'on a attiré insensiblement tout commandement et tous les soins dans les détails du royaume, sous prétexte de *perfectionner l'autorité royale.* Comme si Henri IV, protégeant la liberté de ses peuples, n'étoit pas aussi bien roi que Louis XIV, gouvernant tout par ses vizirs et ses bachas. Disons au contraire que l'on a diminué la royauté en élevant le ministère en France. On a toujours prétexté les plus belles choses du monde en changeant ainsi notre gouvernement chrétien en turc. Écoutez les préambules des édits bursaux : ce n'est que la police que l'on a en vue, on va ramener les lois de Lycurgue, le siècle d'or; mais bientôt la tyrannie se démasque, le peuple est ruiné, le roi est endetté, les hommes malheureux, les mœurs corrompues, les provinces dépeuplées. Sous de belles promesses, auxquelles on ne croit plus aujourd'hui, ce n'est qu'avarice, perversité, déshonneur.

L'intérêt du monarque demande que tout aille bien dans son État. Supposé même qu'il ait plus d'amour de la gloire que de tendresse pour ses sujets, il trouvera évidemment sa gloire dans la paix et l'économie; il ne rencontrera que faux plaisirs, dangers et injures, dans la magnificence et les guerres injustes. Mais les ministres absolus sont les prêtres et les idoles de la fausse gloire : les passions du prince servant les leurs, ils y trouvent les moyens de s'élever, de se soutenir, de se venger et de s'enrichir.

C'est une erreur politique de désirer une *puissance intermédiaire* entre la puissance publique et le peuple. Il ne devroit y avoir que le protecteur et le protégé. Le premier empêche l'anarchie, le second jouit des lois et vit dans le bon ordre. L'intelligence des particuliers fait le reste. Ce n'est pas la royauté absolue, c'est le *ministère absolu*, qui est le plus fâcheux de tous les gouvernemens. Il détruit toute liberté populaire, toute administration *démocratique*, ce qui est un grand mal dans un État. Il ne présente plus aux soins du prince que cette fausse habileté d'accorder les ministres ou de les désunir, de s'y abandonner ou de les ébranler. Telle est la source du crédit des courtisans, et d'une véritable tyrannie qu'exercent nos rois sans s'en douter.

Ces départemens divisés se combattent sans cesse; aucun ne peut se perfectionner, à cause de leur opposition les uns aux autres. Ils s'étendent par jalousie plus que par émulation. Ils jettent la volonté du monarque dans l'obscurité et l'indécision; il cède enfin, et ne commande plus. Il se forme toujours un *premier ministre secret*. Ce n'est pas celui qui a le plus de raison et d'amour pour l'État; c'est le meilleur courtisan, celui qui tire le mieux parti des foiblesses du prince et qui a plus le talent de plaire. Ainsi M. *de Louvois*, sous Louis XIV, ayant été élevé par ce prince, et le flattant de la gloire des conquêtes, rapporta tous les autres départemens au sien, mina l'État par des guerres injustes, et inspira contre nous une haine universelle, dont la préoccupation n'est pas encore évanouie.

Dès son entrée au ministère, M. d'Argenson s'éleva contre ce qu'on appeloit le *Comité*. C'étoit un conseil d'État qui se tenoit, *sans le roi*, chez le cardinal de *Tencin*. Ce comité avoit pris naissance dans les dernières années du cardinal de *Fleury*, après la disgrâce du garde des sceaux *Chauvelin*. Le cardinal de *Fleury*, se sentant trop foible pour les fonctions de premier ministre, faisoit débattre toutes les propositions par ce conseil préparatoire. A sa mort, le comité se tint chez le cardinal *de Tencin*, qui avoit le premier rang parmi les ministres; le maréchal *de Noailles* en fut nommé membre. Alors les comités devinrent la chose du monde la plus terrible; on n'y auroit pas entendu Dieu tonner. Le maréchal s'y prenoit aux crins avec tout ce qui lui disputoit quelque chose; il faisoit voler son chapeau dans la chambre; il changeoit d'avis à chaque séance. M. *de Maurepas* glapissoit, rioit de tout, et donnoit ses épigrammes pour des maximes d'État indubitables. Le cardinal *de Tencin* consultoit *Moréri* à chaque notion la plus commune qu'il ignoroit, ce qui revenoit souvent. Pour le malheureux secrétaire d'État des affaires étrangères, s'il n'avoit pas d'aussi bons poumons que ceux qui tenoient le dé, ou s'il manquoit de leur effronterie, il restoit à peine le greffier de leurs sottises.

M. d'Argenson attendit au premier méchant parti qui fût pris contre son avis, et il n'attendit pas longtemps. Il le fit remarquer au roi, ainsi que l'inconstance, l'indifférence pour l'État, la variation de principes, la légèreté, l'inconséquence des membres du comité. Mais il eut soin de garder pour le dernier le moyen le plus persuasif : c'étoit une anecdote du règne de Louis XIV, qu'il tenoit de M. *de Torcy*[1]. Celui-ci prétendoit n'avoir jamais essuyé de duretés du prince qu'en une seule occasion. Il avoit alors des disputes fréquentes et aigres avec les autres ministres, surtout avec M. *Voisin*. « Sire, » dit-il, nous fatiguons Votre Majesté, et nous » consommons le temps du conseil. Qu'elle nous » permette de discuter chez le plus ancien de » nous toutes ces questions épineuses, et nous » n'apporterons ici qu'un vœu commun. » Le vieux monarque rougit, montra le poing, et apostrophant M. *de Torcy*, lui dit : « *Qu'est-ce » donc que ceci ?* Me croit-on déjà trop vieux » pour gouverner ? Qu'on ne me propose ja- » mais chose semblable. »

Ce court apologue fit un grand effet. Sa Majesté ne tient jamais contre les exemples qu'on lui cite de son bisaïeul. Deux ministres ayant demandé un comité pour corriger une instruction que le ministre des affaires étrangères venoit de lire, Sa Majesté se leva et dit : « M. d'Argen- » son aura le temps de changer à ce mémoire

1. Mort le 2 septembre 1746, âgé de quatre-vingt-un ans.

» quelques mots que j'ai remarqués, et m'en » rendra compte. » Depuis cela, plus de comités et beaucoup de rage.

Cela enhardit M. d'Argenson à porter au travail du roi quantité de choses essentielles, et surtout d'importantes vérités qui pénètrent difficilement jusqu'au trône. Ces tentatives auprès du roi eurent plus de bons succès que de mauvais. Plusieurs projets qui ont réussi, tels que la *négociation de Turin*, la *neutralité d'Allemagne*, et le *second mariage du Dauphin*, furent ignorés du conseil jusqu'à leur entière exécution. Le roi le laissa faire, l'encouragea même à garder le silence auprès de ses collègues. Cette confiance intime s'accrut surtout au voyage de Fontainebleau, en 1746, et M. d'Argenson paroissoit plus près du premier ministère que d'une retraite forcée. Mais l'intrigue de cour a de grandes ressources, et la vertu est souvent vaincue précisément par les triomphes qui devroient la soutenir.

M. *de Villeneuve*, après avoir refusé le ministère des affaires étrangères, convenoit que son véritable motif avoit été le mauvais choix de nos ministres près des cours étrangères, et des premiers commis du bureau. Il disoit qu'il ne prévoyoit même pas comment on pourroit mieux composer ces deux parties, d'ici à longtemps.

En effet, les ministres que nous entretenions près les cours étrangères avoient été presque tous nommés sur la présentation des dévots, des femmes, comme amis ou parens des gens en place et de courtisans, tous enfans de la cabale et de l'intrigue, et prétendant à la fortune par cette carrière, moins dangereuse que la guerre.

Plusieurs se trouvent de l'esprit, et surtout du talent pour l'intrigue : car quiconque réussit à notre cour doit briller à d'autres cours moins polies et moins déliées. Quand ils obtenoient un congé sous le faux prétexte de leurs affaires personnelles, mais réellement pour épargner la dépense de représentation, ils inventoient toutes sortes de moyens de se faire à Versailles des amis et des protecteurs ; ils prodiguoient les secrets de l'État dans les ruelles. Ensuite, revenus à leurs postes, ils contredisoient à tous propos, n'obéissoient qu'à la dernière extrémité, et écrivoient à leurs amis par des lettres secrètes l'apologie de leur conduite et leur mauvaise opinion du ministère.

Cette mauvaise habitude provenoit encore des derniers temps du ministère de M. *Chauvelin*, où le cardinal *de Fleury* étoit animé d'une telle rage contre ce digne ministre, que c'étoit lui faire la cour que de s'en rendre délateur. Après sa disgrâce, M. *de Maurepas* s'empara secrètement de la principale autorité. M. *Amelot* étoit sa créature, et M. *de Breteuil* trembloit devant lui. Les tracasseries faisoient tout le bonheur de M. *de Maurepas ;* il s'amusoit lui-même à fronder toutes les mesures du gouvernement, et son exemple étoit contagieux.

Il nous est venu d'Angleterre une méthode qui a achevé de tout ôter à la justice et à la prudence dans l'art de négocier : c'est de ne plus rien persuader que *l'argent à la main*. Par là, nos négociateurs ne sont plus que d'habiles agioteurs ; tout se réduit au calcul. On a ces talents méprisables de saltimbanques ou de chevaliers d'industrie : vanter ce qu'on donne, exagérer ce qu'on promet, déchirer la réputation de ses rivaux, corrompre au lieu de persuader [1].

Cependant les avantages de la bonne foi percent toujours à travers l'intrigue et la fourberie. On préfère notre alliance à moindre prix

1. *État des subsides fournis par la France aux puissances étrangères pendant l'année* 1748.

A la Suède.	1,800,000 liv.
Saxe.	2,000,000
Bavière.	800,000
Gênes.	5,000,000
Danemark.	1,800,000
Palatin.	600,000
Cologne.	600,000
Pensions au prétendant et à ses fils .	1,800,000
Autres pensions à l'étranger.	800,000
Total.	15,200,000 liv.

Le traité connu sous le nom d'*Union fédérale de Francfort*, en vertu duquel le roi de Prusse recommença la guerre en 1744, coûta 28 millions à la France. La seconde défection de ce prince nous acquitta de toute obligation ultérieure.

Parmi ces dépenses, plusieurs paroissoient exagérées au marquis d'Argenson, d'autres tout à fait inutiles. Il se seroit fait fort, avec une manière d'agir franche et loyale, de conserver les mêmes alliances à moins de 4 ou 5 millions. Le reproche d'*économie outrée*, c'est-à-dire d'opposition à tout gaspillage inutile, fut une des causes de son déplacement. Cependant ce fut lui qui conclut les alliances de Saxe, de Danemarck et de l'électeur de Cologne : ce dernier prince étoit devenu, suivant son expression, *le plus habile souverain de l'Europe*. Il prenoit des deux mains, touchant d'une part notre subside pour le maintien de la neutralité de l'Empire ; de l'autre, une pension de l'Angleterre pour l'entretien de quelques soldats.

(Après le traité de paix de 1763, M. *de Choiseul* osa, le premier, supprimer les 20 millions de subsides qui se payoient à l'étranger, et l'on remarqua que la France ne perdit pas un allié.)

à celle de Londres ou de Vienne avec de plus gros subsides. Nous exigeons moins; nous payons bien et sans chicanes; nous ne demandons point de troupes pour expatrier des pères de famille loin de leurs foyers. Au fond, qu'on examine nos desseins politiques : nous voulons la liberté germanique, l'affranchissement de la puissance russe dans le nord et en Pologne, autant de liberté de commerce que les Anglois y voudroient d'usurpation et de monopole. Nous nous égarons quelquefois par la vivacité de l'imagination françoise, mais aux traités de paix nous revenons ordinairement à l'équité.

M. d'Argenson étoit d'une grande assiduité au travail, pendant toute la durée de son ministère, et sa santé n'en souffrit aucune altération. Il étoit levé tous les jours à cinq heures du matin; à neuf heures il étoit au courant, le bureau nettoyé de tous papiers. Le roi l'a souvent loué de ce bon ordre, disant que *c'étoit ainsi qu'on travailloit sous le feu roi*. M. d'Argenson écrivoit en entier quantité de lettres essentielles et délicates, et l'on peut dire que pendant ses deux années de ministère, il est sorti de ses bureaux plus d'écritures que pendant six années de ses prédécesseurs. En même temps les commis furent moins fatigués de travail sous lui, que d'une oisiveté inquiète et troublée sous les autres.

Il écrivoit en outre des mémoires, des récapitulations pour le roi, des projets, des plans, des *agenda*, pour sa propre conduite et pour ses avis au conseil. Le lundi au soir il travailloit avec le roi et y préparoit ses questions et ses réponses pour l'audience des ambassadeurs le mardi. Les dimanches et mercredis se tenoit le conseil d'État, et ce n'étoit pas une petite affaire que de préparer le matin ce qu'il y falloit déclarer ou taire.

CHAPITRE II.

CARACTÈRES.

On entendra mieux les événemens que je vais exposer, en connoissant les personnages qui y influèrent davantage. Parlons d'abord du théâtre où ils représentent.

La Cour.

Le meilleur roi sera celui qui aura plus de peuple et moins de cour. Qu'on juge sur cela Louis XIV, à qui la flatterie a donné le nom de *Grand. Il l'étoit par son orgueil, mais non par le bien qu'il fit à la nation. Il nous a rendus redoutés, en nous rendant moins redoutables.* Il fonda, pour ainsi dire, la cour, en lui bâtissant une capitale particulière. Il voulut la rendre nombreuse, magnifique et maîtresse du gouvernement. La dépense et les désordres qu'elle entraîne sont insoutenables à la longue. Le plus grand des malheurs, c'est que, sous des rois simples et bons, cet abus s'accroît par *honneur;* sous des rois hautains, il augmente par l'effervescence de leurs passions. On ne fit pas remarquer à Louis XIV qu'il imitoit en cela Darius, et qu'il s'éloignoit d'Alexandre et des grands princes célébrés par l'histoire. On peut calculer qu'à mesure de l'augmentation de la cour, nos deux rois, qui paroissent y être adorés, ont vu l'abondance s'éteindre dans les provinces, les mœurs se corrompre, le luxe appauvrir la nation, nos armées moins bien commandées, la justice moins bien administrée, les finances embarrassées.

Henri IV mérita véritablement le titre de *Grand*. Ce ne fut pas seulement par sa bravoure, mais encore par sa bonté. Il sut choisir et soutenir un grand ministre. Il résidoit à Paris, au milieu de son peuple. On ne lui avoit pas inspiré de haïr les Parisiens, et de se défier de la soumission de ses sujets. Comme il étoit sans crainte, il marchoit sans escorte. Il avoit une garde de cortége, et non de précaution, et le nombre de domestiques nécessaire. Ses courtisans demeuroient chacun dans leurs maisons; ils n'étoient point dégagés de toutes les dépenses ruineuses, pour être de la cour : ainsi les grâces ne leur étoient pas *dues* comme aujourd'hui. Les princes et princesses de la cour trouvoient assez de société dans la noblesse de la ville. Henri IV alloit à ses maisons de campagne sans cour et sans ministres. On ne changeoit point chaque semaine de capitale comme aujourd'hui, que le siége des affaires se porte d'un lieu à l'autre avec le monarque. On ne parloit pas des *suffrages des cabinets* pour les grandes affaires : tout s'expédioit du même centre. L'économie étoit grande par le bon ordre et par le bon sens. La dignité royale étoit admirée et respectée par elle-même, et non par le faux vernis d'une vaine prodigalité.

Ces cours nombreuses et magnifiques, appât des sots et des méchans, ne feront jamais la splendeur de la royauté. Il y a toujours assez de représentation dans la décence. Les grands officiers et les riches habitans la partagent. C'est la capitale qui attire les étrangers; la cour les repousse par ses dédains : réunies ensemble, elles auront toujours assez d'éclat dans une monarchie. Les républiques en manquent; mais elles présentent de meilleures leçons aux voyageurs curieux.

Qu'on se persuade donc que le plus grand vice des gouvernemens monarchiques est ce qu'on appelle *la cour*. A commencer par le monarque, c'est là où se puisent tous les vices, et d'où ils se répandent comme de la boîte de Pandore. C'est là qu'on dit continuellement aux rois : « Abusez » de votre autorité, les lois obéissent à votre vo- » lonté. Immolez tout à la grandeur suprême. Le » peuple est condamné aux larmes et au travail; » il faut le gouverner avec la verge de fer; s'il » n'est opprimé, il vous opprime. » La flatterie s'y déguise en sagesse et en amour; les poisons s'y raffinent, et la vertu y est méprisée. A la cour, c'est un fléau que la dévotion des princes. Elle y détruit la religion et les mœurs; elle n'inspire jamais qu'hypocrisie et persécution.

Il est certain *qu'il n'y pas un homme de bien à la cour;* si quelqu'un y commence sa réputation par la probité, bientôt il se dégrade. L'estime et celui qui en est l'objet s'infectent des mœurs générales. Les deux idoles y sont la fortune et la mode : comment veut-on que leur culte ne se ressente pas toujours des caprices et des vices qui leur sont propres ? La vertu, même sans rigidité, n'admet rien qui lui soit contraire, et toute infraction est vice. Aussi les usages ont-ils prévalu sur les principes, et l'opinion désapprouve au fond de la conscience ce que l'habitude et la crainte ont fait tolérer chez les grands.

Ce qu'il y a d'émulation dans les affaires sérieuses ne va qu'à *des ouvrages de montre*. Il est inutile et même nuisible d'être, il faut paroître. Cependant il en coûteroit souvent moins d'efforts pour *valoir* effectivement que pour *se faire valoir*. Le premier des talens est l'habileté; le dernier et le plus dangereux est d'être un honnête homme. Dans les républiques le grand mérite attire l'envie; dans les cours il excite la rage. Ce n'est point la réputation qu'il faut; ce sont les bons offices, et l'intérêt d'avancer un personnage. Tout est soumis au commerce et au calcul des intérêts; et plus nos courtisans sont devenus raffinés et spirituels, plus le commerce de protection est devenu frauduleux et immoral.

Damon étoit né vertueux; ses aïeux avoient bien servi l'État, au temps où l'on étoit admis à le servir avec de la franchise et de la vertu. Il a ouvert les yeux, il a fait des réflexions : on croiroit que c'est pour devenir encore meilleur; non, c'est pour imaginer des palliatifs contre la règle des mœurs et les incommodités de la probité. Il s'est accommodé au siècle, et, plus il s'est avancé à la cour, plus il a fait de découvertes en cette carrière de relâchement, plus ses sophismes lui cachent la corruption sous les apparences de l'honneur à la mode.

La dévotion n'est, à la cour, qu'une passion

triste, avare et ennemie des plaisirs. Sa censure noircit tout ce qui n'est pas de cette secte. Sa dernière fin paroît être de rendre le roi *jésuite* ou au moins *capucin*, et de répéter le *massacre de la Saint-Barthélemy*.

Le peu de vertu que l'on voit encore ne se soutient que par la stupidité. On se moque de ceux qui la professent, mais on les souffre. Ils se réhabilitent quelquefois par quelques mauvais tours qui leur échappent; alors on les croit des hommes comme les autres.

Le désintéressement ne s'établit point sans la prodigalité. Le chemin de la ruine est semé de roses et de louanges; mais la ruine déclarée est un ridicule, on n'accorde seulement pas de pitié à ceux qui plaisoient tant en tendant à ce but. Le mépris termine l'admiration de la magnificence.

Les beautés de la cour ont le même sort. Leur brillant fait des adorateurs, leurs foiblesses et leur facilité augmentent le culte qu'on leur rend; mais le décri suit de près, et la chute de leurs appas les rendroit les plus odieuses des créatures, sans l'hypocrisie qui les relève.

Le Misanthrope de la comédie a dit tout cela. Il en conclut qu'il faut quitter la cour, et se retirer dans un désert. La vertu constante et courageuse devroit conclure autrement. Ceux qui y tiennent incommutablement par leur naissance et leurs places, comme M. le duc d'Orléans, devroient y demeurer davantage, pour corriger ce qu'ils pourroient par leur exemple et par les encouragemens qui dépendent d'eux. Leur austérité s'adouciroit par la fréquentation de gens sages sans excès. Il manque aujourd'hui des asiles à la raison.

Le rôle actuel des ministres est celui de *premiers courtisans*. Ils sont dans la dépendance d'une multitude de courtisans subalternes, et de valets qui peuvent continuellement les desservir auprès du maître. Il n'y auroit que la voix publique qui pourroit les défendre; mais, à la cour, personne ne parle ni ne stipule pour le public.

Henri III n'avoit de ministres que parmi ses mignons. Henri IV trouva par grand hasard, dans M. de Sully, un ministre qui devint ennemi des courtisans dès qu'il fut en place; il le traversa souvent, mais le soutint toujours. Louis XIII fut subjugué par le cardinal *de Richelieu*; il le faisoit mourir par ses petites tracasseries. Louis XIV donna beaucoup de dignités et d'argent à ses ministres; il en tira grand parti pour ses desseins. Louis XV a laissé régner le cardinal *de Fleury* pendant dix-sept ans. Ce ministre, malgré son grand pouvoir, craignit toujours la cour, se ressentant de son premier état de prestolet et de bas courtisan. Depuis sa mort, la cour de France ressembla, pour ses intrigues, au sérail de Constantinople.

Les vices des courtisans enchérissent chez un ministre. Comme il a en pouvoir ce que les autres n'ont qu'en crédit, les exceptions et les injustices sont la monnoie de son intrigue. De juge, il devient procureur et solliciteur. Il désire les foiblesses du monarque pour en faire son espérance et son appui. Croiroit-on qu'il n'y a rien d'outré dans ces tableaux ?

C'est un mot dur que celui de *tyrannie*, cela

semble un blasphème dans la bouche d'un sujet; on ne peut en sauver la dureté, qu'en le séparant bien de la personne d'un prince bon, aimé, mais facile par bonté. La tyrannie n'auroit-elle pu s'exercer sous Titus et sous Louis XII, s'ils s'étoient dépouillés de leur pouvoir au point de n'en pas plus conserver personnellement que le doge de Venise? La contrariété entre le naturel d'un tel prince et la trahison de ses ministres répand plus de politesse sur leurs injustices; c'est une *tyrannie doucereuse*, une affabilité sournoise et maligne qui adoucit l'aigreur, qui quitte un moment l'iniquité pour la reprendre, qui se réserve les flétrissures et les vengeances; c'est une puissance précaire, qui exerce ses cruautés sans violence, épargne les corps et déchire les cœurs. On ne décapite plus comme sous le cardinal *de Richelieu*, on n'exile même que les factieux étourdis et turbulens; mais on déshonore pour peu qu'il y ait prise; on retranche toute considération à ceux dont le crédit est passé, on leur ôte tout espoir de retour; on répand tout le mal qu'on veut des absens, on dit à l'oreille de leurs amis: « Ne fréquentez pas cet homme-là, *non eris amicus Cæsaris.* » Voilà un homme pestiféré dans cette société d'esclaves.

Quant au gouvernement des peuples, on arrête les révoltes dès leur origine : on fait oublier pour quelques mois la cause des murmures généraux; quand cette cause reparoît, l'habitude d'en parler y a déjà plié les esprits. On triomphe de tout chez les François par le calme et l'opiniâtreté. On désarme les ennemis du dehors par des biens trompeurs, et depuis cent ans nos traités de paix ont plus été des germes de guerre que la guerre ne nous a préparés à la paix. La tradition dans le ministère s'est réduite à faire prendre tous ces artifices pour des maximes politiques. Véritablement avec cela nous ne verrons point de soulèvemens ni de révolution générale en France; c'est pour le royaume une fièvre lente, mais non violente : on le verra s'écrouler par ses fondemens, et, pour ainsi dire, tomber par morceaux.

Le Roi.

Louis XV a eu pour lui tous les miracles de la Providence. Préféré à ses aînés pour régner, sa vie préservée, sa santé fortifiée, échappé à plusieurs dangers depuis son enfance, tout marque en lui *le doigt de Dieu*, comme il est l'oint du Seigneur. Les dévots disent qu'il y a dans ces merveilles de quoi convertir le pécheur le plus endurci. Les sages le trouvent plus obligé qu'un autre à aimer Dieu et ses peuples.

Les princes sont mal élevés. Tout les flatte, rien ne les corrige. Ils apprennent surtout à ignorer et à se méprendre sur l'article le plus essentiel, qui est la *connoissance des hommes*. S'ils avoient ce discernement, quand même ils seroient d'un mauvais naturel, ils choisiroient de bons sujets pour les seconder; car leur intérêt le demande. S'ils sont bons, s'ils choisissent d'honnêtes gens comme eux, et s'ils se laissent aller à leur pente, tout ira bien. Mais ici la malheureuse affectation vient troubler cette chaîne de conséquences. On n'a pas le brillant de l'esprit, mais on veut avoir pour amis les beaux esprits, les hommes à la mode. On croit et l'on discerne sur parole; par là on porte sa confiance sur des gens malins et pervers. On rejette la vertu sur la moindre imputation de ridicule.

Tout avoit pu flatter M. d'Argenson de devenir l'ami du roi; on peut même dire qu'il y avoit du rapport dans leurs qualités comme dans leurs défauts. Il n'est donc pas vrai que les gens du même caractère se conviennent toujours : la sympathie les rapproche quelque temps, mais l'affectation et la mollesse viennent plus souvent les séparer.

Louis XV auroit voulu la paix, la tranquillité, et même la gloire de son règne; mais on se trompe sur cet article de gloire dès qu'on est sur le trône, ou seulement parmi les richesses. L'ivresse de la grandeur et les embûches de la flatterie présentent l'honneur, ses moyens et ses obstacles, là où ils ne sont point. Cependant la nature prévaut, Morphée réveillé se rendort, le faux conquérant se désiste. Une témérité mal soutenue est bien pire que l'indolence.

Il y a des choses qui vont bien par elles-mêmes, et même mieux par leur abandon ou par la simple inspection que par des soins inquiets. D'autres exigent de la sollicitude et de l'activité. Notre gouvernement n'est qu'une méprise continuelle de ces deux classes de travail; on gourmande la liberté, et l'on ne réforme aucun abus.

Le roi, assoupi sur le trône, seroit bon au moins à laisser aller les causes secondes, qui vont bien par elles-mêmes. Nous y avons de grands avantages, la situation, le sol, l'honneur et l'intelligence des habitans. Semblable à la nature, la société germe et se répare par elle-même. Nous n'avons point, comme l'empire romain, d'inondation de barbares à redouter. La religion, pour fleurir, ne demande au gouvernement que d'arrêter le fanatisme et la persécution, en réprimant l'intrigue des hypocrites.

Toutes ces choses s'accomplissent en ne faisant rien de mal à propos. Mais toutes grandes entreprises seroient nuisibles et impossibles à un tel règne. Qu'il écarte les projets politiques de ces prétendus grands ministres, tels qu'un *Alberoni, si zélés pour la grandeur des maisons souveraines, mais si vides du bonheur des peuples*. Qu'il émonde, qu'il abroge les lois inutiles, et, avec ces vertus négatives, ne faisant rien de mal il produira quantité de biens.

Mais quand le vaisseau fait eau de toutes parts, quand la cour et la capitale épuisent les provinces, quand les riches sont seuls écoutés, au préjudice des autres citoyens, le prince devroit s'éveiller, pour ne se livrer au repos qu'après avoir éteint le mal dans ses racines. Il y a tout danger dans le retardement et dans l'inaction.

Les vertus ou les vices des ministres décident du gouvernement dans les monarchies.

Nous avons parlé plus haut du fameux duc de *Sully*. Sans lui, le *grand Henri* fut peut-être resté dans la foule des rois, et la France, trouvée malheureuse à son avénement, fût devenue encore plus foible. En voilà assez; appliquons, et nous aurons exposé le caractère de Louis XV avec autant de fidélité que de respect.

Le travail particulier du prince ne doit pas s'estimer aux heures qu'il y donne, ni à son assistance aux conseils, mais à l'intérêt qu'il y prend. Ce n'est pas par des velléités, ni par des momens d'affection, qu'on conduit les affaires de grande charge, mais par une volonté constante et toujours occupée de l'objet. L'on souffrira bien que les délassemens, les défaillances et les foiblesses interceptent le travail; mais ils ne doivent tenir rang que d'exception, et le sérieux doit être la règle et la pratique ordinaire.

Oh! que le terme de *foiblesses* exprime bien les passions de certains hommes doués de bonté et de facilité! Ils voient et approuvent le mieux, et suivent ce qu'il y a de pire. Leur virilité n'est qu'une enfance prolongée. Ils prennent souvent l'ombre du plaisir pour le plaisir même. Jeunesse, enfantillage, amour-propre sans orgueil, leurs actes de fermeté ne sont qu'entêtement et mutinerie. Ils pensent sans réfléchir; ils tirent des conséquences sans les appliquer ni agir; opinions sans volonté ni désirs. Le calme trompeur leur fait oublier les dangers qu'ils ont eux-mêmes reconnus.

Avec ce triste caractère, un prince croit bien gouverner, quand il ne gouverne seulement pas. Tout le trompe, et il est le premier de ses séducteurs. Il a des favoris sans prédilection pour eux, et des ministres absolus sans confiance.

Louis XV est chéri de son peuple sans lui avoir fait aucun bien. Louis XII le fut *encore davantage après avoir causé beaucoup de maux en France par ses guerres mal conduites et malheureuses*. Regardons en cela nos François comme le peuple le plus porté à l'amour de ses rois qui sera jamais. Il pénètre leur caractère; il prend l'intention pour l'action. Certes, c'est par une extrême fatalité qu'il n'est pas le peuple le plus riche et le plus heureux du monde. Attribuons-en la cause à ce reste *d'aristocratie* qui domine encore à la cour, et aux prétentions du gouvernement militaire.

Voulez-vous d'autres détails sur le caractère de Louis XV? On trouve en lui tous les défauts que les étrangers reprochent à nos François : contrastes partout, effets d'une imagination trop légère et trop maîtresse du jugement; des talens perdus, un bon goût qu'on ne peut fixer, de l'exactitude dans les minuties, de l'inconstance et du manque d'élan dans les grands objets; bon géographe, sans application politique ni militaire; *le talent de dessiner et le goût de l'architecture pour les petites commodités de son appartement*; l'esprit du jeu avec l'imprudence dans les affaires; diseur de bons mots et de bêtises; de la mémoire sans souvenir; patience et colère, promptitude et bonté, habitude et inconstance, mystère et indiscrétion, avidité de plaisirs nouveaux, dégoût et ennui, sensibilité du moment, apathie générale et absolue qui lui succède; désespoir de la perte d'une maîtresse, insouciance pour l'infidélité qui l'outrage; des favoris sans amitié, de l'estime sans confiance. Au total, bon maître sans humanité.

La Reine.

La marquise de *Prie*, maîtresse de M. le duc de Bourbon, a élevé la reine au trône, où elle ne donne que de bons exemples. Elle fit en elle un excellent choix, selon ses vues : fécondité, piété, douceur, humanité, surtout grande incapacité aux affaires. Il falloit encore à cette politique de cour une femme *sans attraits et sans coquetterie*, qui ne retînt son mari que par le devoir et le besoin de donner des héritiers à la couronne.

La reine ignore l'art de s'attacher des créatures dans sa propre cour. Elle n'est ni haïe ni aimée. Elle attire par quelques attentions ; elle rebute en rendant son amitié trop banale. L'esprit manque au cœur. Elle n'a rien à elle dans ce qu'elle dit et ce qu'elle prétend sentir ; à peine a-t-elle une contenance à elle. Elle se méprend souvent du rire aux pleurs ; elle se réjouit des causes funestes, et s'afflige d'événemens comiques. Elle est charitable par bigoterie, et dévote d'une superstition étrangère, ce qui est plus ridicule qu'édifiant aux yeux des François. Cependant elle ne manque pas d'esprit ; mais la nature lui a refusé la suite dans l'esprit.

Son rang est un drapeau de ralliement, et, depuis que le roi a des maîtresses déclarées, ceux qui crient au scandale s'attachent à elle, pour déplaire au roi et à la favorite. Leurs murmures sont proportionnés à la patience royale. Le roi est bon et sage ; il endure ces discours, pourvu qu'ils n'aillent pas jusqu'à l'insolence. Le roi est habitué de jeunesse au langage de l'hypocrisie ; peut-être même n'est-il pas fâché d'y voir un contrepoids politique, un appui profitable à la religion.

Sans le vouloir, la reine a donc un parti. Le

Dauphin et Mesdames ont en elle une confiance d'enfans mal élevés; et comme la nature est maligne chez les femmes et chez les enfans, on parle du roi, dans leurs entrevues, plus en mal qu'en bien. On y gémit de ses amours, et l'on y maltraite ses maîtresses.

Les prêtres, les moines et les dévots s'y réunissent. La jalousie de la reine et la bulle *Unigenitus* sont les mots d'ordre de cette cabale. Quelques ministres y pénètrent par des vues coupables : elles supposent toujours le plus grand des malheurs pour l'État, qui seroit la mort du roi. Mais Sa Majesté ne le trouve pas mauvais. Ces ministres, au sortir du conseil, vont dire à la reine les *secrets de l'État;* ils se rendent nécessaires pour accommoder quelquefois des tracasseries de ménage.

Le roi *Stanislas* vient tous les ans voir la reine sa fille. Il ne lui donne presque aucun conseil, la trouvant dans la bonne voie, aussi circonspecte que docile. Ce n'est point un homme d'intrigue que ce bon prince, *ignorant la cour, connoissant assez bien les ressorts d'un bon gouvernement, habile en morale comme un Chinois, excellent homme d'État, véritable roi patriote*, sachant se faire servir, et commandant d'utiles établissemens dans sa petite souveraineté de Lorraine.

M. le Dauphin.

On ne sauroit assigner la cause qui fait briller de si bonne heure l'esprit de tant d'enfans, pour les rendre ensuite stupides et sournois dans leur jeunesse. Les passions parlent plus tard, et ne les réveillent que pour les rendre libertins. Ils n'acquièrent de maturité qu'en arrivant à la vieillesse.

Les princes, loin d'être exempts de cette règle, y sont plus sujets que d'autres. Je crois que cela provient de l'espèce d'éducation qu'on leur donne. Les maîtres les plus chers sont les plus mauvais en France. Les gouverneurs et précepteurs, dans les grandes maisons, sont choisis par l'intrigue et sur une fausse réputation. Ils ont tous des vues d'avancement, soit par la protection des parens, soit par l'ascendant qu'ils prennent sur l'esprit de leurs élèves. L'impatience françoise précipite ces vues, et rend leurs moyens grossiers et pernicieux.

Ces maîtres se vantent beaucoup du peu qu'ils font; ils exagèrent quelques gentillesses qu'ils ont inspirées à l'enfant. Cette éducation n'est que charlatanisme. En général, les préceptes influent bien moins que l'exemple. Il faudroit plutôt des amis vertueux et spirituels pour maîtres et pour camarades, des conversations ingénieuses, amusantes et profitables. Insinuer tout, ne commander rien, permettre avec gaieté, remontrer avec intérêt et amitié; de la rigidité sur l'honneur et sur les affaires du cœur, de la tolérance sur ce qui ne tient qu'à l'esprit et aux plaisirs innocens.

Véritablement l'éducation des grands a cela d'admirable, qu'elle conserve la pureté baptismale, et l'ignorance de toute théorie et de toute pratique contraires à la chasteté jusqu'au mariage. On les garde à vue; leur corps profite; leur esprit s'éveille d'ailleurs par la dissipation et les exercices. Mais, comme ils ont passé des femmes aux hommes dès la première enfance, ils retournent aux femmes dès leur entrée dans le monde; et plus ils ont été retenus plus ils s'échappent, plus ils deviennent les dupes de l'artifice des coquettes.

Dans les pays catholiques, on donne aux enfans une éducation toute *cléricale;* on les environne de prêtres, qui n'épargnent rien pour leur recommander les intérêts de l'Église plutôt que l'amour de Dieu. L'on rend ainsi les princes superstitieux, bigots, *sacristains* et persécuteurs.

Mais voici le pire pour l'éducation de l'héritier présomptif de la couronne. Le cardinal *de Fleury* n'étoit pas un tyran, mais son peu de génie lui a souvent inspiré les maximes de la tyrannie, et il les a suivies sans le savoir. Il se croyoit immortel; il étoit persuadé que le bien de l'État demandoit la continuation de son pouvoir absolu. Pour cet effet, il chercha à ne mettre auprès du Dauphin que des gens sans mérite, afin que, ne se mêlant de rien, ils n'ombrageassent jamais son autorité. Il est parvenu au premier article : il fit choix des plus sottes gens du royaume pour des emplois si importans; mais il parut ne pas savoir que ce sont les gens les plus médiocres, qui cabalent davantage dans les cours, et qui se mêlent le plus de ce qui ne leur appartient pas.

C'est sous de tels maîtres que M. le Dauphin a montré dans son enfance beaucoup d'esprit et de curiosité. Alors plus avancé qu'un autre, il est devenu depuis plus reculé qu'il ne devroit être à son âge. Cependant des connoisseurs qui le voient de près prétendent que l'esprit s'est soutenu. Il est d'un extrême embonpoint, ennemi du mouvement et de tous exercices, sans passions, même sans goûts : tout l'étouffe, rien ne l'anime. Si l'esprit étincelle encore de quelques traits, ce doit être un feu mourant, que la graisse et la dévotion achèveront d'éteindre. Pour avoir du mérite, il faut avoir été ce qu'on doit être dans ses âges. Il aura passé ses beaux jours sans plaisirs, et sa jeunesse sans amours. A peine la nature lui sera-t-elle connue. Comment saura-t-il démêler les hommes, leurs caractères et leurs artifices (ce qui est la grande science des rois)? N'aimant rien, on en vient dans la vieillesse à haïr les hommes par mauvaise humeur, et haïssant on est toujours haï. On a appris à critiquer avant d'avoir su agir soi-même, pour faire mieux que ceux que l'on critique. On ne se fait point de *caractère*, ce que *la Bruyère* dit être le pire de tous.

Feu madame la Dauphine, infante d'Espagne.

Nous n'avons possédé cette princesse en France que dix-huit mois; sa perte a été grande. Elle eût été très-féconde, ce qui est la première qualité à désirer aux femmes de ce rang. Elle n'eût point fait de mal au royaume, voilà tout ce qu'on leur demande. Pour le bien, on les en tient quittes. *Les lis ne filent pas;* cependant nos reines sont régentes quand le roi, leur fils, est mineur. C'est un assez mauvais usage de notre droit public, et les régences des reines ont toujours été malheureuses.

Voici une autre vérité, que l'on ose à peine avancer par respect pour la religion et les mœurs, et que pourtant l'histoire démontre : c'est que *l'ascendant des femmes légitimes sur leurs époux dévots cause encore plus de mal à l'État que le crédit des favorites*. L'on vient d'en voir un exemple en Espagne sous *Philippe V;* on le voit encore à Naples sous l'infant *Don Carlos*.

La Dauphine étoit sérieuse et taciturne. Elle avoit intérieurement cette fierté espagnole qui convient peu à l'humeur françoise. Elle étoit rousse, et l'avoit caché soigneusement, même à son mari : cette couleur déshonore en France. Pour consoler le Dauphin après sa mort, on n'a cessé de révéler ou de lui supposer des défauts. Elle s'étoit conduite avec lui dans la seule vue de le gouverner toujours : entreprise difficile en France, où les passions sont sans constance. Elle ne le quittoit jamais, l'amusant comme elle pouvoit sans le contredire. Elle avoit la physionomie sinistre, la peau belle, un joli embonpoint, bien distribué. Elle étoit venue en France avec d'amples instructions de sa mère pour capter son mari et pour être utile aux vues de l'Espagne. L'on doit dire à sa louange, qu'elle n'avoit retenu de ces leçons que ce qui concernoit le Dauphin. Elle étoit devenue aussi bonne Françoise que si elle fût née à Versailles. Elle connoissoit toute la méchanceté de sa mère. On commençoit déjà à se plaindre d'elle au conseil de Madrid, et on l'auroit aimée en France si elle eût vécu davantage. Après sa mort, le roi a trouvé dans sa cassette un chiffre, dont elle avoit fait peu d'usage.

Madame la princesse de Conti, et monsieur son fils.

Acheronta movebo doit être le texte de l'éloge de cette princesse. Elle a toujours réussi à ce qu'elle a prétendu, quel qu'en fût l'objet, quels qu'en dussent être les moyens. L'histoire de ce qu'a résolu madame la princesse de *Conti* est donc celle de ce qu'elle a fait. Belle et galante dans sa jeunesse, elle voulut désespérer son mari. Elle a récompensé ses amans, elle s'est fait des créatures de ses amis. Elle a plus méprisé que haï. Elle est plus économe qu'avide. Reconnoissante par intérêt, elle n'est ni rancunière ni même vindicative. Elle a beaucoup d'esprit, et tout ce courage d'esprit qui eût fait celui de cœur dans un héros. Ses moyens sont de toute espèce : de la souplesse, de la bassesse même, sans pudeur, comme lorsqu'elle se chargea de présenter à la cour madame *de Pompadour*. Profonde dans l'intrigue, elle prodigue la flatterie aux gens en crédit. Elle ne néglige pas les plus petits moyens. Elle loue ce qu'elle méprise; elle dénigre ce qu'elle estime au fond de la conscience. Loup ou brebis, sirène ou mégère, ces bizarres effets d'une conduite suivie lui ont donné la triste réputation d'une femme sans principes et sans foi.

Voici ses grands desseins : La branche de *Conti* est la dernière de la maison royale. Elle est indignée des barrières qu'elle trouve entre le trône et son fils. S'il ne peut régner bientôt, elle voudroit au moins qu'il eût la plus grande part au gouvernement. Elle laisse à son mauvais sort sa propre branche, celle de *Condé* : le célibat, la stérilité et la folie, la menacent d'une fin prochaine. La maison d'*Orléans* l'occupe davantage; elle a fait tout ce qui dépendoit d'elle pour l'abaisser et lui ôter tout crédit. On prétend même que le mariage de sa fille avec M. le duc de Chartres doit être mis au rang de ses moyens principaux. C'est ce que M. d'Argenson a pu observer, quand il étoit à la tête de cette maison.

Elle a tiré de monsieur son fils tout ce qu'elle a pu, par une éducation mieux raisonnée que celle des autres princes; elle y a préposé des gens d'esprit, mais pas un homme de vertu. Qu'en est-il résulté? Une confusion de beaucoup d'idées qui se croisent sans plans et sans principes; un pédant libertin, un ambitieux misanthrope. La présomption a rivé le mérite. Amateur de toutes connoissances, il ne prend que les plus communes. Il est la dupe de tous ceux qui lui parlent avec suffisance. Il flotte entre les différens partis qui se présentent, à la guerre ou en politique. Son savoir et son esprit valent moins que l'ignorance et la foiblesse. Il est tout, et n'est rien. Cependant le roi l'écoute souvent et longuement, on ne sait pourquoi. C'est, dit-on, encore l'ouvrage d'une intrigue. *On a flatté Sa Majesté d'avoir eu part à son éducation, et on lui a persuadé de prendre intérêt à un prince plus appliqué que les autres.*

Feu madame la duchesse de Châteauroux.

Cette favorite étoit haute, fière et de grande dignité. On prétend qu'elle étoit de bon sens, et même de beaucoup de jugement. C'est cependant ce qu'on ne peut conclure de sa conduite. Mais pour expliquer ces contradictions il faudroit démêler les passions qui y président, toutes les causes vicieuses qui triomphent de l'honnêteté, du devoir, et même de la nature. De la beauté, de la naissance, le manque de biens dans une cour somptueuse, quelques objets de vengeance, des amis et des créatures à avancer : voilà les passions qui métamorphosent une femme bien née en courtisane. Cette qualification est due à toutes celles qui se livrent par intérêt : *elles croient trouver de la gloire dans un putanisme qui fait partie de l'histoire.*

Madame de Châteauroux quitta un *amant aimé*[1], pour se donner au roi *sans amour*. Elle ne prit seulement pas la peine de le feindre. Il adoroit jusqu'à ses caprices. Elle rappeloit par là le souvenir de madame de Montespan à la vieille cour. Elle n'étoit pas dévouée au vil intérêt de s'enrichir, comme celle qui lui a succédé[2]; mais ses gens d'affaires auroient pris ce soin, et auroient mené nos finances grand train. Elle avoit de plus hautes visées. Le duc de Richelieu étoit son principal conseil. Gouverner, régner, porter à de hautes injustices, conseiller des guerres funestes, voilà ce qui remplit l'âme de ces fières maîtresses des rois, comme les conquêtes occupent les usurpateurs. Et tandis que les lois punissent de bien moindres fautes de la part des

1. Le duc d'Agénois.
2. Madame de Pompadour.

courtisanes plébéiennes et des voleurs, on célèbre ce qui détruit le genre humain.

Elle exigea la disgrâce de sa sœur (la marquise *de Mailly*) pour premier prix de ses faveurs; elle lui avoit cependant de grandes obligations. Elle suivit le roi à l'armée, à la campagne de 1744, pour ne pas perdre le fil de son crédit. Cette démarche déplut à la nation. On la rendit responsable des premières atteintes de la grande maladie que le roi essuya à Metz. Elle fut chassée publiquement, et par ordre exprès de la propre bouche de Sa Majesté, *quand ce prince fut entre les mains des prêtres*. De retour à Versailles, le roi la rappela à la cour, et son crédit devoit triompher plus que jamais; mais Dieu en disposa tout autrement : en recevant cet ordre, elle avoit été frappée de la maladie dont elle mourut.

Cet événement sinistre arriva quelques semaines après l'installation de M. d'Argenson au ministère [1] : il fut témoin de l'extrême douleur du roi.

La marquise de Pompadour.

Mais, peu de temps après, une nouvelle liaison éteignit cette affliction. Aux noces de M. le Dauphin parut une jeune beauté de Paris à qui le roi jeta le mouchoir, comme fait le sultan parmi les odalisques. Aussitôt heureux qu'amoureux, les voluptés furent le seul attrait de cet amour. Le cœur et le caractère n'étoient pas connus, et ne le sont peut-être pas encore.

1. 8 décembre 1744.

On étoit résolu par principes aux amours volages et à décimer les jolies femmes de Paris, pourvu qu'il n'en coûtât point de risques à la santé. L'on prétendoit échapper à l'empire de l'amour, mais cette pratique est impossible aux cœurs tendres.

Le roi rencontra dans la dame *d'Etioles*, peu après marquise de *Pompadour*, une maîtresse bien dressée pour le gouverner. Tout en séduisant son âme par l'apparence de la douceur, elle est parvenue à la plus excessive autorité que puisse procurer la confidence, la consolation, la profondeur du secret, et ce manége adroit qui rend les courtisanes de profession plus maîtresses de leur amant, sans le secours de l'esprit, que ne le sont les femmes de qualité et de mérite.

Sa mère, célèbre p. du Palais-Royal, l'avoit élevée et destinée à quelque poste considérable de ce genre. Elle lui avoit fait épouser un fermier général, mais son ambition n'en étoit pas satisfaite. *Elle a vu le triomphe de sa fille, et est morte peu après de la vérole.*

Madame de *Pompadour* est donc de la plus basse extraction. Elle est blonde et blanche, sans traits, mais douée de grâces et de talens. Elle est d'une haute taille et assez mal faite. Tous les ballets de la cour roulent aujourd'hui sur le même sujet que la pastorale d'*Issé : on y représente une bergère aimée d'Apollon, et qui l'aime sans savoir sa divinité; elle remporte le prix du chant et de la danse*. Madame de *Pompadour* joue la comédie, imite et contrefait tout ce qu'elle veut, les passions et même la vertu quand il le faut. L'éducation a perfectionné la nature pour exceller dans le rôle qu'elle devoit jouer ; c'est le gracieux instrument des plus tristes desseins. Elle s'est prodigieusement enrichie. Elle est l'objet de la haine publique. Le roi croit la gouverner, elle le conduit ; elle lui fait voir du mérite dans ceux qui n'en ont ni la réputation ni les apparences. C'est une amitié adroite et impérieuse, plutôt qu'une véritable passion, qui produit tant d'effets sur notre gouvernement. Encore une passion violente laisseroit-elle l'espérance d'un changement, les reproches de la conscience et l'efficacité du cri public.

Le cardinal de Tencin, ministre d'État.

Qui le croiroit? on est réduit à regarder ce prélat comme le plus honnête homme de la cour, lui dont la conduite, pour s'être élevé où il est, demande de continuelles apologies. C'étoit, dans le conseil, le meilleur ami de M. d'Argenson; il ne le traversoit pas méchamment comme les autres. Ah! que c'est un mauvais guide que l'ambition, quand elle coûte autant à la réputation! Il n'y a point de profession où elle soit plus déplacée que dans la carrière ecclésiastique, car tout ce qui élève jure avec le devoir et la qualité de cet état. Le nom de *mauvais prêtre* s'y donne à celui qui eût été *partout ailleurs un galant homme*. C'est bien pis quand on chemine par le faux zèle. Les envieux et les ennemis renchérissent sur leurs calomnies ordinaires. Alors, pour connoître le juste prix d'un homme aussi décrié, il faut retrancher la moitié des vices qu'on lui impute, et même de l'esprit qu'on lui suppose.

Véritablement, le cardinal *de Tencin* est un homme médiocre, et n'est point méchant; il a des idées fort communes, mais assez nettes de tout ce qu'il prétend savoir; il sait plus de théologie, et surtout de droit canon, que de politique; il n'est point sans mérite pour le ministère, pourvu qu'il soit en second. C'est ce qu'on appelle un bon esprit, et non un grand et bel esprit. Il est homme de main et d'exécution pour ce qu'il entreprend sur son compte; il y procède ardemment et constamment. Le capucin *Joseph*, qui fut si utile au ministère de *Richelieu*, devoit lui ressembler. Les rangs étoient réglés entre eux; mais le cardinal *de Tencin* a toujours prétendu à la première place; le cardinal *de Fleury* l'en avoit flatté en mourant; le bon esprit du roi a décidé le contraire. Il faut toujours rectifier ses plans; par mauvaise habitude, il penche aux vues de Machiavel plus qu'à celles d'Astrée. Il se préoccupe; mais, né docile et complaisant, il revient, ou paroît revenir quand il faut, au suffrage de ceux qui sont plus écoutés que lui.

Croiroit-on qu'à son âge, et livré à l'ambition, la passion dominante chez le cardinal *Tencin*, c'est l'*amour?* Il est plus jaloux que tendre; il en donna un grand spectacle à Rome, pendant sa dernière ambassade; il pensa sacrifier toute sa fortune à une vieille coquette, la princesse *Borghèse*. Le cardinal *Aquaviva*, ministre d'Espagne, la lui enleva. Depuis ce temps, tout ce qu'il a de crédit s'emploie à traverser et à chagriner ce cardinal. Malgré les grandes raisons que nous avons de ménager la Cour d'Espagne, il devient furieux contre tout François qui n'entre pas dans son ressentiment. Il a conçu une nouvelle passion pour la maréchale *de Belle-Isle*, platonique passion et proportionnée à l'âge de l'amant et à la dévotion de l'objet aimé. Le baron *de Bernstorff*, envoyé de Danemarck, fréquente assiduement l'hôtel de *Belle-Isle* : voilà le vieux cardinal agité des furies; il n'entend plus, dans les intérêts du monarque, que sa haine contre le ministre danois.

Le maréchal de Noailles, ministre d'État.

Nous voici dans un tourbillon de manies, de vices et d'usurpations. On convient communément que le maréchal *de Noailles* est fol et hypocrite; il est cependant à la mode de dire qu'il est dévot et homme de beaucoup d'esprit : tant le discernement à la cour se plie sous l'empire de la mode et des apparences, et tant l'habitude est formée de voir de méchans hommes dans les grandes places, et de les craindre!

Pour l'apprécier, il faut le juger à ses œuvres. En le fréquentant, on lui trouve beaucoup d'imagination et peu d'esprit. Ce n'est pas un génie qui le conduit, c'est un follet indécent et malin. C'est la juste harmonie du jugement avec l'imagination qui constitue l'homme d'esprit; joignez-y la conception nette et facile, c'est l'homme de beaucoup d'esprit; avec le courage de plus, c'est l'homme de génie. Mais avec le feu seul de l'imagination on extravague. Où y en a-t-il plus que dans les petites maisons? Elle domine dans les songes de la nuit, et, n'étant point réglée par le jugement, on change d'objets et de volontés à tous momens : c'est la démence. Que l'on se représente donc le maréchal *de Noailles* comme un homme méchant et noctambule.

Il est de ces familles de cour, tirées de l'obscurité par le bonheur et par l'intrigue, sans avoir jamais rendu d'éclatans services, sans avoir produit d'hommes d'un mérite élevé. Elles sont cependant les mieux établies, parce qu'elles ont toujours cheminé par la souplesse, l'assiduité, la complaisance, l'utilité aux plaisirs et la dévotion, suivant l'âge de nos rois. Elles assiégent la fortune à la sape, quand les hommes d'un vrai mérite perdent la leur par des orages. Et s'il arrive que quelques-uns de ces grands seigneurs se fassent une réputation d'application et de bons mots, on les charge d'affaires, et on en fait les premiers personnages du théâtre.

Tel parut le maréchal de Noailles dès sa première jeunesse. Il devint favori de madame *de Maintenon*. Il épousa son héritière, et, sans perdre sa confiance ni celle du feu roi, il sut pourtant se ménager la faveur du duc d'Orléans par ses utiles manœuvres. Aussi, à la mort de Louis XIV, devint-il une espèce de premier ministre. Il fut chargé du ministère des finances. Il conseilla la *poly-synodie* ou *multiplicité des conseils*. Il ne travailla à débrouiller le chaos des affaires que par de nouveaux désordres. Il se fit des créatures par le moyen de son crédit; mais quant à ses propres affaires, il les a toujours plus mal gérées encore que celles du roi, et son zèle en a été la ruine. *Il a fini par abandonner tous ses biens à ses créanciers*, après quantité d'essais imprudens et malheureux pour enrichir sa maison.

Cependant il ne tarda pas à intriguer contre le régent lui-même, et ne visoit à rien moins qu'à lui faire ôter la régence. Celui-ci s'en aperçut à temps, et l'exila. Il se comporta assez ridiculement dans sa terre; entre autres traits de folie, *il portoit chappe dans sa paroisse, et se faisoit dire l'office des morts, couvert d'un drap mortuaire, pour l'expiation de ses péchés.*

Enfin, à force de souplesse près de madame *de Châteauroux* et de M. *de Richelieu*, il parvint à rentrer dans les conseils. Les années 1743 et 1744 ont été celles de son triomphe. Il étoit plus que premier ministre. Il fit renvoyer M. *Amelot*, et gouverna en grand et en détail le militaire et la politique. Il faillit perdre deux fois l'État: *l'une à Dettingen, l'autre au passage du Rhin par le prince Charles de Lorraine.* A la guerre, il est avantageux, c'est-à-dire faux brave; à la cour, sa grande politique est de protester beaucoup d'amitié à ceux qu'il veut perdre. Depuis qu'il ne sert plus en qualité de général, il se montre au conseil grand Autrichien. Il est continuellement en conférence avec le marquis *de Stainville*, ministre de l'Empereur. Il a fait entrer dans nos négociations étrangères M. *de Saint-Séverin*, Italien et ancien sujet d'Autriche. Pendant son ambassade d'Espagne, en 1746, le maréchal *de Noailles* oublia nos intérêts, pour *ne s'occuper que de quelques prétentions de famille, qu'il a obtenues.*

Il laissera après lui deux fils partageant ses

talens : l'un est propre à une cour voluptueuse, par son goût pour la satire; l'autre à une cour dévote, par ses affectations de piété et son hypocrisie [1].

Au surplus, le roi connoît mieux que qui que ce soit le maréchal *de Noailles;* mais l'habitude est prise de l'écouter, et de le consulter sur tout.

M. de Maurepas, ministre secrétaire d'État de la marine.

Un petit maître françois, brillant et spirituel, installé dans le ministère à seize ans, doyen du conseil à trente-cinq, décidé et toujours fautif, parlant beaucoup, écoutant peu, traitant sérieusement les bagatelles et légèrement les grands objets : voilà quel est M. *de Maurepas.* On lui a disputé jusqu'à la qualité d'*homme;* il a une *grande réputation d'impuissance;* et dans le fait il a quelque chose du *caractère des eunuques,* aimant les femmes à la fureur, pour les tourmenter sans les satisfaire. Mais passons à des articles plus graves et plus dignes de l'histoire.

L'usage du monde est vraiment un des points principaux pour ceux qui y représentent : rien d'indécent, la fuite de tout ridicule, de tout ce qui sent l'ancienne rouille gauloise; mais je voudrois que cet article ne fût pas compté pour le premier, et que l'objet des grandes charges de cour ne vînt pas en second ordre; car nos premières

1. Le duc d'Ayen et le comte de Noailles, devenus tous deux maréchaux de France, sous les noms de maréchal *de Noailles* et de maréchal *de Mouchy.*

institutions ont sur nous des droits de préférence qui éteignent les autres devoirs ; nos premières études déterminent notre goût et nos volontés. Si l'on est à la fois courtisan et censeur, on ne réformera jamais d'abus. La chaîne de protection et de crédit s'étend du connétable jusqu'au valet de pied. Le courtisan arrête toujours le ministre. Le grand usage de la cour impose à tous ceux qui n'en sont pas ; il infatue celui qui le possède. Joignez-y la puissance et les richesses du ministère, l'arrogance et l'impunité, quelle tête n'en tourneroit pas ? Avec ces prérogatives, on fera un singe d'un homme, et une girouette d'un sénateur.

M. *de Maurepas*, doué d'une conception vive et d'une mémoire exacte, s'est acquis des connoissances étendues, et le mauvais goût de la cour a présidé à des études volages. *Il possède les choses curieuses*, et n'a jamais accordé d'attention aux objets sérieux qu'il devoit approfondir. Chez lui tout se passe en débit ; il écoute mal, et parle toujours avant de penser. Tout l'exercice de son âme consiste dans celui de l'imagination et de la mémoire ; aussi son esprit paroît-il infatigable. Il est plus brillant le soir que le matin. Il n'a pas besoin d'être remonté par la nourriture ni par le sommeil ; c'est le mouvement qu'il lui faut. Le repos n'est bon qu'à ceux qui méditent. De là aussi nulle justesse, point de jugement, nulle prévoyance dans les affaires. Rien n'est plan ; tout est système du moment : *épigrammes, ariettes, concetti, clinquant, petites finesses, sarcasmes, satires, dédain et mépris sans examen.*

Parfois la vertu attire ses éloges ; mais ce sont des saillies sans enthousiasme. Ces approbations extérieures font partie de l'éloquence du siècle ; on les débite malgré soi, *comme le diable loue les saints par l'organe des possédés.*

Le cœur s'est formé sur le goût. M. *de Maurepas* en est devenu perclus de bonne heure, ainsi que les autres courtisans. Il a regardé ses amis comme des jouets, et le prochain comme un troupeau. Tout lui a paru soumis à une prétendue supériorité d'esprit qui abaisse les autres sans s'élever. Il affecte de mépriser non-seulement Dieu, mais la divinité, non-seulement le roi, mais la royauté. C'est un esprit fort et léger ; il nie le destin et la providence, il adore la mode et la frivolité. Dans notre cour, un tel personnage devoit nécessairement devenir législateur. Il donne le ton, il a formé mille imitateurs ridicules. Cela a mis le vice en crédit, opprimé la vertu et le bon sens.

On lui attribue beaucoup d'esprit, et cette réputation est un passeport qui assure l'admiration aux fautes et aux sottises ; aussi jamais ministère n'a-t-il été plus mal que le sien. Il rit des maux de l'État ; il n'y voit ni prévoit aucun remède, et il pratique ce qui les augmente autant qu'il est en lui. Lui et le maréchal *de Noailles* se piquent d'une grande haine contre le roi de Prusse, notre seul allié. Ils sont toujours pour les intérêts d'Autriche dans le conseil ; ils ménagent la cour d'Espagne, pour les faveurs et les vengeances qu'ils en espèrent. On assure que plusieurs commis de la marine sont pensionnaires de la cour britannique ; mais il suffiroit, pour divulguer les secrets de l'État, de l'indiscrétion de ces deux ministres, qui n'ont jamais été réunis que pour mal faire. Aussi M. d'Argenson a-t-il l'honneur de les avoir eus pour ennemis.

La marine a considérablement dépéri sous le ministère de M. *de Maurepas*, pendant la durée d'une longue paix. Quels qu'aient été les fonds qu'on lui a donnés pour la relever, on n'a vu que quelques ouvrages de montre; réparations et constructions sans solidité; foiblesse et injustice; les commis maîtres et enrichis; les dépenses prodiguées à la plume et épargnées aux guerriers. J'ai entendu d'anciens officiers de marine faire le parallèle du père et du fils, de M. *de Pontchartrain*, si odieux dans sa place, et de M. *de Maurepas*, si brillant dans le même poste. Rien n'est plus vrai cependant que le premier a fait autant de grandes choses que le second a contribué à affoiblir le corps de la marine. Il faut savoir qu'après l'affaire de *Vigo*, M. *de Pontchartrain* mit tout ce qui restoit de la marine royale en courses et en armateurs; par là il désola les Anglois, et ce fut une des principales causes de la paix de 1712. Le fils a voulu monter des flottes, des escadres et des convois, et dès la seconde année de notre présente guerre avec l'Angleterre nos corsaires et nos marchands n'osoient plus sortir des ports.

Le département de la maison du roi devroit être conduit par un censeur sévère des dépenses. M. *de Maurepas* a fait de son autorité la monnoie de ses intrigues; il a soufflé les tracasseries dont il devoit être l'arbitre. Par le *département de Paris*, il a la police de cette grande ville et la protection des sciences et des beaux-arts : toute son inspection de police est bornée à un espionnage inofficieux; dans les arts, il a avancé le règne du mauvais goût et de l'afféterie, il a semé les tracasseries dans les académies, il a dégoûté les savans et les artistes de leurs travaux, il a fait tomber nos spectacles.

Le roi le craint et ne l'a jamais aimé. Nous avons déjà dit combien Sa Majesté respecte le mauvais discernement de sa cour. C'est une considération singulière, qui peut cesser tout à coup dans un moment d'impatience. Ce prince a des raisons personnelles de haïr le ministre dont il s'agit : personne n'a jamais parlé de son maître avec plus d'irrévérence; il a opposé intrigues à intrigues pour se soutenir; il s'est attaché la famille royale, en la détachant de celui qui en est le chef; il forme des factions parmi la douceur et la vertu. Avec cela toutes les fautes de son ministère trouvent des excuses dans la fortune, et l'on vante l'espérance de ses ressources. Mais la haine du duc *de Richelieu* a rompu la glace; il a accusé ouvertement M. *de Maurepas* sur plusieurs chefs. Sa Majesté l'écoute, cela peut avoir des suites.

M. le comte d'Argenson, ministre et secrétaire d'État de la guerre.

Ce proverbe qui dit : *Il n'y a que la vérité qui offense*, a cela de flatteur pour nous qu'il suppose notre clairvoyance; il admet une grande équité dans le jugement que nous portons de nous-mêmes; il signifie que nous rejetons les fausses imputations, et que nous reconnoissons les véritables. Nous n'aimerions donc pas les peintres sincères qui représenteroient nos vices comme nos vertus, ainsi qu'une glace fidèle nous montre nos défauts corporels en même temps que les avantages de notre figure. On exige des peintres la flatterie ou l'adoucissement des imperfections par des grâces de caractère, et l'on veut que les discoureurs se taisent ou approuvent habilement. En tout, la publicité de notre intérieur blesse les plus modestes. Les historiens sont craints et haïs : ils décèlent les ressorts secrets des actions; ils pensent tout haut, et s'élèvent une tribune pour parler à la postérité.

Voilà ce que je me suis dit en commençant ces Mémoires. Cependant, m'étant attaché à ne pas m'écarter de la vérité, je continuerai avec tout le respect que je dois à votre famille, et me permettrai de dire ce qui est d'un frère qui vous est cher, et que vous n'avez pas cessé d'aimer, malgré ses torts et vos sujets de plaintes.

Si l'on pouvoit mesurer l'esprit, on trouveroit, je crois, celui de M. le comte *d'Argenson* plus éclairé, plus fécond, plus avisé et plus parfait en ce qu'il est, qu'élevé, étendu et profond. La fermeté vient du cœur; la conception et le brillant s'y ajoutent par une certaine attention que l'on prête aux objets extérieurs. La volonté et l'amour du succès y sont pour beaucoup; on veut profiter de tout, et surtout des fautes des autres.

C'est ainsi que les chasseurs se font diligens et patiens, quand même ils seroient paresseux et pétulans en d'autres choses que la chasse. Leur esprit devient égal et tranquille, dans l'exercice de la passion qui les possède.

La plupart de nos défauts proviennent de mauvais choix et de mauvais goût. Attribuons au goût ce que l'on donne d'ordinaire aux penchans naturels, et nous nous tromperons moins sur les hommes. La nature nous fit généralement bons; mais l'art ne corrompt que trop souvent la naissance. L'exemple, les premières habitudes, les méchans modèles, les objets mal proposés, toutes circonstances où consiste principalement l'éducation, nous rendent nuisibles au lieu d'être bienfaisans à la société. Que les talens soient employés suivant ce mauvais choix, qu'ils soient environnés de soins dans une carrière blâmable, et voilà ce qui formera les hommes dangereux.

C'est dans la première jeunesse que se produisent ces fausses opinions. De là des desseins pour le reste de la vie. Un cadet peut avoir conçu du mécontentement contre son sort, il cherche à le corriger à tout prix. Cette ambition, dans l'histoire sainte, n'est-elle pas approuvée de la part de Jacob contre Esaü? Eût-elle été moindre si Esaü eût été un aîné plus digne de ses droits? Mais soumettons-nous à ce qui appartient aux grands desseins de Dieu.

Par mauvais goût j'entendrois, par exemple, celui qui feroit préférer une conduite toute *jésuitique* à la noble franchise d'un gentilhomme françois, telle que la professoient vos ancêtres; à vouloir ressembler dans le ministère à Mazarin plutôt qu'à Richelieu, à passer de la sensibilité à la rancune, et même à la vengeance.

C'est ainsi que l'on se forme un assemblage de vertus factices et de vices adoptés. On se montre patient au milieu de l'agitation intérieure; on se complaît même en cette longue attente qui marche dans l'ombre, et avance à pas lents pour accomplir des desseins sinistres. On appelle coups d'État et chefs-d'œuvre de génie, ces trames longtemps méditées qui produisent des calamités générales pour satisfaire à des vues particulières. Voilà ce qu'on appelle intrigue, et les moyens pour y parvenir se nomment cabale. C'est la préférence du bien particulier au général, l'amour exclusif de soi. Mais bien souvent aussi il arrive que l'intrigant tombe en ses propres piéges; il se donne bien de la peine pour se nuire; il se creuse un abîme pour se tirer de l'autre; il abuse de la fortune, et celle-ci finit par lui manquer. Malheureusement c'est ainsi que l'on nous dépeint les grands hommes d'État. On nous séduit dès la jeunesse par ces fausses idées; on ne nous dit pas qu'avec de grands talens ils ont vécu malheureux, que leur nom est odieux dans sa célébrité, qu'il en eût été autrement s'ils se fussent proposé une gloire mieux choisie.

Il n'y a pas de département plus propre à montrer cette erreur que celui de la guerre. Celui qui en est le ministre en France dispose de l'honneur, de l'élévation ou de la ruine, des nobles ou des courtisans. S'il est juste, s'il aime sa patrie, il influera sur les grandes démarches de la nation; il assurera la défensive en tous temps, et déconseillera les guerres injustes; il les accourcira quand elles commencent; il excitera l'émulation, déconcertera l'ambition, et sera plus économe encore que le ministre des finances.

S'il est intrigant ou courtisan, il pratiquera tout le contraire. Il arborera, il est vrai, un air de sagesse et de modestie; mais il ne cherchera point à détourner des projets funestes présentés par d'autres. Il ne rompra point de lances contre les foiblesses du prince, et contre le concours des courtisans. Il ne hasardera rien pour le bien, et ne pourvoira qu'à sa propre sûreté en toutes choses, de manière cependant qu'il ait part aux bons succès, et que les mauvais retombent sur les épaules des autres acteurs. Dans sa haute politique, il contemplera les hommes comme des automates, les menant par leurs foibles, agissant par la menace et la corruption, tenant le bâton d'une main et l'argent de l'autre. Il créera des fortunes précaires, plutôt qu'il ne soulagera la misère; il se fera des créatures, et non des obligés ou des amis. Il s'assujettira chacun, en augmentant sa dépendance. Ses bienfaits seront une loterie, dont l'art bien calculé ne tend qu'à multiplier les dupes. Et de ces créatures que donne l'intrigue, il n'en restera aucune à la fin de chaque épisode. Le naturel se révolte contre l'artifice. Un tel protecteur passe sa vie avec des cliens, et la finit avec des mercenaires.

Le comte *d'Argenson* fit ses premières armes en intrigue sous un prince qui méprisoit trop les hommes pour les traiter avec équité. M. le duc d'Orléans, régent du royaume, partageoit nettement, et sans nuances, les François en deux classes : en fripons spirituels et en honnêtes gens imbéciles. Il destinoit ceux-ci à une inutilité méprisée, et se servoit des premiers comme seuls propres au gouvernement. De là, tout fut intrigue à la cour, et l'on ne ménagea aucun principe. Cependant il sortit quelque bien de tous les maux que causa ce désordre, tant notre royaume est essentiellement bon. Le régent n'aimoit point la guerre; il rejetoit toute superstition religieuse. Il voyoit venir la finesse des conseils voisins. Il commandoit à une puissante nation. Tout commençoit à aller bien quand il mourut. Il avoit instruit le roi de plusieurs bonnes maximes, que le cardinal *de Fleury* lui a fait oublier. Ses autres élèves ont conservé les leçons d'intrigue, et oublié de même celles d'État.

Deux fois lieutenant de police de Paris, M. le comte *d'Argenson* prit toujours la moins belle partie de cette charge : celle de *chef d'espions*. Il introduisit l'édile au prétoire.

L'auteur du livre de *l'Esprit des Lois* définit le courtisan : *celui qui met son espérance dans les foiblesses du prince*. Or M. *d'Argenson* a été pendant dix-sept ans chef du conseil de deux ducs d'Orléans. On a vu successivement régner au Palais-Royal le libertinage, l'irréligion, puis une aveugle soumission d'un fils à sa mère, l'ambition de gouverner le royaume, enfin la plus plate bigoterie. A ces différens excès, qu'a fait le courtisan? A-t-il remontré ou gagné quelque chose au profit de la sagesse? Non, il a laissé faire. Il a paru suivre et augmenter ce qu'il devoit empêcher, et a profité de tout pour son crédit.

On ne sauroit revenir de plus loin qu'il n'étoit parti, pour regagner la bienveillance du cardinal *de Fleury*; ce fut un chef-d'œuvre d'habileté. Pendant près de dix ans, il vivoit au Palais-Royal des injustices et de la haine qu'il essuyoit à Versailles, de la part des deux premiers ministres, *Fleury* et *Chauvelin*. Le cardinal a terminé sa vie en tenant pour favori celui à qui il avoit rendu les plus mauvais offices. On avoit intenté des accusations capitales contre le garde des sceaux *Chauvelin*; ce fut là le dieu dans la machine qui dénoua cette politique.

L'État en a-t-il profité ou souffert dans la suite? C'est ce que décidera l'histoire du temps, et ce que préjugent, en attendant, les embarras présents.

Jamais on n'a tant donné de grâces à l'état militaire qu'aujourd'hui, et cependant que d'injustices, de faveurs imméritées et de dégoûts! Jamais tant de victoires ni tant de conquêtes, et cependant nous ne sommes point redoutés comme nous devrions l'être après nos succès. Cela tient à ce qu'on ne combine que la part la plus prochaine qui séduit, et que l'on abandonne les autres, tandis que c'est de la totalité que dépendent les succès réels. Jusqu'ici cette guerre a donc une fortune très-brillante sur le théâtre le plus apparent, qui est celui des Pays-Bas, et la direction en est fort vantée. C'est un ouvrage de montre, et les disgrâces plus éloignées s'excusent et s'oublient. Cependant on critique, même sur nos triomphes, ces deux articles :

1. Cette excessive dépense qui cède aux désirs de la cour, et que ne redresse jamais la mollesse du gouvernement. Ce sont toujours ces deux mots pour réussir : *Coûte que coûte*. Jamais d'économie

dans les dépenses, jamais de profits des conquêtes.

2. L'assujettissement de toute raison politique à la raison de guerre. Ce fut ainsi que *Louvois* nous attira tant d'ennemis, nous causa tant de ruines, et prépara à la nation de si grands dangers sous ses successeurs, moins habiles que lui. C'est aussi ce qui nous fait augurer une mauvaise paix, avec de nouvelles semences de guerre.

M. Orry, ministre d'État et contrôleur général des finances.

M. *Chauvelin*, adjoint du cardinal *de Fleury*, fit la fortune de M. *Orry*, en 1729, quand il fut question de donner un successeur à M. *Pelletier des Forts*. Un bon raisonnement en fut le prétexte, une mauvaise application en fut la cause. On dit au cardinal que c'étoit mal choisir le ministre des finances que de le prendre, comme il étoit d'usage, parmi les intendans des finances; que ceux-ci ne savoient que la forme et le buralisme; qu'il valoit mieux choisir un des meilleurs intendans de province, qui sût le fond, les besoins du royaume et les moyens de les satisfaire. M. *Orry* passoit pour un bon intendant. Il n'avoit paru cependant que dans deux provinces peu difficiles, le Soissonnois et le Roussillon. Il y avoit peu fait, peu opéré, et n'avoit point amélioré ces généralités. Mais il avoit des prôneurs, et sa personne ne gâtoit rien, à la cour, de ce qu'on avançoit de lui. Il paroissoit *le bon sens même, personnifié en un gros bourgeois renforcé*, et tel *qu'on voit, dans nos comédies, ce qu'on appelle les rôles à manteau.* Incapable d'ailleurs de corriger les abus, il disoit merveille sur cet article, mais n'avoit pas la moindre idée du *mieux* qu'on y pourroit substituer. C'eût été un bon pourvoyeur, un assez bon maître d'hôtel, soigneux des choses principales, avec quelques qualités positives de cette espèce : dur de cœur, simple de conduite. Il a bien fait sa charge pendant seize ans, dans un pays où tous les emplois s'exercent mal, et se tournent contre leur objet.

Ici je me fais ce reproche à moi-même : mes lecteurs vont dire que *je dis du mal de tout le monde ;* que je ramasse des satires et des libelles, au lieu d'écrire l'histoire de mon temps. Mais il faudroit considérer que, dans les monarchies absolues, les ministres se sont chargés de trop de choses pour les bien faire ; que six ou sept hommes veulent à eux seuls embrasser tous les détails qu'exercent ailleurs des corps de magistrature et des assemblées de communes ; que de plus ils sont traversés en toutes choses par la cour. C'est de quoi nous devons conclure qu'une telle administration ne peut être jamais ni suffisante ni complète, de sorte que le meilleur de nos ministres ne sera jamais que le moins mauvais.

Il est une espèce de courtisans qui se fait craindre et estimer de nos petits maîtres, par les dons seuls de la contenance et du silence. Leurs qualités présumées y profitent plus que leur caractère connu et exposé. *On les regarde comme fins et déliés, parce qu'ils sont lourds.* On dit d'eux qu'ils savent se retourner, lorsqu'ils se signalent par quelque maussade ingratitude. Leur solidité éblouit la légèreté, et confond les efforts de la tracasserie. Ainsi M. *Orry* s'éleva contre M. *Chauvelin*, son bienfaiteur, dès qu'il vit sa disgrâce résolue; il abandonna de même le cardinal *de Fleury* dès que les médecins désespérèrent de sa vie, et la grande prédilection du premier ministre s'étoit tournée contre lui en haine impuissante lorsqu'il mourut.

M. *Orry* ne retira du maniement des finances aucune *paraguante* pour son compte, mais il les permit à sa famille et à quelques amis obscurs. Il a bien jugé le crédit des courtisans. Il a déconcerté la foule des solliciteurs, et contenté les principaux qui pouvoient lui nuire et le servir. Sa mauvaise humeur attire celle des autres. Il nie avec une foi de martyr qu'il y ait quelque chose au delà de ce qu'il voit. Si le terme d'*esprit borné* a été fait pour quelqu'un, c'est pour la portée du sien. Sans admirer les ressorts de notre gouvernement, qu'il ne connoît pas, il n'imagine pas qu'on puisse améliorer le royaume, ni comment.

Lorsque la guerre commence, il est d'usage d'appeler le ministre des finances au conseil d'État, afin de contrecarrer les projets de dépense. Cet usage ne remédie pas à grand chose; on y rencontre plus de contradiction que de lumières. L'observation que je fais fut mise dans tout son jour quand M. *Orry* devint ministre d'État, en 1741. Il ne savoit pas les premiers éléments de la politique étrangère; il en raisonnoit comme un nouvelliste bourgeois, qui s'affecte des événemens et qui ne sait pas remonter jusqu'à leurs causes, entraîné par les cabales de la cour, rempli de maximes vulgaires, plus avare qu'économe, se fondant sur des lieux communs et incapable de concevoir des plans raisonnés, décidé sans certitude, insistant sur ses entêtemens avec une force de poumons que les sots prennent pour celle du bon sens.

Enfin, le crédit des sieurs *Pâris* l'a déplacé. Ces riches usuriers, réunis à la marquise *de Pompadour*, se brouillèrent avec lui pour quelques reproches de dépenses; ils déclarèrent le schisme entre eux et M. *Orry*, disant qu'ils quitteroient les affaires, s'il ne les quittoit. Ils vouloient lui donner pour successeur M. *de Boulogne*, leur ami; mais M. *de Machault* l'emporta, et fut installé à la fin de l'année 1745. On attribua cette préférence au crédit du comte *d'Argenson*, ministre de la guerre.

M. de Machault, contrôleur général des finances.

On prétendit fonder le choix de M. *de Machault* sur les mêmes motifs que celui de M. *Orry*, le donnant pour un bon intendant. Cependant il n'y avoit pas dix-huit mois qu'il étoit intendant de Hainaut, et l'on n'avoit encore parlé de lui ni en bien ni en mal. La naissance de M. *de Machault* passe pour bonne dans la robe : on voit depuis longtemps des magistrats de son nom dans les listes des cours supérieures. On leur reproche cependant une certaine origine hébraïque, que prouvoit, assure-t-on, une inscription sur le

Petit-Pont avant son incendie, en 1718 : *Judæus nomine Machault;* la malignité observe même que cet incendie arriva pendant que son père étoit lieutenant de police.

Celui-ci passa sa jeunesse à rapporter des procès au conseil. On lui trouvoit de la netteté et du bon sens. Il ne prétendoit à rien. Il étoit riche, homme du monde, ni oisif, ni travailleur, ni voluptueux, ni misanthrope. Il avoit arrêté de bonne heure le progrès de ses connoissances et de son esprit, s'en croyant beaucoup et méprisant les talens des autres. Il n'avoit jamais ressenti la moindre curiosité de pénétrer dans les affaires publiques, ni du dedans ni du dehors. Il se croyoit suffisament garni de principes pour les procès que l'on porte au conseil privé, sur le domaine, les matières féodales et bénéficiales, l'incommodité des privilégiés et les richesses du clergé. Il avoit lu tous les livres de recherches sur l'origine des tailles, et sur l'augmentation du droit d'aides. Il n'ignoroit pas dans quels temps avoient été créés les bureaux des finances et les élections, la date des ordonnances sur les gabelles, les *traites foraines* et les principaux tarifs.

C'est à une telle érudition que se réduisent les dispositions et les préparatifs de nos meilleurs magistrats pour administrer la chose publique : consécration des abus qu'ils savent, exclusion de toute philosophie politique, qu'ils regardent comme innovations dangereuses. Si jamais celui-ci s'étoit livré à l'esprit de réformation, il auroit voulu appauvrir le clergé en faveur du roi, détruire tout gouvernement municipal, connoître le produit des impôts par des régies, diriger le commerce par des entraves, en un mot corriger les abus par des abus plus grands encore.

M. *de Machault* représente cet ordre amphibie de magistrats qu'on nomme *maîtres des requêtes*, moitié courtisans, moitié jurisconsultes, petits maîtres au palais, robins à la cour. Cet ordre est pourtant devenu la pépinière des ministres et des intendans de province. Ces petits magistrats n'y portent pour la plupart que des connoissances de formes ; nulle élévation ni profondeur sur le fond du gouvernement. Ils réduisent tout à ce qu'ils savent, et excluent tout ce qu'il faudroit savoir et discuter. Ils ne trouvent que des difficultés à la simplification et à l'amélioration d'une régie plus utile et plus parfaite. La pratique des affaires contentieuses rétrécit singulièrement l'esprit. Tout réformateur paroît aux gens du palais un novateur dangereux ; ils ne veulent rien perdre de l'étalage de leur premier savoir. Réformer les abus dans un État est la science d'un citoyen, et non d'un juge ; et pourtant nous avons aujourd'hui plus de lois à réformer qu'à imaginer, et la confiance qu'on accorde à ces petits législateurs est un des grands malheurs de l'État. Ces magistrats portent dans l'administration des affaires publiques un cœur endurci par l'exercice de leur premier état ; ils sont habitués à prononcer tranquillement sur la vie, l'honneur et les biens des citoyens ; ils ont de bonne heure dépouillé la pitié, de cette guerre de plume et sans danger pour eux. De là vient une dureté froide, une inhumanité sans passion et sans fureur. La plupart de ces magistrats sont riches, et trouvent que tout va bien dans le royaume, parce que leurs rentes et leur portefeuille ne manquent pas. Ils exercent leur goût aux élégances du luxe. Ils ignorent les affaires et la situation des provinces; ils n'ont vu que les environs de Paris, où tout se ressent de l'abondance de la capitale et de la cour. De là résulte une indifférence habituelle sur la misère publique. Tels n'étoient point les sentimens de M. *de Sully*, lorsqu'il parvint à l'administration des finances, dont il s'acquitta si bien.

Nos anciens magistrats admis autrefois dans le conseil des rois avoient un fond d'études des belles-lettres, d'histoire et de toutes bonnes disciplines, qui leur inspiroit les idées du vrai sur le présent par le parallèle avec l'antiquité. Mais dans les études de nos conseillers modernes, rien ne remonte plus haut que le règne de Louis XIV et le ministère de *Colbert :* on regarde cette époque comme le siècle d'or de la France, comme le centre de toute perfection; on en prend les abus pour le principe, et l'esprit de courtisan achève leur éducation.

Nos hommes d'État parlent peu et pensent encore moins, soit par sécheresse, soit par politique. Ils ne reçoivent point de présents, mais ils n'éprouvent pas la moindre indignation contre ceux qui en reçoivent de toutes mains. Le crédit fait l'impunité. Les gens en place ne sont pas plus prévaricateurs que nos courtisans guerriers ne sont poltrons à la guerre. C'est la crainte du ridicule qui fait l'honneur; mais aucun d'eux n'a l'esprit de son métier, ni l'amour du devoir et l'émulation de se distinguer. Tout dépérit en de telles mains, et l'on ne veut point en observer les vraies causes. C'est que l'on attribue tout à l'esprit, et rien au cœur.

On ne se lassera jamais de voir chaque ministre prendre le même tour. Les premiers éloges sont aux manières; le second examen est au mauvais succès, le résultat à la méprise du choix et au désir universel d'un changement. On s'en aperçoit trop tard. Le remède à cela seroit de renvoyer les jurisconsultes aux procès, et de n'admettre à l'administration des finances que des citoyens et de bons pères de famille.

Le maréchal de Belle-Isle.

Ce général, négociateur, intendant et harangueur, est un des plus grands génies du petit siècle où nous vivons. La rareté en fait le prix. Il eût moins brillé en Grèce ou à Rome, dans ces temps de l'antiquité où l'amour de la patrie et de la liberté déployoit de bonne heure les talens et l'héroïsme. Mais sous une monarchie absolue, sous des ministres qui changent perpétuellement par les caprices du sérail, il faut dérober de bonne heure sa générosité à l'envie, n'avancer qu'à la sape, travailler sous terre comme les taupes, et se porter aux affaires générales par les intérêts particuliers. On est longtemps valet pour devenir maître. Encore est-on toujours tributaire de l'intrigue; on en essuie des revers après les prospérités, si la fortune cesse de seconder le parti qu'on a embrassé. C'est ce qu'éprouva le fameux surintendant *Fouquet*, aïeul du maréchal *de Belle-*

Isle. C'est ce que celui-ci essuya lui-même par la prison et par l'exil.

De là vient à nos personnages françois un certain air de bassesse mêlé de hauteur, où l'on ne sauroit reconnoître le héros : plus de circonspection que de prudence, plus de dextérité que d'urbanité, plus de caresses que d'affabilité, peu de sentimens, de l'étourderie dans les entreprises, de la lenteur dans l'action, une conclusion malheureuse, surtout peu de patriotisme.

Chacun est le centre de son cercle. Les esprits vastes peuvent bien posséder à la fois les détails de plusieurs districts; mais ils rapportent tout au leur avec excès. Ainsi l'homme de guerre veut tout mettre en feu, le négociateur tout en fourberies; le financier ne prétend que remplir les coffres du roi. Et le bonheur national, qui y songe? Personne. Si le peuple murmure, on dit que c'est le train ordinaire des choses : on ne songe qu'à le réprimer, mais non à le satisfaire.

M. *de Belle-Isle* est éloquent, persuasif et de grand courage. Mais son ambition n'est point fixée. Ami des excès en toutes choses, s'il étoit premier ministre il voudroit être régent, maire du palais, usurpateur de la couronne. Maître de tout pouvoir, que doit-on croire qu'il envisageroit dans ses vues? La vaine gloire pour la nation, celle qui détruit au lieu d'édifier, qui acquiert toujours et ne jouit jamais. Il gouverne ses propres affaires avec la même élévation inquiète, plus curieux d'honneur et de magnificence que de bonheur; plus occupé de vanité que de bon ordre; empruntant toujours, n'épargnant jamais; fécond en ressources, stérile en prévoyance; courant après l'avenir, et aveugle sur le présent.

Il se pique de constance et d'amitié pour ses anciennes connoissances. Il n'est pas dénué de sensibilité. Il partage son cœur entre la nature et l'ambition. Il a tiré de ce partage une félicité domestique que ne connoissent pas les autres courtisans. Il a des amis; il est adoré dans son domestique et de ceux qui l'entourent. Son élévation et son crédit lui ont procuré des créatures dévouées à sa cause . . . .
. . . .
. . . .
. . . .

En un mot, digne d'être chef par ses talens, on ne devroit l'employer qu'en second par ses défauts.

Son frère, le chevalier *de Belle-Isle,* passe pour être sa *Minerve.* On se trompe : le cadet, bien loin d'inspirer des vues à l'aîné, ne joue près de lui que le rôle de modérateur; il le contient autant qu'il peut. Pédant, circonspect, rétréci dans ses vues, sa première vertu est son amour pour son frère.

Le maréchal comte de Saxe.

Ce n'est pas le courage qui manque à nos militaires d'aujourd'hui : le noble mépris de la vie subsiste toujours chez nos guerriers, même chez nos courtisans les plus efféminés; mais, peu habitués à l'ordre et à la discipline, ils sont esclaves de leurs mœurs ; ils traînent partout les fers de la mode et du bon air. Ces mœurs sont l'intrigue et l'inapplication de la pratique. Pour la théorie, ils en ont de reste. Tous se croient permis de spéculer, de raisonner vainement, et de porter la géométrie, même la métaphysique, dans les considérations sur la guerre. Jamais on n'a tant vu de livres de tactique, de projets de campagne, ni de nouveaux systèmes pour l'exercice militaire, et jamais nous n'avons eu moins d'officiers taillés en généraux.

Dès qu'ils sont employés, ils dédaignent leurs charges. Selon eux, leur avancement ne va pas assez vite, leurs pouvoirs sont trop limités. Ils s'indignent de leur dépendance ; cependant c'est d'eux-mêmes que viennent les trois quarts de la gêne qui les contraint. Ils craindront plus de déplaire au moindre des favoris que de manquer au salut de la patrie. Le peu qu'ils font se tourne en longues apologies de leur conduite, et en critiques des ordres supérieurs. On manque de cette noble hardiesse qui saisit l'occasion, et qui, inspirée par de bonnes vues, est souvent heureuse sans témérité et sans emportement. On se renferme en des ordres étroits, mal exigés, mal dictés, et encore plus mal entendus. La négligence, le luxe, désolent nos camps. On ose louer un général françois de ce qu'il a fait une chère délicate au milieu de la famine. Il mange son bien avec celui des autres. Ce n'est point la violence, c'est l'extorsion et le péculat qui ont été ses moyens. Dans ses mouvemens à la guerre, il prend l'inquiétude pour les soins ; il fatigue inutilement l'armée; elle dépérit en tournant sur son axe. Il écrit de longues dépêches, et raisonne à perte de vue, au lieu d'agir à propos.

C'est donc la nécessité qui nous a réduits à nous servir d'étrangers. Les Allemands et ceux du Nord ont conservé aujourd'hui mieux que nous le véritable esprit de la guerre. Nous tirons de leur pays des hommes et des chevaux, plus robustes et plus nerveux que les nôtres. Les hommes y ont un flegme qui fixe le feu follet des François. Ils ne voient les choses que dans un sens, et ce sens est ordinairement le bon. Les principales règles de la guerre se réduisent à un plus petit nombre qu'on ne croit. Les étrangers ne varient point comme nous, ils perfectionnent; leurs vues, sans abstractions ni subtilités, sont une chaîne d'épreuves et de conséquences.

Voilà ce qui a formé le *comte de Saxe*, et l'a mis à la tête des affaires. Il n'aime que la guerre, le mécanisme et les beautés faciles; ôtez-le de ces trois articles, vous n'y trouverez qu'un soldat allemand désœuvré, sans propos. Un petit maître françois quitta le service en 1746, disant pour raison qu'il ne vouloit plus d'un métier où celui qui y excelloit étoit celui de la cour qui avoit le moins d'esprit. Le comte *de Saxe* a attiré ici le comte *de Lowendhal*, son ami. Ils sont à peu près du même caractère. Il faut convenir que ces deux étrangers ont laissé d'*abord bien loin derrière eux ce que nous avions de meilleurs lieutenans généraux*. On a eu beau déclamer et murmurer; leurs œuvres et leurs discours valoient mieux que l'éloquence et les promesses des autres. Tous deux aiment l'argent en Allemands; ils ne se piquent point de désintéressement. On voit ce qu'ils s'attribuent, tandis que nos François tâtonnent, grapillent et ne réussissent à rien.

Le maréchal de Maillebois.

On peut en dire autant du prétendu manque d'esprit et de génie que l'on reproche au maréchal *de Maillebois*, comme au comte *de Saxe*. A de telles conditions l'on est peu admiré des courtisans, mais utile à la patrie, et recommandé par l'histoire. Le maréchal *de Villars* disoit de celui-ci, quand il servoit sous ses ordres : « *Il n'a pas inventé la poudre, mais il ne la craint pas.* » C'est donc un véritable homme de guerre, en aimant jusqu'aux dangers, occupé de cet art et capable des plus grands projets. Son père, ministre d'État, rendit de grands services au feu roi par ses ressources dans l'administration des finances. Sa faveur ne valut à son fils que l'entrée dans les premiers grades militaires; il s'est avancé par ses actions et par son propre mérite. Il a réussi en plusieurs choses. Il a gagné une bataille en Italie en 1745 (à *Bassignano*). Sa retraite de Parme, l'année suivante, fut *meilleure qu'une victoire*. Il n'a pas toujours été heureux; mais il n'a été ni défait ni vaincu, comme nos maréchaux *de Tallard*, *de Villeroy* et *de Noailles*; il a seulement *manqué de vaincre*, *par des contre-temps imprévus*, par l'entêtement de nos alliés ou par des ordres de la cour trop pris à la lettre, comme à sa marche de Westphalie en Bohême. Il est mauvais politique, courtisan dur et farouche, grand chasseur, excellent père de famille.

Le duc de Richelieu.

Le duc *de Richelieu*, depuis maréchal de France [1], est favori du roi toutes les fois qu'il veut bien s'en donner la peine. Mais cette flatteuse familiarité ne lui suffit pas; il est possédé du désir d'entrer au conseil. Il a gouverné l'État pendant quelques mois, pendant la faveur de la feue duchesse *de Châteauroux*. Il avoit près de Sa Majesté tout le mérite de cet appareillage; il en eut toute la réprobation dans le public, il en essuya tous les hasards et les dégoûts.

Il se retranche aujourd'hui sur l'ambition de parvenir au commandement des armées; il l'espère, et s'y prépare par la présomption plus que par le travail. Le militaire craint sa future élévation; chacun dit qu'il ne voudroit pas être de son armée : on l'accuse de légèreté, de précipitation et d'étourderie.

Quoiqu'il ait du mérite personnel, il place toutes ses espérances dans la faveur aveugle, dans les grâces qui plaisent, dans l'illusion et la séduction, et non dans la justice ni dans le mérite des actions. Il outre l'opinion que nous devons avoir des défauts de la monarchie et de la foiblesse de notre siècle; il estime toutefois ce qu'il dédaigne. Il déconseille à ses amis les bonnes intentions et la vertu. C'est un misan-

1. Le 11 octobre 1748.

thrope de cour, qui la hait et qui la suit. Il possède toute l'expérience et la sagacité nécessaires pour bien démêler les hommes; mais il en veut plus à leurs foibles qu'à leurs bonnes qualités; il étudie les premiers, et rejette les secondes comme hors d'œuvre. Il méprise nos ministres, et se garde bien de les blesser; cependant son humeur satirique perce à travers ses complaisances et ses radoucissemens. Il en est craint et détesté.

Ce qu'il a de plus propre au ministère, c'est ce qu'on appelle le *ton*. Je doute que son grand oncle, le cardinal de Richelieu, eût plus que lui cette parole véhémente et affirmative qui subjuguoit si bien le foible Louis XIII. Vues compliquées, desseins faciles en apparence, mais arrêtés à chaque instant par des hasards apprêtés, perspectives de gloire, besoins attachés à la toute puissance du ministre. C'est par une telle adresse qu'il sut se rendre le maître de son roi. Mais, si le sort du royaume nous donnoit un second *Richelieu*, répondroit-on que la fortune vînt toujours au secours de l'imprudence? Son histoire est singulière jusqu'à présent. Dès l'âge de douze ans il a fait parler de lui dans le monde. Il fut mis trois fois à la Bastille, pour trois causes capables d'illustrer un héros de cour : *pour avoir fait l'amoureux de la Dauphine, mère du roi; pour un duel, et pour une conspiration contre l'État.* Depuis ce temps, il a éprouvé plusieurs fois la faveur et la disgrâce. Son amour des voluptés aspire plus à l'ostentation qu'aux véritables délices. Il est prodigue sans magnificence et sans générosité, il épargne sans conduite. Il a de l'habileté et du désordre dans les affaires domestiques. Telle est la pratique de celui de nos contemporains qui a mérité le nom d'*Alcibiade françois*. (Ce parallèle donne bien du rabais à la France sur la Grèce. Un petit maître vif et courageux est le nôtre; mais il n'est encore connu ni comme général, ni comme homme d'État.)

Il est fort à la mode parmi les femmes; les prétentions, les jalousies des coquettes, lui ont procuré quantité de bonnes fortunes. Jamais de passion, beaucoup de débauche, des voluptés sans plaisirs. Il a trompé un sexe foible; il a pris les sens pour le cœur. Il n'est pas assez heureux pour posséder un ami. Il est franc par étourderie, méfiant par mépris des hommes et par finesse, désobligeant par insensibilité et misanthropie.

Tel est le triste modèle que suit une nation gaie et légère comme la nôtre. Plus il y a de supériorité dans les caractères, plus il y a de contrastes dans les qualités qui se détruisent l'un l'autre.

L'ancien évêque de Mirepoix, chargé de la feuille des bénéfices et des affaires ecclésiastiques du royaume.

Le cardinal *de Fleury* s'étoit fait un tel système d'éducation pour le Dauphin, qu'il ne trouvoit rien d'assez borné pour y commettre. Il prétendoit préférer les bonnes mœurs à l'esprit, et bannir l'intrigue de ces sortes de places, qui donnent grand crédit. Il pouvoit travailler de bonne foi, d'après sa propre expérience; mais il ne songeoit pas que les sots ont aussi leur danger : ils sont méchans, et capables du mal plutôt que du bien. Ces gens-là ont certainement affoibli le caractère et l'esprit du prince destiné au bonheur de la nation. M. *Boyer*, ancien évêque de *Mirepoix*, avoit été longtemps *théatin*, lorsqu'il se fit une espèce de réputation par ses sermons. La direction des consciences de quelques femmes de la cour acheva de le faire remarquer. Il parvint à la prélature. On le qualifia de *bon homme*, de *très-honnête homme*. La religion et le cloître ont effectivement tiré de lui tout le parti possible; mais quand il a été mis dans un plus grand jour, on a reconnu le vide de son caractère; beaucoup de qualités négatives, nulle positive. Il n'est ni méchant, ni bon, ni fourbe, ni droit, ni turbulent, ni pacificateur. Il se laisse aller aux conseils d'un faux zèle; il n'écoute que ce qui séduit.

A la mort du cardinal, le roi nomma ce vieil évêque pour être chargé de la *feuille des bénéfices*. Son Éminence l'avoit ainsi inspiré à Sa Majesté, pour frustrer malicieusement le cardinal *de Tencin* des plus hautes espérances qu'il avoit conçues de gouverner le royaume, ou au moins l'Église gallicane. Le district des bénéfices est un ministère fort important. La cour le considère par des vues d'intrigues et de personnalité pour celui qui en est chargé. On y distribue de riches traitemens et des places éminentes à la haute noblesse. Plutus y préside, et l'Esprit-Saint en est rejeté. Quant aux intérêts de l'État, il s'agit d'accorder le sacerdoce avec l'empire, d'exercer la suprématie royale sur l'Église, de s'arrêter là où finit le pouvoir politique et où commence le spirituel, de seconder les parlemens en réprimant toute entreprise qui mèneroit trop vite et trop loin. Pour tenir ce juste milieu, il faut bien connoître nos droits, posséder l'esprit du gouvernement, être homme d'État, discerner et deviner les hommes; il faut un juste mélange de foi et de mondanité, de droiture et de politique, un plan de conduite constant, suivi et même adroit; et toutes ces qualités ne se peuvent guère rencontrer chez un vieux moine.

Aussi tout le monde à la fois se plaint-il de l'évêque de *Mirepoix*, grands et petits, clercs et laïcs. Il est à la fois le soliveau et l'hydre de la fable des Grenouilles. Il laisse tout aller par excès de zèle pour la religion et pour le progrès des mœurs. *Il est persécuteur sur les bagatelles, et place la constitution Unigenitus fort au-dessus de l'Évangile.* Il parle beaucoup quand il refuse, il pense peu à ce qu'il accorde. Il aggrave les refus par des espèces d'insultes, au lieu de les adoucir par le silence et l'espoir. Il ne sait point assaisonner la vérité, ni la faire passer aux hommes par la conviction et la politesse. Je veux croire qu'au fond il aime ce qu'il professe, mais on peut lui appliquer ce vers de Corneille :

O dieux! que de vertus vous me faites haïr!

Il cède cependant par foiblesse, par condescendance pour les intrigues qui sont favorables à son crédit. De degrés en degrés, il est devenu le plus grand persécuteur des jansénistes qui ait encore troublé l'église de Dieu, et il surpassera jusqu'au célèbre père *Le Tellier*.

CHAPITRE III.

TABLEAU DES AFFAIRES GÉNÉRALES EN NOVEMBRE 1744.

On prétend qu'une république françoise ne seroit pas plus sage que la monarchie, telle qu'elle nous gouverne depuis quatorze siècles; l'esprit national seroit le même. Nation brave, spirituelle, inquiète et légère, ses malheurs viennent de ce mélange de bonnes et mauvaises qualités. Elle a le pouvoir avec la volonté; elle ignore ce qu'elle peut, et plus souvent encore présume au-delà de ses forces. Elle entreprend inconsidérément; elle poursuit ses desseins avec impatience. Elle se lasse de ses propres succès, et se décourage par le premier échec. L'intervalle est court entre les plus grandes preuves de courage et les effets de notre mollesse. *Nos chefs sont François comme nous. Nous nous accommodons mal du ministère ou du commandement des étrangers.*

Ajoutez aux défauts nationaux ceux qu'entraîne l'absolu pouvoir. Quand il ne s'agit que de dire pour que les choses soient faites, que doit-il en résulter chez un grand peuple livré à un seul homme et aux idées les moins réfléchies? C'est en France que le pouvoir arbitraire a été le plus loin et le plus vite; les autres empires passés et présens y ont toujours conservé quelques barrières. En France, il n'y en a qu'une seule, non apparente, mais présumée. *Un souverain qui choqueroit trop nos mœurs y exciteroit des révoltes*, et ces révoltes s'élèveroient peut-être avec plus de soudaineté et de fureur que parmi tout autre peuple de l'Europe; mais peu après les François adoreroient la royauté qu'ils viendroient de déchirer, *tant leur obéissance est d'habitude invétérée*. Notre imagination est amie des excès plus que notre tempérament. On voit chez nous peu d'hypocrisie, nulle constance dans les rôles simulés. La naïveté nous est naturelle, et la fourberie étrangère. Un fond de bonté répare les actions les plus criminelles. Dieu nous pardonne les mauvais traits, par la connoissance qu'il a des causes. Les têtes s'échauffent, puis se refroidissent, comme le fer qui rougit au feu et qui devient ensuite froid et poli. Légèreté partout, et plus encore dans les grandes choses que dans les petites.

Le règne de Louis XIV a été comparé à celui d'*Auguste*. Les beaux-arts y passèrent tout à coup de la barbarie à la plus grande perfection. On laissa le génie et le goût prendre l'essor. Il y eut moins de critiques que de découvertes et d'émulation. La magnificence y encouragea; elle venoit du prince et des grands seigneurs. La politique, la guerre et l'administration de la justice furent traitées sous ce règne comme arts, et non comme moyens de rendre l'État heureux en consultant ses véritables intérêts. On y voulut des chefs-d'œuvre brillans, et non des établissemens solides. On publia des codes qui ont multiplié la chicane au lieu de l'éteindre. Enfin, *Louis le Grand* a ruiné toutes les ressources de l'État par ses dépenses et par ses emprunts. Sa mémoire et sa gloire dépérissent chaque jour et se tournent en reproches.

A sa mort, la France se trouvoit en paix. Le régent fit d'abord plusieurs traités sans nécessité. Il voulut satisfaire sa haine contre la cour d'Espagne : il se lia étroitement avec l'Angleterre ; il accrut la puissance autrichienne, et méprisa nos maximes fondamentales. Le testament politique du cardinal *de Richelieu*, quel qu'en soit l'auteur, nous donne sur cela la meilleure règle, qui est de *diminuer cette puissance jusqu'à ce que l'Empereur ne soit pas plus grand terrien que le plus riche électeur*. Malheur à nos affaires au dehors, quand les passions, la mollesse ou toute autre séduction en changent les principes ! C'est un plus grand malhour encore quand ils varient à chaque mutation de règne ou de ministre.

Cependant la régence de M. le *duc d'Orléans* ne fut qu'une heureuse paix de huit années, si l'on en excepte cette petite campagne de 1719 contre l'Espagne. Elle avoit pour but principal de chasser le cardinal *Alberoni* du ministère d'Espagne, et l'on y parvint. La politique de celui-ci, trop élevée et trop entreprenante, ne put tenir à la fois contre l'Autriche, la France, l'Angleterre, et contre sa propre témérité. Après ce coup-là, le régent donna le ton aux affaires générales de l'Europe.

A sa mort, le roi de Sardaigne disoit de lui : *Il nous menoit et nous menoit bien*. En effet, la France est si puissante qu'elle maintiendra la paix générale tant qu'elle voudra. C'est une grande affectation de craindre pour nous l'agression de nos voisins. Que l'on discute toutes les positions où nous sommes entrés en guerre depuis Charles VIII, on trouvera que nous avons été chaque fois les agresseurs. On nous redoute. Louis XIV avoit ajouté l'envie à la crainte qu'on avoit de nous. Nous pouvons réellement dire comme Mithridate :

Tes plus grands ennemis, Rome, sont à ta porte.

On ne sauroit croire à quel point notre État est trahi par l'hypocrisie de la cour, par la fausse politique des courtisans, par l'avidité des financiers. Les uns nous dépeignent, suivant leurs vues ou d'après leur seule légèreté, tantôt en danger d'être envahis, tantôt d'une telle supériorité que nous pouvons tout conquérir sans obstacle. Les autres portent le gouvernement à la tyrannie, sous prétexte de prévoyance et par de faux intérêts de commerce.

Le monarque a bien plus à faire de rejeter cette quantité de mauvais conseils qu'à en prendre de bons pour se conduire. Ce n'est pas en habile politique qu'il faudroit conduire les affaires du dehors, ce seroit en particulier éclairé et scrupuleux sur les règles de l'honneur et de la justice. Il ne faut montrer à nos voisins ni peur ni avidité : le maître d'un aussi grand État que le nôtre n'a aucun motif d'avoir ni l'une ni l'autre. Alors toute l'Europe recourroit naturellement à son arbitrage. *Sûreté* et *honneur* sont tout ce qu'il faut à un État comme à un particulier, *et le plus homme de bien y fera mieux que le plus subtil.*

M. le duc de Bourbon renvoya en Espagne

l'infante destinée à épouser le roi : cet affront n'excita qu'une vaine fureur contre nous ; l'Empereur y profita d'une vingtaine de millions de subsides ; la paix formelle fut signée entre les cours de Vienne et de Madrid. Nous recourûmes à une nouvelle alliance avec l'Angleterre ; par là nous procurâmes aux Hollandois la révocation de l'*octroi d'Ostende*. Notre sort est de leur faire obtenir tous les biens dont ils jouissent ; le leur, de nous en savoir peu de gré ; car en politique les bons offices, comme les injures, sont attribués au désir de se nuire les uns aux autres.

Le cardinal *de Fleury* prit le timon des affaires en 1726 ; son ministère a duré dix-sept ans. C'étoit un vrai roi : il avoit du monarque *jusqu'au besoin d'un premier ministre, pour le gouverner plus que pour le seconder*. Son règne se ressentit donc des choix bons ou mauvais qu'il fit pour le ministère. La première année, il répara le désordre des finances par le travail de M. *le Pelletier des Forts ;* il fut ingrat, et disgracia ce ministre par suite d'une tracasserie. Il trouva dans le garde des sceaux *Chauvelin* toute la supériorité, toute l'activité nécessaires pour relever la réputation de la couronne : une cabale de cour, de femmes, de dévots, et *même d'étrangers*, a renversé la fortune de ce ministre au milieu des plus grandes prospérités ; on profita de la jalousie que ses succès inspiroient au cardinal. Depuis sa disgrâce, le cardinal se livra sans réserve à l'ascendant de M. *de Maurepas*.

Le cardinal ne montra personnellement que de la timidité et de la parcimonie dans les petits objets. Sous lui l'intrigue des courtisans, la mollesse dans le commandement, les mauvaises mœurs et la bulle *Unigenitus* firent de grands progrès. La guerre devint nécessaire, par l'excès d'humeur pacifique à toute épreuve qu'avoit manifesté le cardinal. Les mesures qu'y prit M. *Chauvelin* furent si bonnes que nous fîmes de grandes conquêtes sur la maison d'Autriche, avant que les puissances maritimes eussent délibéré si elles s'y opposeroient. Mais on fit en même temps apercevoir au cardinal que son adjoint l'embarquoit dans une trop longue entreprise; on le piqua du vain honneur de pacifier l'Europe par lui seul. Ce qui nous resta de bon à la paix générale fut l'ouvrage de M. *Chauvelin;* le reste vint du cardinal *de Fleury*.

Depuis ce temps, nos négociations ne furent plus que des tracasseries. M. *de Maurepas* gouvernoit les affaires étrangères sous le nom de M. *Amelot*, sa créature. Le ministère présentoit à la fois le spectacle de l'anarchie et de la tyrannie.

Sur la fin de l'année 1740, l'empereur Charles VI mourut. En lui finit la maison d'Autriche, dont la branche aînée s'étoit déjà éteinte en 1700.

L'Europe se fit une sorte de devoir de célébrer l'extinction des deux branches par le fléau de la guerre. On dit au roi qu'il étoit *comptable envers la postérité des efforts qu'il feroit dans cette grande conjoncture*. La guerre fut donc résolue par nos courtisans sans autre motif. Le cardinal avoit conçu une tendre prédilection pour l'héritière de l'Empereur depuis les préliminaires de 1735; il lui écrivoit comme un père à sa fille; mais le roi ordonna la guerre, et elle se fit.

Les lettres du cardinal au maréchal *de Belle-Isle* sollicitoient celui-ci de tracer un plan de campagne pour l'Allemagne. Il s'en défendit quelque temps. Il connoissoit notre gouvernement, sa facilité à entreprendre par légèreté, à abandonner ensuite par défaillance. Le caractère du maréchal étoit, au contraire, de partir de la sagesse pour s'emporter jusqu'à l'extravagance; les difficultés l'animent vers ce qu'il poursuit, et les succès l'élèvent. Il commença donc à travailler à son plan d'Allemagne, et bientôt il donna *du beau;* semblable à ces architectes que leur crayon emporte malgré eux, et qui ruinent leurs amis ne sachant pas borner les dépenses.

Suivant ce plan, il ne s'agissoit pas moins que d'exécuter le fameux projet de Henri IV dont il est parlé dans les *Mémoires de Sully : chasser la nouvelle maison d'Autriche hors d'Allemagne, et la renvoyer en Hongrie; nous rendre les distributeurs des États héréditaires par un nouveau partage,* et ne rien garder pour nous. Mais il y avoit des reproches à nous faire que n'eût pas encouru Henri IV. Nous venions de signer et de garantir, par le traité de 1738, l'indivisibilité de la succession autrichienne en faveur de la reine de Hongrie. *Pour prix de cette garantie, nous avions obtenu la cession de la Lorraine pour nous, et des Deux-Siciles pour la branche espagnole.* Sous quel prétexte pouvoit-on revenir contre une signature si fraîche? Nous n'avions à alléguer que des sophismes, des chicanes, des subtilités. L'injustice publique affoiblit plus les grands États que l'exercice d'un grand pouvoir ne les fortifie par la terreur qu'ils inspirent.

Nos petits ministres, imaginant peu et n'exécutant rien pour un si vaste projet, furent effrayés de l'ascendant que prenoit le maréchal *de Belle-Isle ;* ils se concertèrent pour nuire à son crédit. On lui promettoit tout quand il étoit à la cour, et dès qu'il étoit parti on en retranchoit la majeure partie. On flattoit le cardinal par l'économie, par l'abréviation du projet, par l'approximation de la paix. Rien n'étoit plus vrai cependant qu'une telle entreprise ne pouvoit succéder que par la *prodigalité et la soudaineté ;* c'eût été l'affaire d'une seule campagne, si le conseil en avoit bien adopté l'esprit, et ne l'eût point traversé, comme il a fait.

De tous les moyens employés pour le faire échouer, le plus efficace fut d'envoyer le maréchal *de Broglie* commander l'armée de Bohême, à la place du maréchal *de Belle-Isle,* dès la première douleur de sciatique qu'éprouva ce dernier. Ils étoient ennemis et rivaux de fortune. Le roi de Prusse haïssoit personnellement le maréchal, pour en avoir été mal reçu à Strasbourg [1]. Le maréchal s'étoit hautement déclaré contre l'entreprise dont on lui confioit l'exécution ; il en avoit annoncé le plus mauvais succès, et certes s'il y avoit moyen d'en assurer la chute, c'étoit d'en charger celui qui en avoit si mal auguré. Véritablement, le maréchal *de Broglie* continua à mal parler de cette entreprise tout le temps qu'il passa en Allemagne, jusqu'en 1743 *qu'il rentra en France avec les débris de son armée.* Puis il fut envoyé en exil, où il est mort.

1. Lors du voyage que ce prince fit *incognito* en 1740.

Le roi de Prusse commença l'attaque des pays héréditaires de la maison d'Autriche par la conquête de la Silésie. Il n'y eut jamais de coup si téméraire, car la maison d'Autriche *est implacable par principe*, et il devoit craindre qu'elle ne fît de lui un exemple effrayant, comme de tant d'autres princes vassaux de l'empire qui ont osé se tourner contre elle.

La maison de Bavière avoit des droits certains à la succession de Charles VI. Ces droits étoient même indépendans de ceux auxquels l'électeur régnant a renoncé en épousant l'archiduchesse *Joséphine*. Nous avons avec cette maison d'anciens traités pour les faire valoir, et ce fut là le prétexte dont nous nous couvrîmes pour contrevenir à notre garantie de la Pragmatique. Le maréchal *de Belle-Isle* s'étoit attaché à la Bavière; il y tenoit par son alliance avec la maison *de Luynes*, de laquelle étoit le prince *de Grimberghe*[1], ministre de Bavière. Il en désira vivement la fortune; il contribua à la nomination de l'électeur à l'empire.

Cependant la maison de Bavière n'avoit aucun prince sur le mérite duquel on pût compter, et son ministère étoit à proportion encore plus mauvais que le nôtre. Pourtant, à force d'argent, profitant de la misère et de l'étonnement de la reine de Hongrie, l'élection fut bientôt faite. La conquête de la Bohême ne fut qu'un voyage; on prit Prague par intelligence; on s'empara de Lintz, capitale de la haute Autriche; on mar-

1. Louis Joseph d'Albert *de Luynes*, prince *de Grimberghe*, ambassadeur de l'empereur Charles VII en France.

cha jusqu'à la vue de Vienne, et pendant ce temps le roi de Prusse achevoit la conquête de la Silésie.

En même temps nous envoyâmes une armée considérable en Westphalie, sous les ordres du maréchal de *Maillebois*. Elle entra à *Dusseldorf*, et s'étendit jusqu'aux frontières du pays d'Hanovre. Ainsi nous contînmes les deux puissances maritimes, car les Hollandois obéissent à l'Angleterre, et les Anglois à leur roi. Celui-ci ne reconnoît pas d'intérêts au monde plus puissans que ceux de ses États héréditaires d'Allemagne. Ainsi le monarque anglois fut facilement amené à signer un honteux traité de neutralité, traité qui ne tint qu'autant que l'électorat d'Hanovre fut en danger.

Le roi de Pologne, électeur de Saxe, entra dans le même dessein d'attaquer l'héritière d'Autriche, et de la dépouiller de ses États héréditaires d'Allemagne. On lui en promit de bons morceaux à sa convenance. Par l'événement, l'électeur palatin fut attiré dans notre ligue, par reconnoissance pour l'accommodement que nous lui procurâmes avec le roi de Prusse au sujet des pays de *Berghes* et de *Juliers*. On y ajouta des espérances d'agrandissement, et la crainte de notre voisinage nous donna sur lui un grand ascendant.

Mais le plus grand et le plus essentiel article de ces vues devoit être *l'agression de l'Autriche en Italie*. Le maréchal de *Belle-Isle* ne s'en occupa pas, soit qu'il trouvât avoir déjà assez d'affaires en Allemagne, soit qu'il craignît de diminuer en Italie le pouvoir du nouvel empereur de sa création. Cette partie fut donc abandonnée aux tergiversations du cardinal, à nos terreurs de l'Espagne, à l'incertitude de notre politique vis à vis le roi de Sardaigne et les autres puissances italiques. En 1733, M. *Chauvelin* avoit montré, pendant son ministère, que rien n'étoit plus facile que de *chasser les Allemands d'Italie;* mais pour cela il falloit un accord parfait entre les trois couronnes de France, d'Espagne et de Sardaigne. Les passions de la reine d'Espagne demandoient toujours trop. Le roi de Sardaigne ne pouvoit souffrir l'établissement d'un second infant en Italie sans un agrandissement pour lui-même. On se défioit à Turin des desseins, de la volonté, de l'administration du cardinal de Fleury. On avoit trompé le roi de Sardaigne à la paix de 1735; par cette raison, il devenoit plus difficile à ramener. Il avoit déjà éprouvé l'ascendant de la cour d'Espagne sur celle de France.

Bientôt le roi de Sardaigne se persuada qu'il ne pouvoit rien conclure de solide qu'avec nos ennemis. Pour en arracher ce qu'il pourroit, il leur fit peur de s'allier avec nous. Il poussa cet expédient jusqu'à faire signer par son ambassadeur à Paris un traité secret en juin 1743. Quinze jours après il en signa un autre à *Worms* avec l'Angleterre; il y obtint la promesse de plusieurs cessions dans le Milanois, et de *Final,* qui appartient aux Génois.

C'étoit une grande injustice envers cette république; on lui faisoit payer ce que la reine de Hongrie refusoit de donner, pour s'assurer le roi de Sardaigne. On prenoit pour prétexte une vieille faculté de réméré au sujet de Final, dont on compensoit le prix par quelques dégradations de fortifications. Cette injustice devint la pomme de discorde en Italie; elle nous valut l'alliance des Génois par le traité *d'Aranjuez*, et par là une entrée en Italie.

Le conseil de Versailles affecta de se montrer extrêmement piqué du manquement du roi de Sardaigne; il porta le roi à signer peu après *le traité de Fontainebleau*[1]. Sa Majesté dit depuis à M. d'Argenson qu'elle ne l'avoit signé que malgré elle. Par ce traité, on alloit au devant et même par delà les désirs de la reine d'Espagne. Nous nous engageâmes à faire en faveur de *Don Philippe* les plus grandes et les plus impossibles conquêtes en Italie. Le cardinal *de Fleury* venoit de mourir; sa circonspection, si ce n'est sa capacité, l'eût détourné d'un tel engagement. Mais les ministres prédominans alors au conseil étoient indignement dévoués à l'Espagne et à ses faveurs.

Jusque là nous n'avions fait qu'amuser l'Espagne. *Don Philippe* étoit entré en France par le Languedoc avec une armée d'Espagnols. Il avoit séjourné longtemps et inutilement à *Antibes*; il s'étoit plaint de ce que le *pont* n'étoit pas prêt. Il s'étoit emparé de la Savoie. On avoit fait quatre transports de troupes espagnoles en Italie. Le roi de Naples avoit été menacé par une escadre angloise. En vain demandoit-il la neutralité dans une guerre qui ne le regardoit pas; une armée autrichienne avoit traversé et pillé l'État de l'Église pour l'aller détrôner. Le général *Gages*, avec des forces espagnoles, vint le sou-

1. 25 octobre 1743.

tenir, et le fit avec bonheur. Mais, par une fort mauvaise politique, tous nos traits se dirigeoient contre le roi de Sardaigne; nous ne voulions plus donner qu'à ses dépens un établissement à *Don Philippe*. Au lieu d'entrer dans la maison que l'on convoitoit, on ne s'amusoit, pour ainsi dire, qu'à battre et à piller le portier; il eût fallu bien plutôt l'attirer et le gagner par des promesses sincères.

D'un autre côté, tandis que le roi d'Angleterre étoit avec nous en traité de neutralité pour Hanovre, les deux puissances maritimes prodiguoient ouvertement des subsides immenses à la reine de Hongrie. Milord *Stair*, général anglois, déclamoit contre nous à la Haye avec plus de fureur encore que du temps de nos désastres de 1708 et 1709. Les Hollandois firent quatre levées de troupes. La reine de Hongrie se trouva en état de mettre sur pied de grosses armées, et tira du fond de la Hongrie des bandes irrégulières, qui effrayèrent plus par leurs figures et leur cruauté qu'elles n'opérèrent par leurs forces. La chance tourna en Allemagne. L'élection de l'empereur Charles VII sembla être le terme de nos succès. Nous fûmes chassés de *Lintz* par une capitulation honteuse et inouie [1] jusque alors. Les Autrichiens s'emparèrent de la Bavière, et y mirent tout au pillage. Le maréchal *de Broglie* se tint dans un camp retranché tout l'hiver, et pendant ce temps les armes ennemies firent de grands progrès. Les efforts de la reine de Hongrie se tournèrent contre le roi de Prusse. Elle perdit une bataille,

1. Celle du marquis *de Ségur*.

céda la Silésie, et la paix qu'elle conclut avec ce prince lui permit d'employer toutes ses troupes contre nous.

Le roi de Prusse se défioit, à la fois, et de notre politique et de la direction de nos forces. Il avoit pensé perdre la bataille qu'il venoit de gagner. On lui offroit *la Silésie pour lui, et rien pour le roi de Pologne, qu'il n'aimoit pas.* L'Angleterre garantit cette paix. Ce fut certainement un méchant trait de politique, que de nous abandonner aussi lâchement. De là vint notre fuite précipitée. Nous fûmes enfermés dans Prague. Le maréchal *de Belle-Isle* y montra sa bravoure et son activité; le maréchal *de Broglie,* sa mauvaise humeur. Le premier y fit la plus belle défense dont parle l'histoire.

Le roi se détermina à faire marcher en Bohême l'armée de Westphalie, qui assuroit la neutralité de l'Angleterre. On délivra par là l'armée françoise assiégée dans Prague. *Mais on défendit au maréchal de Maillebois de hasarder son armée au sort d'une bataille.* Elle se replia sur le Danube, et de là en Allemagne. Les ennemis levèrent le siége de Prague, mais sans s'éloigner. Le maréchal *de Belle-Isle,* après sa belle défense, fit une retraite qui parut incroyable à la première nouvelle qu'on en eut à Paris; il ramena son armée saine et sauve à *Egra,* frontière de Bohême, pendant les grandes gelées de 1743.

Dès que l'État de Hanovre fut délivré de craintes, ce qu'on avoit prévu arriva : les puissances maritimes agirent ouvertement contre nous; on ne parla plus que d'abaisser la France. L'acharnement de la malheurense guerre de la succession d'Espagne parut revivre chez nos ennemis. On voulut nous attaquer de toutes parts; on prit les plus grandes et les plus fortes mesures contre nous. Cependant nous n'étions formellement en guerre contre personne; nous étions seulement auxiliaires d'Espagne et de Bavière. Les Hollandois et les Anglois marchèrent vers notre frontière de Flandre, où il fallut assembler une armée françoise. En Franconie, nous perdîmes la bataille de *Dettingen;* il y périt quantité de braves, et cela dans la plus belle occasion qu'eut jamais armée françoise d'anéantir les forces militaires d'Angleterre. La Bavière fut reprise une seconde fois par la reine de Hongrie, et l'Empereur, abandonné à lui-même, commença une triste négociation à *Hanau,* où il traitoit de sa liberté, en conservant à peine quelque apparence de droit à la couronne impériale. Le maréchal *de Noailles* autorisa cette honteuse négociation; mais la dureté et la mauvaise foi du conseil de Vienne n'en permirent pas la conclusion. Nous restâmes le surplus de cette campagne de 1743 sur la défensive de tous côtés.

Au début de l'année 1744, la France tenta une entreprise contre l'Angleterre en faveur du prince *Charles Edouard*, fils du prétendant. Le moment de l'équinoxe, et le temps où le parlement étoit assemblé, furent précisément choisis pour cette équipée. Il fallut débarquer presque aussitôt qu'embarquer, et cette fausse mesure fut très-nuisible à notre commerce; car c'étoit déclarer soudainement et sans avertissement préalable la guerre aux Anglois et à la reine de Hongrie.

Le roi prit alors la glorieuse résolution de se mettre à la tête de ses armées, à l'ouverture de la campagne de 1744. On choisit le théâtre de *Flandre* comme le plus brillant, et l'on peut dire qu'en cela *la raison politique cessa de présider à la raison de guerre.* On négligea toutes les autres frontières pour celle-ci, que l'on eût pu défendre avec peu de forces. Il est visible que la flatterie seule imagina de conquérir la Flandre, au lieu de continuer la guerre en Allemagne, et d'y ranimer le zèle de nos alliés. L'intérêt des frères *Pâris*, munitionnaires, celui des favoris, des intendans, des régisseurs, des tireurs de contributions, l'avidité, la friponnerie, la cabale de cour, présidèrent à cette décision. Cette attaque inconsidérée des Pays-Bas a failli causer la perte du roi de Prusse; elle a été inutile, nuisible; elle n'a fait qu'irriter nos ennemis, et fournir à la cour de Vienne des alimens pour persuader à l'Europe son ancien système de 1701, de détruire la puissance françoise, si inquiète et si redoutable.

Comme le roi commençoit la campagne de 1744, un ministre hollandois vint à *Arras* proposer la paix [1]. On rejeta avec hauteur les premiers essais de cette négociation; on affecta de l'indignation du peu qu'il proposoit pour la gloire du roi, comme si de semblables pourparlers devoient présenter d'abord tout ce qu'on obtient peu à peu. On pouvoit agir en guerre, et écouter en politique; mais le ministère vouloit *la conquête des Pays-Bas;* il excitoit le roi contre la république

1. M. *de Wassenaer.*

de Hollande, comme faisoit M. *de Louvois* près de Louis XIV en 1672.

Le roi avoit déjà pris avec facilité trois ou quatre places en Flandre, lorsqu'il apprit que le traître *Seckendorf* avoit laissé passer le Rhin au prince *Charles*, avec quarante mille hommes. Si le maréchal *de Coigny*, qui défendoit le Rhin, avoit eu assez de troupes, il n'eût pas confié le poste principal au général Bavarois; mais on avoit formé l'armée de Flandre aux dépens de celle du Rhin. Le roi prit sur-le-champ la résolution d'accourir avec trente mille hommes sur la frontière d'Allemagne. Et l'on doit observer que le maréchal *de Saxe*, laissé en Flandre avec ses trente mille hommes de moins, suffit à y défendre notre frontière, sans que les ennemis aient pu entreprendre la moindre chose le reste de la campagne.

On paroissoit assuré *de battre le prince Charles avant qu'il pût repasser le Rhin*; mais deux choses s'y opposèrent : l'une, que le roi tomba malade et fut à l'extrémité à Metz; l'autre, que le maréchal *de Noailles*, devenant généralissime en l'absence du roi, fit plus mal encore devant le prince *Charles* qu'il n'avoit fait l'année précédente devant le roi d'Angleterre à *Dettingen*; il perdit son temps, il parut ne savoir quel parti prendre; il laissa les Allemands repasser tranquillement le Rhin, après avoir pillé et dévasté la basse Alsace impunément. Nous y perdîmes même plus qu'eux dans une échauffourée de nuit, où nous nous culbutâmes les uns sur les autres à la rencontre d'un détachement ennemi. Depuis ce temps, le roi résolut de ne plus confier de commandement au maréchal *de Noailles*. Soit hasard, soit conseil, il est certain que ce général a bien servi en toute rencontre nos ennemis de la maison de Lorraine; il s'est allié avec eux, et tire à grand honneur d'avoir marié sa fille à un prince de cette maison [1].

Le roi, arrivant en Alsace, assiégea *Fribourg* et rasa cette place. Si l'on eût conseillé au lieu de cela à Sa Majesté d'aller assiéger *Ingolstadt*, on en avoit le temps, et les affaires se fussent tournées bien différemment.

Pendant ce temps, M. le prince *de Conti* avoit passé les Alpes avec grand courage, gagné une bataille brillante, mais inutile, et assiégé *Coni*, dont il fallut presque aussitôt lever le siége, puis repasser les monts à l'approche des neiges.

Mais un autre événement, plus grand et plus essentiel, fut que le roi de Prusse attaqua de nouveau la reine de Hongrie. Son prétexte fut de soutenir le chef de l'Empire, qui étoit chassé et dépouillé. Nous payâmes largement les frais de ce nouvel armement. MM. *de Belle-Isle, Chavigny* et *Séchelles*, magnifiques dépensiers de l'argent des autres, réglèrent à 28 millions annuels notre subside de ce traité, appelé l'*Union fédérale de Francfort*. Le prince *Guillaume de Hesse* y promit des troupes, qui étoient alors engagées avec l'Angleterre. L'*Électeur palatin* s'y déclara aussi pour nous; il devoit augmenter ses troupes, et nous, les payer; on lui promettoit d'augmenter ses États. Nous faisions de semblables promesses

1. Charles de Lorraine, *comte d'Armagnac*, grand écuyer de France.

à nos nouveaux alliés. Le roi de Prusse devoit encore s'accroître, et la France devoit aussi conquérir pour elle-même en Flandre.

On commença par agir avec imprudence et grand abus de nos nouvelles forces. Le roi de Prusse regardoit l'armée du prince *Charles* comme écrasée, et devant tomber entre nos mains derrière le Rhin. Dans cet espoir, il fit une pointe en Bohême, conquit ce royaume et surprit *Prague*. L'Empereur se pressa de retourner à *Munich* et s'étendit jusqu'à *Passau*, laissant derrière lui *Ingolstadt*, qui est la clef de son pays. Par là, il se trouva sans troupes, parce qu'il les dispersoit trop, et sans magasins pour les rassembler dans le besoin, ne pouvant ainsi se soutenir jusqu'au printemps. Le prince *Charles*, s'étant retiré de son mauvais pas derrière le Rhin, marcha promptement en Bohême, et fit retirer le roi de Prusse dans la Silésie.

La reine de Hongrie profita de ces nouveaux avantages, acquis au moment même où il s'élevoit une nouvelle ligue contre elle. Elle les fit valoir à la cour de Dresde, où l'on étoit fort mécontent de la France et du roi de Prusse.

Elle fit signer au roi de Pologne un traité d'alliance avec elle et les puissances maritimes, dont le but étoit de réprimer le roi de Prusse. Celui de Pologne, animé par le comte *de Bruhl*, son premier ministre, n'appeloit plus Sa Majesté prussienne que *son mauvais voisin*; il s'étoit élevé entre eux une de ces haines passionnées qui font taire toute politique, et qui font la fortune de la maison d'Autriche. Le roi de Saxe eût alors sacrifié toute sa puissance et toutes ses espérances, il se fût asservi à la cour de Vienne, pour se venger du roi de Prusse. Depuis, M. d'Argenson a contribué à *désabuser ces deux princes de leurs préventions funestes.*

L'Empereur, voyant le haut palatinat de Bavière menacé d'invasion et le Danube devenu pour lui une foible barrière contre les Autrichiens, faute de troupes et de magasins, nous envoya courrier sur courrier pour nous exposer son état critique, et pour nous demander de nouvelles sommes d'argent, « *ne pouvant plus rien tirer,* disoit-il, *de ses malheureux peuples.* »

Notre armée d'Allemagne, sous les ordres du maréchal *de Maillebois,* avoit de nouveau passé le Rhin. Elle se porta sur le Mein et le Lahn, dans les électorats de Trèves, de Mayence et du Palatin. Celle d'Autriche, commandée par le duc *d'Aremberg*, ne devint bientôt qu'un vain obstacle à ses desseins. Nous vivions *aux dépens des Allemands*, sous prétexte d'avoir à défendre leur Empereur, et par ses ordres mêmes nous levions en règle des subsistances sur ses ennemis; nous donnions des billets à nos amis. Nos officiers prirent ainsi de bons quartiers d'hiver dans ces quatre cercles qu'on nomme *antérieurs,* Souabe, Franconie, Haut-Rhin, Palatinat. On a prétendu que c'étoit un habile coup du ministère; mais on ne trouve que trop de retour et de contrecoup à ces traits d'avidité et d'injustice; ils sèment la haine et la défiance chez nos amis et chez nos ennemis, tandis qu'on devroit conserver les uns et ménager les autres.

Tel étoit l'état des affaires lorsque M. d'Argenson fut appelé au ministère des affaires étrangères ; et telle étoit la confusion qui régnoit dans notre politique, que la simple théorie que donne la lecture des traités publics, des négociations imprimées et de l'histoire, ne pouvoit plus être que d'un foible secours en pareilles conjonctures.

FIN DU TOME SECOND.

TABLE DES MATIÈRES

CONTENUES DANS CE VOLUME.

I.

II.— MINISTÈRE DU MARQUIS D'ARGENSON.

Fin de la table du tome second.

Paris. Imprimé par E. THUNOT et Cie, rue Racine, 26, avec les caractères elzeviriens de P. JANNET.

Breinigsville, PA USA
05 January 2011
̄66BV00003B/21/P

9 781148 753751